beck'sche reihe

Im Zeitalter von Globalisierung und Finanzkrise erscheint eine Besinnung auf die Grundlagen unseres Geldes geboten. Diese *Kleine Geschichte des Geldes* hilft zu verstehen, dass Kapitalströme noch nie auf den nationalen Rahmen beschränkt waren, sondern in einem weit verzweigten, nicht erst heute globalen Austausch standen. Im historischen Vergleich wird der Eurobesitzer zu schätzen wissen, dass er gegenwärtig in Europa eine unvergleichlich lange Zeit der Geldwertstabilität genießt.

Michael North ist Professor für Allgemeine Geschichte der Neuzeit an der Ernst-Moritz-Arndt-Universität Greifswald. Er hat zahlreiche Veröffentlichungen zur europäischen Wirtschafts-, Sozial- und Kulturgeschichte vorgelegt, darunter bei C. H. Beck «Von Aktie bis Zoll. Ein historisches Lexikon des Geldes» (1995), «Deutsche Wirtschaftsgeschichte. Ein Jahrtausend im Überblick» (2. Auflage, 2005), «Geschichte der Niederlande» (3. Auflage, 2008) und «Geschichte Mecklenburg-Vorpommerns» (2008).

Michael North

Kleine Geschichte des Geldes

Vom Mittelalter
bis heute

Verlag C. H. Beck

Originalausgabe

Gesamtherstellung: Druckerei C. H. Beck, Nördlingen
Umschlagentwurf: malsyteufel, willich
Printed in Germany
ISBN 978 3 406 58451 0

www.beck.de

Inhalt

Einleitung: Die mittelalterlichen Anfänge der europäischen Geldgeschichte

> Von den ersten Anfängen denkender Betrachtung der Gesellschaftserscheinungen bis auf unsere Tage zieht sich […] eine ununterbrochene Kette von Erörterungen über die Natur des Geldes und seine Eigenart im Kreise der übrigen Objekte des Verkehres. Was ist die Natur jener kleiner Metallscheiben und Urkunden, welche an sich keinem Gebrauchszwecke zu dienen scheinen und doch, im Widerspruche mit aller sonstigen Erfahrung, im Austausche gegen die nützlichsten Güter, aus einer Hand in die andere übergehen, ja, gegen welche seine Waren hinzugeben, jedermann so eifrig bestrebt ist?

so fragte Carl Menger 1909 in seinem berühmten Beitrag im *Handwörterbuch der Staatswissenschaften* zum Begriff *Geld*. Was Geld ist und war, änderte sich im Laufe der geschichtlichen Entwicklung, und so wurde auch die Frage nach dem «Wesen des Geldes» in jeder Epoche unterschiedlich beantwortet. Während das Geld in den wenig entwickelten Gesellschaften als «Hortgeld» oder «Protzgeld» zur Repräsentation und zur dauerhaften Vermögensanlage Verwendung fand, wird es in den modernen Volkswirtschaften nach seinen drei Grundfunktionen des Tauschmittels, des Wertaufbewahrungsmittels und der Recheneinheit definiert.

Die Funktion des Geldes als Tauschmittel resultiert aus der räumlichen und zeitlichen Diskrepanz zwischen dem Kauf und Verkauf von Gütern im Zuge der zunehmenden Arbeitsteilung der Wirtschaft. Man tauscht nicht länger Gut gegen Gut, z. B. nicht mehr Getreide gegen Vieh, sondern wandelt das Gut in das allgemein anerkannte Tauschmittel Geld um, das wiederum auf anderen Märkten zum Wareneinkauf verwendet werden kann. Aufgrund des Zeitunterschiedes zwischen Kauf und Verkauf ist es notwendig, die aus dem Warenverkauf gewonnene Kaufkraft über einen längeren Zeitraum bis zum nächsten Einkauf zu bewahren. Dabei erfüllt das unverderbliche Geld die Funktion des Wertaufbewahrungsmittels. Schließlich ermöglicht die Funktion der Recheneinheit, Warenpreise in festen Geldeinheiten auszudrücken und damit über Räume und Zeiten hinweg zu vergleichen. Welche Funktionen das Geld übernahm und welche Stoffe (Nichtmetall – Metall – Papier) als Geld verwendet wurden, bestimmte der Entwicklungsstand der Geldwirtschaft, d. h. der Monetarisierungsgrad der Gesellschaft.

Hatte sich das Römische Reich durch ein hoch entwickeltes, aus Gold-, Silber- und Kupfermünzen bestehendes Geldwesen ausgezeichnet, so brachen mit seinem Niedergang und den Invasionen der Völkerwanderungszeit Handel und Geldwirtschaft im Mittelmeerraum und in Westeuropa weitgehend zusammen. Es sollte Jahrhunderte dauern, bis erneut Ansätze einer staatlichen Münzprägung und eines regelmäßigen inländischen Geldverkehrs festzustellen waren. Zwar wurde im fränkischen Merowingerreich an Rhein, Maas und Mosel im 6. Jahrhundert die Goldmünzenprägung wiederbelebt, und zu Beginn des 8. Jahrhunderts nahm man in Dorestad an den Mündungsarmen des Rheins eine umfangreiche Silberprägung auf, als der friesische Handel seinen Aufschwung nahm. Aber erst mit den Münzreformen der karolingischen Herrscher Pippin und Karl der Große wurden die Grundlagen für die mittelalterliche Geldgeschichte gelegt.

Pippin stellte in den 750er Jahren das Münzwesen unter staatliche Aufsicht und beseitigte die Münzrechte der als Privatunternehmer prägenden Münzmeister. Seit Pippins Sohn Karl beanspruchten die fränkischen Könige die strikte Münzhoheit mit der ausschließlichen Zuständigkeit für Münzprägung, Münzfuß sowie die Errichtung von Münzstätten. Karl sah sich vor die Aufgabe gestellt, ein einheitliches Münz-, Maß- und Gewichtssystem für das in alle Himmelsrichtungen wachsende Frankenreich zu schaffen. Dies gelang ihm in der Reform der Jahre 793/94, in der das römische Pfund durch das *Karlspfund* (*pondus Caroli*) als Grundgewicht der Münzen zu 408 g ersetzt wurde. Aus dem Pfund prägte man 240 silberne *Denare* oder *Pfennige* zu 1,7 g, von denen 12 auf einen *Schilling (Solidus)* und 20 Schillinge auf das Pfund gerechnet wurden. Damit war in Westeuropa endgültig eine Silberwährung etabliert, die rund 500 Jahre unangefochten existierte. Noch längeren Bestand hatte in den meisten europäischen Staaten – in Großbritannien sogar bis 1971 – das Rechengeldsystem Pfennig – Schilling – Pfund. Dadurch, dass als einzige Münze der Denar ausgeprägt wurde, blieben Schilling und Pfund lange Zeit Rechenmünzen, die nur auf dem Papier standen. In diesen Rechengeldeinheiten drückte man Warenpreise ebenso aus wie den Wert der geprägten und umlaufenden Münzen.

Die Münzprägung wurde an den königlichen Pfalzen zentralisiert, was die Vereinheitlichung des Münzwesens erleichterte. Dabei konzentrierten sich die karolingischen Münzstätten in dem Gebiet zwischen Seine und Rhein; erst Ludwig der Fromme richtete – möglicherweise in Zusammenhang mit der Reichsteilung 817 – östlich des Rheins in Regensburg eine Münzstätte ein. Während der Regierungszeit Ludwigs des Frommen wurde auch zum ersten Mal die königliche Münzhoheit durchbrochen, indem Bistümer und Abteien das Münzrecht oftmals zusammen mit Zoll- und Marktrecht erhielten. Unter den fränkischen und sächsischen Herrschern wuchs in der Folgezeit die Zahl der Münzstätten ebenso wie die Münzproduktion stark an. Neben dem König prägten die Herzöge kraft ihres Amtes sowie Bischöfe, Äbte und Grafen aufgrund neuer Privilegien, und mit den Städtegründungen kamen weitere Münzberechtigte hinzu. Hatten zu Beginn des 9. Jahrhunderts in Westeuropa nur Karl der Große in seinem Reich und der angelsächsische König Offa Denare prägen lassen, die – unabhängig davon, ob sie aus den Münzstätten Carcassonne, Dorestad, Rom oder Canterbury stammten – einander in Gewicht und Feingehalt ungefähr entsprachen, so entstand mit der Zersplitterung des Münzrechts eine Vielzahl von Denarvarianten, die sich allesamt in Bezug auf Gewicht, Feingehalt und Münzbild voneinander unterschieden. Während in England das Münzrecht der Krone gewahrt blieb, Frankreich im Laufe des 13. Jahrhunderts mit den Kapetingern wieder zur königlichen Münzhoheit zurückkehrte und die ehemals karolingischen Münzstätten in Italien an die Stadtstaaten übergingen, sollte in den deutschen Territorien die Ausübung des Münzrechts durch eine Vielzahl von Münzherren bis zum Ende des Alten Reiches (1806) charakteristisch sein.

Voraussetzung für die Münzrechtsverleihungen oder -usurpationen und die wachsende Münztätigkeit auch östlich des Rheins im späten 9. und vor allem im 10. Jahrhundert war einerseits die politische Erosion des Reiches und andererseits die Erschließung neuer Silberlagerstätten im Harz und im Schwarzwald. Insbesondere das Silber des Rammelsberges bei Goslar bildete die Grundlage für eine massenhafte Denarprägung. Die hier geschlagenen sog. *Otto-Adelheid-Pfennige* wanderten ebenso wie die anderen Denarprägungen im Fernhandel nach Böhmen, Ungarn, Polen und Russland sowie vor allem nach Skandinavien, wo sie vielfach gehortet, aber vermutlich auch als Zahlungsmittel benutzt wurden. So legen beispielsweise die schwedischen Schatzfunde der Wikingerzeit (10.–12. Jahrhundert), die ca. 80 000 orientalische, 45 000 englische und 85 000 deutsche Münzen aufweisen, Zeugnis von der regelmäßigen Münzeinfuhr ab. Weiter zeigen die deutschen Fundmünzen in Schweden, dass im genannten Zeitraum ungefähr 150 Münzstätten im Reich Denare prägten, die hauptsächlich exportiert wurden. Da diese Stücke in den Münzfunden des deutschen Binnenlandes nur vergleichsweise selten vorkommen, hat man sie nach ihrer Funktion als *Fernhandelsdenare* bezeichnet. Deren Epoche ging zu Ende, als mit den Städtegründungen und der Münzprägung der stadtherrliche Geldbedarf im Binnenland zunahm. Die Denare wurden leichter und galten nicht mehr international, sondern nur noch an dem Ort, an dem sie geprägt worden waren. Der Fernhandelsdenar wurde zum regionalen Pfennig, auch wenn wertbeständige Denare wie die Kölner Pfennige ihre überregionale Bedeutung als Handelsmünzen weiterhin bewahrten.

Mit der Regionalität des Pfennigs und der Ausweitung des Münzrechts trat dessen fiskalischer Nutzen für den Münzherrn immer mehr in den Vordergrund, denn Münzprägung im Mittelalter und in der Frühen Neuzeit war ein Geschäft für den, der das Prägerecht ausübte. Dies soll an einigen Grundbegriffen der Münzprägung erläutert werden. Jeder Münzberechtigte konnte den Münzfuß festsetzen, d. h. bestimmen, wie viele Münzen aus einer Gewichtseinheit Metall hergestellt werden sollten. Der Münzfuß bestimmte ‹Schrot› und ‹Korn› einer Münze. Während der Ausdruck Schrot das Rau-

oder Gesamtgewicht einer Münze bezeichnete, versteht man unter dem Korn das Feingewicht, d.h. die Menge Edelmetall in einer Münze. Indem der Münzherr Schrot und Korn der Prägung festlegte, bestimmte er den Edelmetallgehalt seiner Münzen. Dabei sollte der Nennwert einer Münze ihrem Metallwert annähernd entsprechen bzw. ihn nur um den Betrag übersteigen, der die Kosten der Münzproduktion deckte. Zum Münzrecht gehörte aber auch der finanzielle Nutzen. Wie hoch dieser ausfiel bzw. wie groß die Differenz zwischen Metallwert und Nennwert schließlich war, lag allein im Ermessen des Münzherrn. Dabei hatte dieser verschiedene Möglichkeiten zur Erhöhung des Münzgewinns. Er konnte entweder das Feingewicht der Münzen herabsetzen, also aus der gleichen Menge Edelmetall mehr Münzen prägen und diese trotzdem zum alten Nennwert ausgeben, oder bei gleichem Feingewicht den Nennwert der Münzen heraufsetzen. Die Höhe des Gewinns war vom Umfang der Prägung abhängig. Deshalb versuchten die Münzherren, möglichst viel und oft zu prägen und ihre Gepräge in einem möglichst großen Kreis der Bevölkerung abzusetzen. Ein Mittel für den Zweck waren die regelmäßigen Münzverrufungen. Ursprünglich dazu gedacht, das Land von Zeit zu Zeit mit einer neuen einheitlichen Münze zu versorgen, dienten die Verrufungen den Münzherrn seit dem Hochmittelalter dazu, oft mehrmals jährlich die im Umlauf befindlichen Münzen einzuziehen und durch neue und leichtere zu ersetzen. Die Münzverrufung brachte dem Münzherrn einen Gewinn, dem Münzbesitzer aber einen realen Verlust und stellte gleichsam eine Form indirekter Besteuerung dar. Wenn wie in vielen Fällen 12 alte Denare gegen 9 neue gegeben wurden, entsprach das – auf den Nennwert bezogen – einer Kapitalsteuer von 25 %. Daher forderten Münzherren, die auf ihr Recht der Münzverrufung verzichteten, als Ersatz das sog. *monetagium*, das in Spanien, Frankreich und den Niederlanden im 12. und 13. Jahrhundert als Herd- oder Verbrauchsteuer auf Brot und Wein erhoben wurde.

Die Funktion eines Wertaufbewahrungsmittels konnten die Münzen in einer Zeit regelmäßiger Münzverrufung nur sehr schwer erfüllen. Aber auch die übrigen Geldfunktionen sind für das Früh- und Hochmittelalter nur sehr vereinzelt und in bestimmten Regionen belegt. So konnten einige Historiker eine Geldwirtschaft im Karolingerreich betonen, während andere die dominierende Naturalwirtschaft hervorhoben. Was sie konkret unter Geldwirtschaft oder Naturalwirtschaft verstanden, blieb jedoch im Dunkeln. Wenn man die Geldeigenschaft der Karolingermünzen untersucht und fragt, ob diese die Funktion eines allgemeinen Tauschmittels erfüllten, ist die Antwort für den größten Teil des Karolingerreiches negativ. Abgesehen von den friesischen Handelsemporien wie Dorestad, Domburg auf Walcheren oder den städtischen Sklavenmärkten in Verdun und Mainz war das karolingische Europa durch das Fronhofsystem und damit agrarwirtschaftlich geprägt. Um einen Fron- oder Herrenhof konzentrierten sich zahlreiche Bauernhöfe, deren leibeigene Besitzer auf den Feldern des Fronhofes arbeiteten und gleichzeitig Naturalabgaben leisteten. Die einzelnen Fronhöfe bildeten autarke Wirtschaftseinheiten und traten deshalb auf dem Markt als Käufer ebenso wenig in Erscheinung wie die Bauern als Produzenten. Dennoch sind in den karolingischen Kerngebieten im Pariser Becken oder zwischen Maas und Rhein – bedingt durch eine wachsende Arbeitsteilung auf den Fronhöfen – im 8. und vor allem im 9. Jahrhundert Marktbeziehungen der Bauern festzustellen. So konnte die reiche Abtei St. Germain-des-Prés bei Paris im frühen 9. Jahrhundert bereits 2 Denare pro Hufe von ihren Bauern fordern, obgleich die Geldeinnahmen der Abtei nicht mehr als 3 % der in Form von Naturalien und Arbeitsleistungen erhobenen Renteneinnahmen der Abtei ausmachten. Die Wirtschaft der Abtei war noch immer auf die Selbstversorgung ausgerichtet, da relativ wenig Münzgeld zur Verfügung stand. Noch seltener wurden die Münzen, wenn man über die Rheingrenze ostwärts hinausging. Hier hatte kaum ein Mensch seit der römischen Zeit eine Münze zu Gesicht bekommen, geschweige denn besessen, und selbst das reiche Kloster Fulda bezahlte im Jahre 827 urbar gemachtes Land mit acht Schwertern, fünf Stück Tuch, vier Stück Vieh, einem Pferd und zwei Paar Ohrringen.

Aber auch in den hoch entwickelten Kernregionen des Karolingerreiches, in denen sich Marktkontakte der bäuerlichen Bevölkerung und Ware-Geld-Beziehungen ausgebildet hatten, brachten die Wikingerüberfälle im späten 9. Jahrhundert einen Rückschritt der Monetarisierung. Indem die Wikinger jeden Hafen zwischen Hamburg und Bordeaux zum Teil mehrfach überfielen und plünderten, zerstörten sie das friesische Handelsnetz und blockierten den Austausch zwischen den Märkten. Außerdem verringerten die Silbertribute des sog. *Danegeldes*, mit denen sich die von den Wikingern eroberten oder bedrohten Gebiete von weiterer Plünderung freikauften, die Silbervorräte des Karolingerreiches, auch wenn die Zahlungen großenteils aus dem Silbergerät von Kirchen und Klöstern stammten. Die Münzprägung pausierte – an eine Ausweitung der Geldwirtschaft war unter diesen Umständen überhaupt nicht zu denken. Selbst nach der Wiederbelebung und Expansion der Münzprägung im Zusammenhang mit der Silberförderung des 10. Jahrhunderts kamen die Denare als Tauschmittel fast ausschließlich dem Fernhandel zugute, der sie anscheinend am dringendsten benötigte. So wurden Denare im Austausch gegen Felle, Pelze, Sklaven, Speckstein, Honig und Wachs in den Norden und Osten exportiert. Dagegen lief der Binnenhandel – vielleicht abgesehen von dem Anschlusshandel an den Fernhandel – weitgehend münzgeldlos, d. h. auf Tausch- oder Verrechnungsbasis. Für Transaktionen des täglichen Bedarfs schließlich waren die Denare viel zu groß. Entsprechend sind auch im Inland, verglichen mit dem europäischen Norden und Osten, verhältnismäßig wenig Münzfunde überliefert.

Zwar muss man im 10. Jahrhundert mit regionalen Unterschieden in der Geldverwendung, z. B. zwischen dem Rheinland und Bayern, rechnen, aber trotz aller Spekulationen lässt sich ein Münzgeldumlauf in den Gebieten östlich des Rheins bis ins 11. Jahrhundert nicht nachweisen. Es ist sogar wahrscheinlich, dass der Rückgang der Silberförderung im Harz nach 1040 nicht nur das Silberangebot für den Fernhandel – der Münzexport nach Skandinavien nahm ab –, sondern auch für einen binnenländischen Geldverkehr verringerte. Erst im letzten Viertel des 11. Jahrhunderts lieferten die neu erschlossenen Bergwerke in Mitteleuropa neues Silber und ließen damit eine monetäre Durchdringung von Wirtschaft und Gesellschaft europaweit möglich werden. Von da an konnten Münzen in größerem Umfang die Funktionen des Tauschmittels, des Wertaufbewahrungsmittels und der Recheneinheit erfüllen, sodass nach modernem

Verständnis die europäische Geldgeschichte, anders als die Münzgeschichte, erst in dieser Periode einsetzt.

Damit ist auch der Zeitraum des vorliegenden Buches abgesteckt. Er reicht von der Monetarisierung der Wirtschaft und Gesellschaft im 12. und 13. Jahrhundert bis zur europäischen Währungsunion. Im Mittelpunkt des Interesses steht die sich im Laufe der Jahrhunderte verändernde Rolle des Geldes in Wirtschaft und Gesellschaft. Dazu führt das Buch über die traditionelle Münzgeschichte weit hinaus und behandelt – neben der Gold- und Silberförderung und den internationalen Edelmetallströmen – den bargeldlosen Zahlungsverkehr, das Kredit- und Bankwesen sowie die Währungs- und Finanzkrisen. Die Darstellung folgt chronologisch und geografisch der Entwicklung des Geldes in Italien, Spanien, Frankreich, den Niederlanden, England und den deutschen Territorien. So wird die ökonomische Schwerpunktverlagerung vom Mittelmeerraum an den Atlantik während der Frühen Neuzeit in der Geldverwendung ebenso deutlich wie der Prozess der Industrialisierung, in der letztlich nur noch England, Frankreich und Deutschland die europäische Wirtschafts- und Währungsentwicklung bestimmten. Insbesondere wird den weltweiten Einflüssen Rechnung getragen, die nicht erst seit dem 20. Jahrhundert das Währungs- und Finanzgeschehen prägten. Da Edelmetall- und Geldströme schon immer global waren, ist das Angebot von Geld und Kredit international bestimmt. Diese Wechselwirkungen sollen im Folgenden für jede Epoche herausgearbeitet und für eine breite Leserschaft erschlossen werden.

• • • 1 • • •

Kommerzielle Revolution und Ausbreitung der Geldwirtschaft

Die Zeit von der zweiten Hälfte des 12. bis zur Mitte des 14. Jahrhunderts ist durch eine Expansion der Geldwirtschaft in geografischer wie sozialer Hinsicht charakterisiert. Zum einen intensivierten sich der internationale Handel und Zahlungsverkehr mit der kommerziellen Revolution in Südeuropa und den Städtegründungen im Ostseeraum, zum anderen erreichte das Geld durch die Ausweitung der bäuerlichen Marktproduktion in West und Ost weite Kreise der Bevölkerung. Neue Münzstätten wurden eröffnet, neue Münzen in Silber und seit 500 Jahren erstmals wieder in Gold geprägt sowie der Wechsel als Instrument des bargeldlosen Zahlungsverkehrs entwickelt.

Mitteleuropäisches Silber und Groschenprägung

Grundlage für diese zunehmende Monetarisierung auf horizontaler (geografischer) und vertikaler (sozialer) Ebene war die Erschließung neuer Edelmetallressourcen. 1168 wurden die Silberlager von Freiberg in der Herrschaft Meißen durch einen Zufall entdeckt:

> Als Leute vierspännig, wie es auch heute noch geschieht, Salz unmittelbar durch das Meißner Land nach Böhmen fahren, wo dies Gewürz noch heute nicht weniger als einst fehlt, sehen sie in den Räderspuren ein Stück Bleiglanz, das durch die Gießbäche aufgedeckt ist. Weil das dem Goslarer ähnlich ist, werfen sie es auf den Wagen und nehmen es mit nach Goslar. Denn dieselben Fuhrleute pflegten aus dieser Stadt Blei abzufahren. Da man aus diesem Bleiglanz viel mehr Silber ausschmolz als aus dem Goslarer, begaben sich eine Anzahl Bergleute an diesen Platz im Meißner Land, wo jetzt die bekannte und reiche Stadt Freiberg liegt.

So überliefert im 16. Jahrhundert der sächsische Arzt und Mineraloge Georg Agricola die Legende von den Anfängen des Freiberger Silberbergbaus im 12. Jahrhundert. Die Ausbeute der Freiberger Gruben folgte dem im mittelalterlichen Bergbau üblichen Verlauf. Sie begann mit der zufälligen Entdeckung von silberhaltigem Kupfer- oder Bleierz. Einige Zeit später stieß man auf die wirklich reichen Erzlager, und für kurze Zeit wurden daraus große Mengen Silber gewonnen. Nachdem die reichen Lager erschöpft waren, sank die Produktion, obwohl die Ausbeute der weniger ergiebigen Produktionsstätten noch lange Zeit auf niedrigerem Niveau fortgesetzt wurde. Entsprechend hatte die Freiberger Silberförderung um die Mitte des 14. Jahrhunderts, als jährlich 550 kg Silber gewonnen wurden, ihren Höhepunkt schon überschritten.

Das Freiberger Silber scheint vor allem in Form von Barren international auf den Markt gekommen zu sein. Dagegen wurde das Silber der Friesacher Gruben in Kärnten von der dortigen Münzstätte der Salzburger Erzbischöfe in Form der berühmten *Friesacher Pfennige* in Umlauf gebracht. In den Schatten gestellt wurden die Friesacher und Freiberger Stätten seit den 1220/30er-Jahren von den im Grenzland zwischen Böhmen und Mähren neu entdeckten Iglauer (Jihlava) Silbervorkommen, deren jährliche Produktion man auf über 4 t geschätzt hat.

Die wichtigsten Silberproduktionsstätten in Südeuropa waren zu dieser Zeit die Gruben von Iglesias auf Sardinien, die die Pisaner mithilfe deutscher Bergleute ausbeuteten. Die Silberförderung von Iglesias lief bis ca. 1330 auf hohen Touren und ging dann allmählich zurück. Jedoch wurden alle genannten Minen im 14. Jahrhundert durch die Silbervorkommen von Kuttenberg (Kutná Hora) in Böhmen übertroffen, die in der ersten Jahrhunderthälfte jährlich über 20 t Silber lieferten. Dieser Silberreichtum Böhmens gab König Wenzel II. die Möglichkeit, sein Münzwesen auf eine neue Grundlage zu stellen. Die Münzprägung wurde in Kuttenberg zentralisiert, das jährlich 6,5 bis 6,8 t Silber zu Münzen verarbeitete. Da es angesichts dieser Mengen unrationell gewesen wäre, wie bisher Denare zu schlagen, prägte man nach west- oder südeuropäischem Vorbild eine neue größere Münze, den *Prager Groschen* zu 12 Denaren, der nach der Münzlegende (*Grossi Pragenses*), nicht aber nach seinem Prägeort Kuttenberg hieß. Dabei stellten die von der Münzstätte Kuttenberg verprägten Silbermengen nur den königlichen Anteil der gesamten jährlichen Silberausbeute der Kuttenberger Gruben dar. Der überwiegende Teil des geförderten Silbers ging an die Bergleute selbst oder an die auswärtigen Besitzer von Grubenanteilen. Diese brachten ihr Silber in oftmals standardisierten Barren direkt in den Handel.

Die europäischen Münzstätten, die Silberbarren als Rohstoff kauften, erhöhten zuerst ihre traditionelle Denarproduktion. Im Laufe des 13. und 14. Jahrhunderts gingen sie dann bei Bedarf zur Prägung größerer Nominale, d. h. größerer Münzsorten, über. Die Nachfrage nach größeren Münzen war in Italien, der ökonomisch am weitesten entwickelten Region Europas, am stärksten; denn hier hatten sich die ursprünglich einmal 1,7 g schweren karolingischen Denare zu leichten Stücken mit einem verschwindend geringen Silbergehalt (0,1–0,2 g) entwickelt. So begann Venedig am Vorabend des Vierten Kreuzzugs (1194) mit der Prägung einer größeren Silbermünze, des *Grosso* im Gewicht von 2,19 g (2,1 g Feingewicht). Aus den 40 000 Mark Silber, die die Kreuzfahrer für den Seetransport ins Heilige Land zahlten, konnten mehr als 4 Mill. Grossi geprägt werden. Nach der Chronik des Martin da Canal ließ der Doge Enrico Dandalo die Grossi zur Entlohnung der Schiffszimmerleute prägen, die die Schiffe der Kreuzfahrer bauten. Die Entlohnung mit einer kleinen Zahl handlicher Münzen war sicher ein Argument für die Einführung der neuen Münze; aber es gab dafür auch andere gute Gründe. Beispielsweise konnten die für die Ausrüstung der Schiffe benötigten Lebensmittel und Rohstoffe mit der neuen Münze in den anderen italienischen Städten bequem eingekauft werden. Außerdem dachte der Doge wahrscheinlich auch an den Einsatz seines Grosso im venezianischen Levantehandel. Der Grosso ähnelte im Münzbild byzantinischen Vorbildern und konnte ohne Schwierigkeiten von den besser mit Silber als mit Gold versorgten Venezianern zum Einkauf im Byzantinischen Reich eingesetzt werden.

Mit dem Grosso leitete Venedig genau 400 Jahre nach der Münzreform Karls des Großen die zweite europäische Münzreform ein, die Europa im Laufe der nächsten Jahrhunderte den *Groschen* bringen sollte. Genua, Venedigs Rivale im Mittelmeerhandel, nahm im frühen 13. Jahrhundert ebenfalls die Produktion vergleichbarer Münzen auf, und die Grossi-Prägung breitete sich schnell in Norditalien aus. Von hier aus wanderten die Grossi allmählich nach Norden, wo Graf Meinhard von Tirol sie seit 1274 in Bozen und Meran prägen ließ. Nach dem Doppelkreuz auf der Rückseite wurden sie *Kreuzer*, nach ihrem Wert (20 Veroneser Pfennige) auch *Zwanziger* genannt. Für die Verbreitung des Groschens wichtiger als diese *Tirolini* waren jedoch die sog. *Turnosen*. Denn die zuerst in Frankreich unter König Ludwig IX., dem Heiligen, geschlagenen Groschen zu 12 *Deniers tournois* dienten anderen Territorien als Vorbild. Fürsten und Städte in den Niederlanden und im Rheinland ahmten die Turnosen nach oder versuchten, sie in das Währungssystem ihrer Länder zu integrieren. Langfristigen Erfolg hatten allein die bereits erwähnten Prager Groschen, da das Kuttenberger Silber reichlich floss. Dagegen war die Wirtschaft der meisten Territorien für eine Groschenprägung noch nicht reif. So reichten in den Niederlanden wie im Rheinland und Westfalen die umlaufenden *Sterlinge*, d. h. die englischen *Pennies* und deren einheimische Nachahmungen, aus, um den internen Geldbedarf zu befriedigen. Auch in England scheiterte 1279 die Einführung von Groschen, weil sie einerseits gemessen am Transaktionsbedarf zu groß waren und andererseits kein Mangel an stabilen Pennies herrschte. Erst 1351 – in einer Zeit steigender Löhne nach der großen Pest – schien die Zeit für die neue Groschenmünze, den *Groat*, gekommen.

Noch länger begnügten sich die norddeutschen Hansestädte mit einer kleinen Pfennigmünze, dem *Hohlpfennig*, der nur ein Viertel des Sterlings wert war. Der um die Mitte des 14. Jahrhunderts zusammengetragene Münzschatz von Kirial in Jütland demonstriert mit seinen 81 422 Münzen in zwei Bronzekesseln besonders gut, dass die Hohlpfennige auch im überregionalen Verkehr lebhaft verwendet wurden. Daher stellt die um 1365 von Lübeck ausgehende Prägung eines *Witten*, eines dem Sterling im Gewicht entsprechenden Vierpfennigstücks von 1,3 g, schon einen Schritt zur größeren Münze dar. Die Prägung eines Zwölfpfennigstücks blieb aber im

Versuch stecken. Daher reihten sich die seit 1379 auch in einer Währungsunion zusammengeschlossenen norddeutschen Hansestädte erst 1430/32 – fast 250 Jahre nach der Erfindung des Grosso – mit ihren Schillingen zu 12 Pfennigen in die europäische Groschenprägung ein.

Edelmetallströme und Goldprägung

Im Jahre 1252 beendeten Genua und Florenz mit der Einführung der Goldmünzen des *Genovino* und des *Fiorino* ein fünfhundertjähriges Münzschisma, das die damalige Welt in eine christliche Silberwährung und eine islamische Goldwährung gespalten hatte. Die Ursachen hierfür lagen im internationalen Handel und in den dadurch ausgelösten Edelmetallströmen, die im Folgenden genauer zu analysieren sind.

Das in großen Mengen geförderte neue Silber blieb natürlich nicht in den Bergstädten. Von der Münzprägung einmal abgesehen, gaben die Bergleute ihr Silber für Nahrungsmittel und Luxuswaren des Fernhandels aus. Ebenso brachten die Finanziers der Bergwerke ihr Silber mit Gewinn in Umlauf. Über die Wege, die das Silber aus den Bergbaugebieten nahm, geben sowohl die Münzfunde als auch die Nennungen von Münzsorten und Barren in der kaufmännischen Korrespondenz Aufschluss. So flossen beispielsweise große Mengen von Friesacher Pfennigen zum Kauf von Ochsen und Wein nach Ungarn. Das Haupteinzugsgebiet für das alpenländische Silber war jedoch Oberitalien und besonders Venedig. Hier mussten die in dem Haus der deutschen Kaufleute, dem Fondaco dei Tedeschi, nahe der Rialto-Brücke absteigenden deutschen Kaufleute ihr mitgebrachtes Silber ebenso wie ihre Waren anmelden. Zahlreiche venezianische Quellen sprechen von «deutschem» Silber, schließen aber auch das böhmische Silber mit ein. Eine andere Richtung nahm das Freiberger Silber im 12. und 13. Jahrhundert. Wir finden es in Köln, Flandern und in Barrenform vor allem auf den Messen in der Champagne, die im 12. Jahrhundert zum Scharnier des Handels zwischen Süd-, West- und Osteuropa geworden waren.

So informierte 1265 der italienische Kaufmann und Bankier Andrea de Tolomei seine Partner in Siena über die Wechselkurse der Champagne-Messen und notierte dabei auch den Preis für die Mark ungemünzten Freiberger Silbers. Auf den an sechs festen Terminen in den Städten Langny, Bar-sur-Aube, Provins und Troyes stattfindenden Messen wurden Tuche aus Flandern und Brabant, Leder – insbesondere Ziegenleder – aus Südeuropa und Pelze aus dem Osten gehandelt sowie Gewürze (Safran, Muskat, Pfeffer, Ingwer, Zimt, Anis) und Zucker aus dem Mittelmeerraum und aus Asien von italienischen Kaufleuten angeboten. Da die flämischen Kaufleute mehr bei den Italienern kauften, als ihr Tuch wert war, mussten sie die Differenz mit Silber begleichen, das sie oft von den Hansekaufleuten erhielten, deren Tuchimporte den Wert ihrer Ostwaren überstiegen. Ähnliches galt für die Engländer. So war es dann auch der Überschuss Italiens im Handel mit dem Norden, der das Silber von den Champagne-Messen nach Italien zog. Man brachte das Silber entweder in Barren oder in gemünzter Form nach Italien. Hierbei spielten neben englischen Sterlingen die Denare der Münzstätte Provins, die *Provisini*, eine Rolle. Ein Teil der italienischen Geldüberschüsse wurde aber auch verliehen. So musste ein italienischer Kaufmann, selbst wenn er nichts verkaufte, kein Bargeld zur Messe mitnehmen, sondern er konnte sich Geld mithilfe eines Wechselvertrags, des *instrumentum ex causa cambii*, beschaffen. Er lieh sich beispielsweise die für den Tuchkauf benötigten Mittel von einem anderen italienischen Kaufmann in der Champagne und versprach in dem Vertrag, die entsprechende Summe in Genua an den Gläubiger zurückzuzahlen. Dem Gläubiger war geholfen, weil er so sein Guthaben bargeldlos nach Hause transferieren konnte, ohne den Verlust einer Edelmetallsendung befürchten zu müssen. Dagegen mussten Genuesen und Pisaner in Sizilien und Süditalien mit Silber bezahlen, und auch der expandierende genuesische und venezianische Levantehandel zog einen wachsenden Silberstrom nach sich. Hatten Genuesen und Venezianer im 12. und 13. Jahrhundert vor allem Baumwoll- und Leinengewebe, raffinierten Zucker und Glas in Syrien eingekauft und die auf dem Karawanenweg die Levante durchquerenden indischen Gewürze erworben, richtete sich das

Interesse der Italiener im ausgehenden 13. und im 14. Jahrhundert immer mehr auf die syrischen Rohstoffe. Man importierte jetzt Rohbaumwolle im großen Stil, die in der Lombardei verarbeitet wurde, raffinierte den Rohzucker in Venedig und baute in Murano eine venezianische Glasindustrie auf, die den europäischen Markt belieferte.

Insbesondere auf einer neuen Nordroute entlang des Schwarzen Meeres wurden deshalb seit der Mitte des 13. Jahrhunderts über Konstantinopel, Kaffa auf der Krim und Tana am Asovschen Meer immer mehr Silberbarren nach Vorderasien gebracht, die die dortigen Silbervorräte vergrößerten, zum Teil aber auch weiter nach Indien und China flossen. Seit dem Versiegen der zentralasiatischen Silberminen im 10. Jahrhundert hatte in der arabischen Welt des Nahen und Mittleren Ostens ein akuter Silbermangel geherrscht. Falls man überhaupt Geld prägte, schlug man Goldmünzen. Dennoch ermöglichte der Zufluss europäischen Silbers bereits 1174/75 die Wiederaufnahme der Silberprägung in Damaskus. Sultan Saladin eröffnete neue und alte Münzstätten, die die *Dirham*-Prägung wiederbelebten. Neben dem Zustrom europäischen Silbers hat hier sicher auch das Vorbild der Kreuzfahrermünzstätten im östlichen Mittelmeer (u. a. Beirut, Tripolis, Sidon, Akkon, Jaffa, Zypern) gewirkt.

Auch politische und religiöse Faktoren sorgten im Mittelalter dafür, dass Edelmetall in die eine oder andere Richtung floss. Die Kreuzfahrer als Silberlieferanten für die venezianische Münze und die Kreuzfahrerstaaten als Vorbilder der Silberprägung im östlichen Mittelmeer haben wir bereits erwähnt. In den gleichen Zusammenhang gehören auch die Pilger, die nach Rom und in das Heilige Land fuhren und allein zu konsumtiven Zwecken Geld nach Süden und in den Südosten transferierten. Wichtiger war die Finanzierung der Kurie in Rom und später in Avignon aus den Bistümern ganz Europas. Kreuzzugssubsidien, Abgaben an den Heiligen Stuhl (Peterspfennig) und insbesondere die Annaten- und Servitiengelder, die die Kleriker für die vom Papst gewährten Pfründen zahlten, setzten einen transkontinentalen Geldstrom in Bewegung, der vom ausgehenden 13. Jahrhundert an durch den bargeldlosen Überweisungsverkehr italienischer Handelshäuser zunehmend vereinfacht wurde.

Nicht vergessen werden dürfen auch die Italienpolitik der Stauferkaiser sowie die späteren Italienabenteuer der Kaiser aus dem Hause der Luxemburger, die ebenso wie die militärischen Unternehmungen der Anjous gegen die letzten Staufer Manfred und Konradin riesige Summen mitteleuropäischen Silbers in Süditalien und Sizilien versickern ließen. Um welche Mengen es dabei ging, mag beispielhaft die Intervention Heinrichs VI. zugunsten des normannischen Erbes seiner Frau Konstanze in Sizilien verdeutlichen, die der Kaiser weitgehend aus dem Lösegeld für Richard Löwenherz bestritt. Der englische König Richard Löwenherz war 1192 auf seinem Rückweg vom Dritten Kreuzzug von Leopold von Österreich gefangen genommen und an Kaiser Heinrich VI. ausgeliefert worden, der ihn erst 1194 nach der Zahlung eines Lösegeldes von 100 000 Mark Silber freiließ. Der Kaiser steckte diesen Betrag von umgerechnet 23 t Silber in seinen Italienzug und ließ nach seiner Ankunft in Sizilien, wo man nur Gold- und Kupfermünzen kannte, erstmals silberne Denare prägen.

Während das christliche Europa in wachsenden Mengen Silber förderte, vermünzte und exportierte, dominierte in der islamischen Welt bis zur Ankunft des mitteleuropäischen Silbers das Gold als Währungsmetall. Woher kam dieses Gold? Es wurde im damaligen Westsudan an den Oberläufen des Senegal und des Niger gewonnen, und von dort gelangte es auf verschiedenen Routen durch die Sahara nach Norden und Osten. Anders als die mitteleuropäischen Silbermünzen waren die afrikanischen Goldvorräte schier unerschöpflich; und nur die Veränderungen des Handels und der Handelsrouten beeinflussten die an den verschiedenen nordafrikanischen Handelsplätzen des Maghreb ankommenden Goldmengen. Dass das Gold, oder besser der Goldstaub, überhaupt nach Nordafrika floss, lag an dem ungleichen Austausch zwischen den Gebieten nördlich und südlich der Sahara. Der Norden lieferte wertvollere Güter als der Süden, wie Textilien aus Ägypten und Europa, Glas, Kupfer und vor allem Salz, das im Sudan hoch geschätzt und in Gold aufgewogen wurde.

Das Zentrum des Transsaharahandels war Timbuktu am mittleren Niger, von dem aus ein nordwestlicher Karawanenweg über

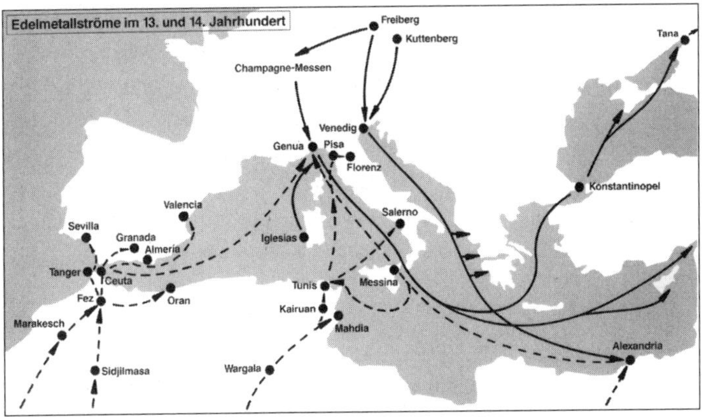

— Silber --- Gold *Quelle: North, Das Geld, S. 25*

Sidjilmasa, Fez, Ceuta in das maurische Spanien und ein östlicher über Wargala nach Tunis und Mahdia im heutigen Tunesien führte. Eine dritte direkt nach Ägypten reichende Karawanenroute verlor im ausgehenden 13. Jahrhundert an Bedeutung. Die Gewinne der Maghreb-Emporien im Saharahandel waren für die Pisaner und Genuesen ein Anreiz, sich aktiv am afrikanischen Handel zu beteiligen. Einerseits benötigten sie Schaffelle und Ziegenhäute für ihr Ledergewerbe und erwarben außerdem Baumwolle, Zucker, Honig und Wachs. Andererseits war die Kaufkraft ihres Geldes hier besonders hoch, da das Silber aufgrund des Goldreichtums im Maghreb viel mehr wert war als in Italien. Aus dem durch die Italiener eingeführten Silber ließ die Almohaden-Dynastie in Nordafrika und Südspanien viereckige halbe *Silberdinare* herstellen und belebte so die Silberprägung wieder. In Europa wurden diese Münzen unter dem Namen *Milliarenses* oder *Millarès* bekannt und in den Münzstätten an der nördlichen Mittelmeerküste während des 13. Jahrhunderts in großen Mengen nachgeahmt. Selbst christliche Bischöfe scheuten sich nicht, in ihren Münzstätten Millarès mit Legenden wie «Es gibt keinen Gott außer Allah» herzustellen, denn deren Produktion und massenhafte Einfuhr nach Nordafrika versprach Gewinn.

Trotz des Silberimports nach Nordafrika blieb das Gold hier das dominierende Währungsmetall. Die traditionelle islamische Goldmünze war der *Dinar*, der im 7. Jahrhundert nach dem Vorbild des byzantinischen *Goldsolidus* geschaffen und seit dieser Zeit ununterbrochen geprägt wurde. Mit dem Golddinar kamen die kastilischen Herrscher während der Reconquista, der Wiedereroberung der spanischen Gebiete von den Mauren, ebenso in Kontakt wie die Normannenkönige auf Sizilien, die aus Nordafrika Tribute erhielten und dorthin Getreide verkauften. So verwundert es nicht, dass christlich-kastilische Herrscher in den 1240er Jahren begannen, einen doppelten Dinar, die *Dobla*, zu prägen, denn ihre wiedergewonnenen Untertanen waren an eine Goldwährung gewöhnt. Bereits gut zehn Jahre früher (1231) hatte Kaiser Friedrich II. als König von Sizilien aus dem Goldtribut des Emirs von Tunis in den Münzstätten Messina und Brindisi einen doppelten Dinar geprägt, der nach der antikisierenden Kaiserdarstellung und der Legende (*Fridericus Imperator Romanorum Caesar Augustus*) den Namen *Augustalis* erhielt.

Wichtiger für die weitere Entwicklung der Goldprägung waren aber die auf Sizilien, in Salerno und Amalfi seit dem 11. Jahrhundert geprägten *Tarì.* Diese Vierteldinare trugen arabische und später arabisch-griechische Legenden, und in Süditalien bezahlte man damit größere Kaufsummen – für Land, Häuser, Sklaven. Im Handel mit Süditalien lernten auch Genuesen und Pisaner diese Münzen kennen und schätzen. Die Tarì hatten aber ebenso wie die Dinare und Doppeldinare den Nachteil, dass sie weder in die norditalienischen Münz- und Rechengeldsysteme passten noch einen einheitlichen verlässlichen Feingehalt hatten. Da dennoch Goldmünzen im Genueser Handel mit Süditalien, Sizilien und Spanien unentbehrlich waren und außerdem der genuesische Transithandel zwischen dem Maghreb und der Levante zunehmend Gold abwarf, schuf Genua 1252 eine erste eigene Goldmünze, den Genovino. Er war aus 3,53 g reinem Gold (24 Karat) geprägt und entsprach 8 *Soldi* genuesischen Geldes. Florenz, das ebenfalls für seine Getreidekäufe in Sizilien Goldgeld benötigte, folgte noch im gleichen Jahr mit einer eigenen Goldmünze, dem Fiorino, der als *Floren* oder *Gulden* europäische

Geldgeschichte machen sollte. Der 3,54 g schwere Fiorino entsprach 20 Florentiner, Pisaner oder Luccheser Soldi – diese hatten in den toskanischen Städten im Gegensatz zu Genua bereits an Gewicht verloren – oder einer *Lira* des gängigen Rechengeldes. Damit hatten Genua und Florenz nach der karolingischen Reform und der Einführung der Groschenprägung die dritte europäische Münzreform vollzogen. Genovino und Fiorino wurden jedoch nicht nur in Sizilien und Italien, sondern in kurzer Zeit auch auf den Champagne-Messen, in Frankreich, den Niederlanden und England sowie in der Levante anerkanntes Zahlungsmittel. Beispielsweise erbeuteten die Mamelucken, als sie 1291 mit Akkon den letzten Kreuzfahrerstützpunkt eroberten, auch einen Münzschatz von 630 Goldmünzen, darunter 600 Fiorini.

Venedig war aufgrund seiner östlichen Handelsausrichtung weniger gut mit afrikanischem Gold versorgt als Florenz und Genua. Entsprechend musste die Lagunenstadt mit der Goldprägung so lange warten, bis die deutschen Kaufleute neben dem böhmischen Silber auch ungarisches Gold nach Venedig brachten. Da die einkommenden Mengen in den 1280er Jahren eine regelmäßige Goldprägung versprachen, nahm die Münzstätte 1284 die Produktion einer Goldmünze mit einem Gewicht von 3,54 g (24 Karat) auf, die nach der Legende (*Sit tibi Christe datus quem tu regis iste ducatus*) *Dukat* und in späteren Jahrhunderten nach der Münzstätte (*zecca*) *Zechine* genannt wurde. Im Jahr 1526 erfolgte eine Reduktion des Gewichts der Münze auf 3,49 g.

Mit der Goldprägung wollte Venedig mäßigend auf den steigenden Goldkurs wirken, um so seine Silberwährung stabil zu halten. Dies blieb jedoch ein frommer Wunsch, da der Goldpreis bedingt durch den massiven Silbereinstrom so lange anstieg, bis die Erhöhung der ungarischen Goldförderung in den 1320er Jahren die Lage auf dem Goldmarkt normalisierte. Von den 1330er Jahren an gab Venedig deshalb der Dukatenprägung und dem Goldexport – anstelle der traditionellen Silberausfuhren – in die Levante den Vorzug. So wurde der Dukat in der zweiten Hälfte des 14. Jahrhunderts zur dominierenden Handelsmünze im Nahen und Mittleren Osten. Ungefähr zur gleichen Zeit (1344–1351) produzierten die Florentiner aus afrikanischem Gold jährlich über 200 000 Fiorini, die hauptsächlich ins westliche Mittelmeergebiet und nach Westeuropa flossen und dort als Vorbild für eine eigenständige Guldenprägung dienten. Die ersten Gulden nördlich der Alpen wurden in Ungarn geprägt, das ab 1325 sein Gold nicht mehr ausschließlich nach Oberitalien lieferte, sondern es in Gulden nach Florentiner Vorbild verprägte. Obgleich der Florentiner Stadtheilige Johannes der Täufer im Münzbild durch den heiligen Ladislaus ersetzt wurde, orientierte sich Ungarn in Gewicht und Feingehalt am Fiorino und hielt daran bis ins 16. Jahrhundert fest.

In Westeuropa waren die Versuche der Goldprägung in der zweiten Hälfte des 13. Jahrhunderts am Rohstoffmangel gescheitert. Weder dem goldenen Penny Heinrichs III. von 1257 noch dem *Ecu* Ludwigs des Heiligen von 1270 war eine Zukunft beschieden. Erst nachdem die französische Münze unter der Regierung Philipps IV. den Goldpreis künstlich hochsetzte, floss so viel Gold aus dem Süden nach Frankreich, dass um 1303 die Prägung des *Chaise* (so genannt nach dem sitzenden König im Münzbild) möglich wurde. Im Jahre 1337, am Vorabend des Hundertjährigen Krieges, war dann genügend Gold in Frankreich vorhanden, um einen neuen *Ecu à la chaise* in großen Mengen zu produzieren. Mit diesen 1337–1339 geprägten 1,5 Mill. Ecus sollten politische Verbündete, u. a. der Graf von Flandern, der Bischof von Lüttich und Johann von Luxemburg, für die Auseinandersetzungen mit England geworben werden.

Der englische König Eduard III. dagegen bezahlte seine potenziellen Bundesgenossen, wie den Kaiser, den Herzog von Brabant, den Grafen von Geldern und den Grafen von Hennegau und Holland, mit Fiorini, von denen er sich über 1,5 Mill. bei den Florentiner Bankhäusern der Bardi und der Peruzzi geliehen hatte. In größeren Mengen Goldmünzen prägte England erst in den 1350er- und 1360er Jahren, als die Gewinne aus der erfolgreichen Kriegsführung und die Einnahmen aus dem Wollverkauf ausreichend Gold für die Prägung schwerer *Nobel* zu 8,97 g lieferten. So wurden aus dem Lösegeld für den in der Schlacht von Maupertuis gefangen genommenen französischen König Johann II. über 600 000 Nobel geschlagen.

Die französischen Ecus flossen ebenso wie die geliehenen Fiorini der Engländer zu den Verbündeten in die Niederlande; und so verwundert es nicht, dass auch die Münzstätten in Brabant, Hennegau, Cambrai und Geldern in dieser Zeit zum ersten Mal Gold vermünzten. Ein Parteigänger der Engländer war ebenfalls Kaiser Ludwig der Bayer, der für einen zweimonatigen Dienst mit 2 000 Mann an Edwards Seite 300 000 Fiorini erhielt, die er möglicherweise in Antwerpen zu *Schilden* nach flämischem Muster umprägen ließ. Innerhalb der nächsten 20 Jahre nahmen dann auch die rheinischen Kurfürsten die Produktion von Goldmünzen, sog. *rheinischer Gulden,* auf. Grundlage hierfür waren die Goldmünzprivilegien, die Kaiser Karl IV. den Erzbischöfen von Trier (1346), Köln (1346) und Mainz (1354) sowie den übrigen deutschen Kurfürsten in der Goldenen Bulle (1356) verlieh. Die deutschen Münzstände besaßen nämlich lediglich das Recht der Pfennig- bzw. Silberprägung, während das Recht, Gold zu münzen, immer beim Kaiser verblieb und zeitweise verliehen wurde.

Den rheinischen Kurfürsten gaben ihre am Rhein und seinen schiffbaren Nebenflüssen erhobenen Durchgangszölle einen Vorsprung vor allen anderen deutschen Münzherren. Indem sie durch ihre Zollstellen das auf dem Rhein schwimmende Gold gleichsam abschöpften, war die Rohstoffversorgung der Münzstätten dauerhaft gesichert. Der als Gemeinschaftsprägung der Kurfürsten seit 1386 geprägte rheinische Gulden wurde so im ausgehenden Mittelalter zur Leitmünze im Reich und Westeuropa, auf die die Münz- und Währungssysteme bezogen wurden.

Außerhalb des rheinischen Währungsgebietes wurde im Reich im 14. Jahrhundert nur noch in Lübeck Gold geprägt. Lübeck hatte 1340 als erste deutsche Stadt von Kaiser Ludwig dem Bayern das Recht der Goldprägung erhalten und, nachdem Gold in Brügge gekauft und italienische Münzmeister angestellt worden waren, die Guldenprägung nach Florentiner Vorbild aufgenommen (daher auch die Bezeichnung ‹Floren› = fl.). Mit einem Ausstoß von über 30 000 fl. im Jahr blieb man zwar deutlich hinter den vergleichbaren Prägemengen von Gent (100 000 fl. in den Jahren 1336–1338) und Florenz (über 200 000 fl. in den Jahren 1344–1351) zurück, erreichte aber für zwei Jahrzehnte ein in Norddeutschland unvergleichlich hohes Niveau. Weitere Goldprägeprivilegien für deutsche Münzherren waren dem 15. Jahrhundert vorbehalten, sodass der größte Teil des Reiches ebenso wie Nordeuropa insgesamt Silbergeldgebiet blieb.

Kommerzielle Revolution und Monetarisierung der Gesellschaft

Den Begriff «kommerzielle Revolution» hat Raymond de Roover in Anlehnung an die Industrielle Revolution des ausgehenden 18. und beginnenden 19. Jahrhunderts geprägt. Er verstand darunter die grundlegenden Veränderungen der Geschäftsmethoden und der Handelsorganisation italienischer Kaufleute im 13. Jahrhundert: Die italienischen Kaufleute erwarben nicht länger flämisches Tuch auf den Messen der Champagne, sondern ließen sich in den Produktionsgebieten des flämischen Tuchs, insbesondere in Brügge, dauerhaft nieder. Zugrunde lag diesem Vorgang ein Wachstum des südeuropäischen Luxusgüterhandels, der eine Arbeitsteilung im Handel notwendig und lukrativ machte.

Der Fernhandelskaufmann musste seine Waren nicht mehr per Handelskarawane oder Schiff selbst zu den Messen begleiten, sondern er dirigierte von seinem Kontor in Genua, Florenz oder Pisa die Handelsgeschäfte seiner Firma. In den Produktionsgebieten und Absatzmärkten der damaligen Handelswelt saßen Faktoren, die am Ort kauften und verkauften, während Fuhrleute und Schiffer die Güter, die seit Neuestem auch auf See versichert werden konnten, von den Produktions- zu den Absatzgebieten beförderten. Mit der permanenten Präsenz an mehreren Orten zugleich war ein höherer Kapitalbedarf als beim wandernden Messekaufmann verbunden; denn durch die Expansion des Handels in geografischer wie quantitativer Hinsicht dauerte es nun länger, bis sich das investierte Kapital verzinste. Neue Formen der Geschäftspartnerschaft, der Buchführung und des Zahlungsverkehrs wurden nötig.

Hatten sich die Kaufleute früher immer nur für ein gemeinsames Handelsgeschäft zusammengeschlossen und waren sie nach dessen Abwicklung wieder getrennte Wege gegangen, so verbanden sich die

Geschäftspartner im Zeitalter der kommerziellen Revolution dauerhaft, oftmals bis zum Tod eines Partners, miteinander. Die Firma konnte so längerfristig und verlässlich mit dem Kapital ihrer Gesellschafter arbeiten. Gleichzeitig wurde insbesondere bei den toskanischen Handelsgesellschaften durch die Aufnahme von Investoren von außen und von Angestellten der Firma als Gesellschafter die Kapitalbasis stark erweitert. Für eine solche Firma mit zahlreichen Partnern und weitverzweigten Handelsniederlassungen, die sich beispielsweise im Falle der Bardi von Zypern bis Flandern und England erstreckten, war eine genaue Buchführung unabdingbar. Anders als der Messekaufmann, der noch den größten Teil seiner Geschäfte im Kopf hatte und nur die Außenstände notierte, musste die Handelsgesellschaft ebenso wie ihre Filialen jederzeit über Ansprüche und Verbindlichkeiten mit den verschiedenen Geschäftspartnern auf dem Laufenden sein. Dies erreichten die toskanischen Handelshäuser um 1300 mit der Entwicklung der doppelten Buchführung, die es durch die Gegenüberstellung von Soll und Haben den Firmen ermöglichte, ihren Kredit bis zur Liquiditätsreserve auszuschöpfen.

Für die Handelsrevolution ebenso wichtig wie die Verschriftlichung der Geschäftsführung war die Entwicklung des Wechsels aus dem *instrumentum ex causa cambii*, eines vor einem Notar geschlossenen Wechselvertrags, in dem sich ein Schuldner zur Rückzahlung des Darlehens an den Gläubiger oder dessen Vertreter an einem anderen Ort in einer anderen Währung verpflichtete. Überliefert sind solche Dokumente in den Genueser Notariatsarchiven, da die Genuesen mithilfe dieses Instruments Gelder von den Champagne-Messen nach Hause und umgekehrt transferierten. Gerade für den reisenden Messehändler hatte das *instrumentum ex causa cambii* ähnlich wie der vor allem in Nordwesteuropa verbreitete Inhaberschuldschein große Vorteile. Man konnte sich das notwendige Geld in der benötigten Währung bargeldlos beschaffen, seine Waren erwerben und das Darlehen nach dem Verkauf der Waren auf der nächsten Messe oder am Heimatort zurückzahlen. Während das *instrumentum ex causa cambii* ebenso wie der Schuldschein gewöhnlich zwei, allenfalls drei Parteien – den Gläubiger, den Schuldner und eventuell noch eine zur Zahlung beauftragte dritte Person – voraussetzten, lag dem aus dem *instrumentum* hervorgegangenen Wechsel ein komplizierteres Zahlungssystem zugrunde. Dieses war auf die Bedürfnisse der niedergelassenen Handelsgesellschaften mit Faktoren im Ausland zugeschnitten und betraf in seiner klassischen Form vier Parteien: den Wechselnehmer (Remittent), den Wechselgeber (Trassant), den Bezogenen (Trassat) und den Zahlungsbegünstigten (Präsentant).

Wie ein Wechsel funktionierte, soll am folgenden Beispiel erläutert werden, in dem der Wechsel zur Finanzierung des Tuchexports von Brügge nach Barcelona benutzt wurde. In Brügge gewährte der Wechselnehmer dem Wechselgeber, also dem Aussteller des Wechsels, ein Darlehen in flämischer Währung zum Kauf von Wolltuchen und erhielt dafür von ihm den Wechsel. Der Wechselgeber «zog» den Wechsel auf einen Geschäftspartner oder Bankier in Barcelona, den Bezogenen, d. h., er wies ihn an, den Darlehensbetrag in der lokalen Währung Barcelonas an den im Wechsel genannten Begünstigten zu zahlen, der wiederum ein Geschäftspartner oder Vertreter des Wechselnehmers war. Letzterer schickte den Wechsel und mehrere Kopien (damit eine sicher ankam) an den Begünstigten. Dieser präsentierte dem Bezogenen den Wechsel und erhielt, wenn der Bezogene den Wechsel akzeptierte, von ihm bei Fälligkeit des Wechsels sein Geld. In der Zwischenzeit waren vermutlich auch die in Brügge eingekauften Wolltuche in Barcelona verkauft, und damit stand Geld zur Einlösung des Wechsels zur Verfügung.

Durch den Wechsel hatten die Kaufleute an den Orten, mit denen regelmäßige Handelskontakte bestanden, Bargeld zum Einkauf zur Verfügung, ohne dass sie es extra mitführen mussten. Entsprechend setzte sich der bargeldlose Zahlungsverkehr mittels Wechsel im Laufe des 14. Jahrhunderts im Handel der Italiener mit dem westlichen Mittelmeer und Westeuropa durch, und nur wenn große Handelsbilanzdefizite entstanden, waren diese mit Edelmetall auszugleichen. Daneben besaß der Wechsel noch eine zweite Funktion: Er ermöglichte die Umgehung der weitverbreiteten Wucherverbote. Da das kanonische Recht den Geldverleih gegen Zins verbot und Wucher mit der Hölle bedrohte, konnte der Zinssatz weder offen deklariert noch im Voraus festgesetzt werden. Indem man nun den Zins hinter dem Wechselkurs versteckte, der auf den europäischen

Geldmärkten nach Angebot und Nachfrage schwankte, erhielt der Geldgeber dennoch einen «Genuss» aus seinem Darlehen. Ansonsten hätten die italienischen Handelshäuser das Wechselgeschäft mit Sicherheit nicht zu einem ihrer Geschäftszweige erhoben. Wenn man die Wechselkurse an den einzelnen Wechselplätzen kannte – und darüber informierten die Faktoren aus den verschiedenen Niederlassungen –, konnte man durch den Geldtransfer von einem zum anderen Platz erhebliche Kursgewinne erzielen, indem man sich die jahreszeitlichen Fluktuationen des Geldmarktes zunutze machte. Die Handelshäuser transferierten beispielsweise im Juni und Dezember, wenn in Brügge *strettezza* herrschte, d. h. Bargeld und Kredit knapp waren, Gelder dorthin, die Kursgewinne und hohe Zinsen brachten; dagegen ließen sie in Zeiten der *larghezza* im August und September, wenn die Hansekaufleute mit Geld nach Brügge kamen, ihr Geld an anderen Plätzen mit höheren Gewinnen arbeiten.

In dieser genauen Kenntnis der Geld- und der Warenmärkte und in der Beherrschung der entwickelten Finanztechniken lag die Vorherrschaft der italienischen Kaufleute-Bankiers im europäischen Handels- und Kapitalverkehr begründet. Der Warenumschlag im internationalen Handel war langsam, der Kapitalbedarf folglich groß, und daher konnte der sowohl im Waren- als auch im Geldhandel tätige Italiener nach der aktuellen Lage des Waren- und des Kapitalmarktes in Waren oder Wechsel bzw. in beide Geschäfte investieren. Neben den Neuerungen des internationalen Kapitalverkehrs entwickelten sich auch in den italienischen Städten Ansätze des bargeldlosen Zahlens.

Eine Schlüsselstellung hatten dabei der lokale Geldwechsler und sein Wechseltisch, der *bancus*, der namensgebend für Bank und Bankier wurde. Die Wechsler waren Experten im Erkennen der verschiedenen einheimischen und fremden Münzen; sie kannten die Wechselkurse und die Legierungen, und sie wussten zwischen gültigen und gefälschten Münzen zu unterscheiden. Daneben nahmen sie – in Genua seit dem ausgehenden 12. Jahrhundert – Einlagen auf ein *conto corrente* an, das Privatleute oder Handelsgesellschaften bei ihnen eröffnen konnten. Von diesem laufenden Konto tätigte der Wechsler auf mündliche Order Überweisungen von Konto zu

Konto oder auf die Konten bei anderen Wechslern. In dem Maße, in dem sich die Kunden der bargeldlosen Zahlung in Bankgeld oder Buchgeld bedienten, d. h. ihre Einlagen nicht mehr abhoben, nahm das dem Wechsler verfügbare Kapital zu. So konnte er seinen Kunden Überziehungskredite anbieten und auch Kleindarlehen an Kaufleute, Handwerker und den Staat gewähren.

Besondere Bedeutung besaßen die Konten der Wechsler für die Verrechnung und damit für die Intensivierung des Wechselverkehrs. Der Aussteller eines Wechsels zog beispielsweise diesen auf seinen Wechsler, der bei Fälligkeit des Wechsels vom Konto des Ausstellers zahlte, indem er den Betrag dem Konto des Zahlungsbegünstigten gutschrieb. Die große Bedeutung des Bank- oder Buchgeldes im Zahlungsverkehr, die einen rationellen Umgang mit dem vorhandenen Edelmetall ermöglichte, war im 13. und beginnenden 14. Jahrhundert jedoch auf Norditalien beschränkt, wo die überdurchschnittliche Geldversorgung und der hohe Monetarisierungsgrad der Gesellschaft jederzeit die Einlösung des Buchgeldes in Münzgeld garantierten. Entsprechend kam in den Gebieten West- und Mitteleuropas, in denen die Monetarisierung langsamer voranschritt, der bargeldlose Zahlungsverkehr nur schleppend in Gang. Zwar waren überall im 12. und 13. Jahrhundert städtische Geldwechsler tätig, die fremde Münzen in lokale Währung umwechselten, mit Edelmetall handelten und zum Teil auch Münzen prägten, aber eine Bankfunktion privater Wechselstuben lässt sich in Brügge wie im Rheinland oder in Oberdeutschland erst in der zweiten Hälfte des 14. und im 15. Jahrhundert nachweisen. Noch rückständiger war der hansische Handel, der bis ins 15. Jahrhundert nicht das Volumen erreichte, das einen Übergang zur Handelsgesellschaft mit Faktoren im Ausland, zur doppelten Buchführung oder zum Gebrauch des Vier-Parteien-Wechsels nötig gemacht hätte. Beim Einkauf im Norden und Osten mussten die Hansekaufleute Hering, Getreide, Flachs und Hanf ebenso wie Pelze, Leder, Wachs und Talg bar mit Silber bezahlen. Für den saisonalen Handel mit England und Flandern streckten zweiseitige Schuldurkunden und -verschreibungen die Bargeldvorräte, solange keine größeren Handelsdefizite entstanden. Gleichzeitig verminderten die hansischen Wollexporteure die Risiken des Bargeldtransfers über See nach England im ausgehenden 13. und im beginnenden 14. Jahrhundert dadurch, dass sie dem englischen König Geld auf dem Kontinent liehen und sich dieses in England zurückzahlen ließen, um damit die berühmte englische Wolle einzukaufen. In das System der italienischen Wechselplätze war die hansische Welt nicht einbezogen, obgleich Brügge von der zweiten Hälfte des 14. Jahrhunderts an die Funktion eines Scharniers zwischen dem hansischen und dem südeuropäischen Wirtschaftsraum übernahm.

Die Ursachen für die Unterschiede zwischen dem Mittelmeerraum und West- und Nordeuropa in den Handels- und Kredittechniken, in den Währungsmetallen und in der Funktion der Münzsorten sind in dem Monetarisierungsgrad der Gesellschaften, d. h. der Ausbreitung der Geldwirtschaft, zu suchen. Allgemein gilt es als gesicherte Tatsache, dass die Auflösung der in die Karolingerzeit zurückreichenden Fronhofverfassung im 12. und 13. Jahrhundert der bäuerlichen Geldwirtschaft einen deutlichen Aufschwung gab. Die mit der Arbeit leibeigener Bauern betriebenen Eigenwirtschaften der Grundherren wurden aufgelöst, indem man daraus entweder Bauernstellen bildete oder größere geschlossene Hofeinheiten an einen Bauer verlieh. Die bäuerlichen Frondienste wurden durch Geld- und Naturalabgaben ersetzt, was den bäuerlichen Betrieben eine größere Selbstständigkeit gab. Ihre Produktion für den entstehenden städtischen Markt wuchs und bot ihnen die Möglichkeit, Geld zu erlösen. Aber auch die Grundherren, die jetzt Geldrenten ihrer Bauern empfingen, konnten sich auf den städtischen Märkten mit dem Notwendigen versorgen, denn die städtischen Handwerker stellten die Produkte besser und billiger her, als es bisher die grundherrlichen Hörigen getan hatten. Die früheren Dienstleistungen auf dem Herrenland wurden ebenfalls überflüssig und durch Geldleistungen ersetzt.

Die Auflösung des Fronhofsystems und die damit einhergehende Entwicklung der Geldrenten verliefen im ländlichen Europa höchst uneinheitlich, was die folgenden Beispiele erläutern sollen. In Italien, wo das Fronhofsystem ohnehin nicht so fest gefügt war wie in West- und Mitteleuropa, erfolgte dessen Auflösung parallel zum

Aufschwung des Städtewesens im 11.-13. Jahrhundert. Bauern gingen in die Städte, Dörfer wurden zu Städten; die Kommerzialisierung der bäuerlichen Produktion, d. h. die Ausrichtung auf den Markt, war seit dem 12. Jahrhundert in vollem Gange. So konnte sich ein Grundherr in Arquà bereits im Jahre 1196 rühmen, den besten Bauern im Dorf zu haben, weil dieser ihm Geld geliehen hatte. Abgaben, die wie in der Toskana um die Mitte des 13. Jahrhunderts aus Getreide, Geld und Pfeffer bestanden, verweisen auf die engen Marktkontakte der Bauern, die den Pfeffer ja kaufen mussten.

Außerdem setzten sich schon im 12. Jahrhundert Zeitpachtsysteme durch, die die langfristige Nutzung gegen festen Zins allmählich verdrängten. Denn die italienischen Grundherren scheinen sich als Erste der Tatsache bewusst geworden zu sein, dass eine langfristige Bindung von Landnutzung und Geldzins aufgrund der hier schneller als im übrigen Europa fortgeschrittenen Münzentwertung ihre Einkommen auf lange Frist schmälerte. Die Grundherren favorisierten das schon länger bestehende Halbpachtsystem der *mezzadria*, in dem die Erträge der Landwirtschaft, egal, ob es sich um Getreide, Oliven oder Vieh handelte, zur Hälfte zwischen Pächter und Grundherrn geteilt wurden. Man könnte dies zwar als eine Rückkehr zur Naturalwirtschaft ansehen, aber es war eher der erfolgreiche Versuch der Grundherren, direkt an den steigenden Preisen für Agrarprodukte in einer Zeit zunehmender Geldentwertung zu partizipieren.

Im übrigen Europa spielte nur noch in Flandern, der nach Italien ökonomisch und geldwirtschaftlich fortschrittlichsten Region, die Halbpacht bei der Bewirtschaftung des Großgrundbesitzes eine dominierende Rolle. In Frankreich und Deutschland nutzte die Mehrheit der Bauern ihr Land nach Erbzinsrecht mit Natural- und Geldabgaben. Verallgemeinerungen hinsichtlich der Rentenarten sind nicht möglich, wenn sich auch auf regionaler Ebene gewisse Trends erkennen lassen. So bestanden die bäuerlichen Abgaben im 12. Jahrhundert im Roussillon überwiegend aus Naturalien, aber sie wurden dort seit dem ausgehenden 12. Jahrhundert und vor allem im 13. Jahrhundert ebenso wie in der Picardie, der Normandie, im Languedoc, dem Poitou oder in Burgund von Geldabgaben abgelöst.

In deutschen Ländern ersetzte man die Frondienste im 12. und 13. Jahrhundert großenteils durch Natural- und Geldzins und gab die Ländereien zu Erbzinsrecht aus. Natural- und Geldrente spielten oft eine gleichrangige Rolle, beispielsweise in den Weistümern, den Aufzeichungen der Rechtsgewohnheiten, der Abtei Werden an der Ruhr. Eine langfristige Substitution der Naturalabgaben durch Geld lässt sich daher nicht ohne Weiteres feststellen. Selbst wenn in Weistümern und Pachtverträgen Geldleistungen festgelegt waren, scheinen die Grundherren die Abgaben auch natural eingenommen zu haben, wenn es dem Bauern an Bargeld mangelte. Genauer untersucht ist diese Thematik allein für Bayern von Philippe Dollinger (1982). Er stellte einen Rückgang der Eigenbewirtschaftung der Grundherren, die Abschaffung der Frondienste und ein Vordringen der Geldabgaben vom 12. Jahrhundert an fest. Die Initiative ging dabei von den Bauern aus, die die Frondienste als Hemmnis ihrer wirtschaftlichen Aktivität empfanden. Stattdessen forderte der Grundherr Abgaben in Naturalien aus der landwirtschaftlichen Produktion – nicht länger bäuerliche Handwerkserzeugnisse – und in Geld. Dennoch war die Monetarisierung der Beziehungen zwischen Grundherr und Bauer ein langwieriger Prozess. Abgesehen von entfernt liegenden Dörfern, deren Naturallieferungen schwer zu kontrollieren waren und die stattdessen Geld zahlten, überwogen generell die Naturalien wertmäßig gegenüber den Geldabgaben. Dies war besonders deutlich beim weltlichen Grundbesitz. So leisteten im 13. Jahrhundert beispielsweise im Amt Dachau 60 Höfe Natural- und nur fünf Geldabgaben. Auch wenn die Geldeinkünfte des Amtes bis zum Ende des Jahrhunderts stiegen, blieben sie im Vergleich zum Wert der Naturalien gering. Dieser niedrigere Stellenwert der Geldabgaben wie auch die Tatsache, dass nicht alle Bauern Geld zinsten, weisen auf Unterschiede hinsichtlich der Bargeldvorräte und der Marktproduktion der Bauernhöfe hin.

In den Gebieten Nord-, Mittel- und Ostdeutschlands können wir ebenfalls nur von einem allmählichen Vordringen der Geldwirtschaft in der ländlichen Gesellschaft des 13. und 14. Jahrhunderts sprechen. Einen ersten Beitrag zur Monetarisierung leisteten hier der Landesausbau und die Ostsiedlung. Bauern, die sich an der

Landgewinnung durch Rodung und Eindeichung beteiligten, erhielten ihr Land zur erblichen Nutzung und mussten nach Ablauf ihrer Freijahre einen fixen Geldzins und eine festgelegte Naturalabgabe zahlen. Neben diesen berechenbaren Leistungen waren der größere Landbesitz, das erbliche Nutzungsrecht sowie die gerichtliche Autonomie für die Siedler attraktiv, um an den Kolonisationsunternehmungen im Niederelberaum, den mittelelbischen Gebieten und hiervon ausgehend in der Mark Brandenburg, Mecklenburg, Pommern, Preußen, Pommerellen sowie in Schleswig-Holstein teilzunehmen. Die deutschen und slavischen Fürsten und Grundherren in den neuen Siedlungsgebieten, die die Siedler mithilfe von Siedlungsunternehmern, den Lokatoren, anlockten, hatten durch die Kolonisation nicht nur den Vorteil des Landesausbaus, sondern zum ersten Mal eine kalkulierbare Geldeinnahme anstelle der bisher vorherrschenden Grundversorgung des alltäglichen Bedarfs durch die agrarischen und gewerblichen Dienstleistungen der slavischen Bevölkerung. Mindestens ebenso wichtig wie die Dorfkolonisation waren für die Monetarisierung Nord- und Ostdeutschlands die Städtegründungen, z.B. die im 13. Jahrhundert vom Lübecker Vorbild angeregten Stadtanlagen im Ostseeraum. Durch die Konzentration eines gewerblichen Elements in den Städten entstanden erstmals Ware-Geld-Beziehungen zwischen Stadt und Umland, da die Stadt auf die Versorgung mit Nahrungsmitteln und Rohstoffen angewiesen und es für die Bauern langfristig lohnender war, die besseren Gewerbeerzeugnisse in der Stadt zu kaufen, als diese selbst herzustellen.

Indizien für das allmähliche Vordringen des Geldes in die ländlichen Regionen auf dem Wege der Stadt-Land-Beziehungen sind die Münzfunde, die in Deutschland in größerem Umfang im 12. Jahrhundert einsetzen, aber erst im 13. Jahrhundert an Zahl und Ausdehnung deutlich zunehmen, während die deutschen Münzen in den Jahrhunderten davor als Fernhandelsdenare überwiegend im Ausland und nicht im Binnenland umgelaufen waren. Insgesamt lässt sich ein deutliches Gefälle in der ländlichen Geldverwendung feststellen, das sich von Italien über Flandern, Frankreich, West- und Süddeutschland nach Nord- und Ostdeutschland zog und im Handel, im Kredit und in den benutzten Münzsorten seine Entsprechung fand. Voraussetzung für die Monetarisierung wie für die kommerzielle Revolution waren die dank der mitteleuropäischen Silberförderung europaweit gestiegenen Edelmetallvorräte. Die Distribution des Edelmetalls und damit die Geldversorgung einer bestimmten Region übernahm aber der Handel. Deshalb floss das Edelmetall in die Regionen des europäischen Südens, wo die meisten und wertvollsten Waren herkamen, und nur in geringerem Maße in den Norden.

Entsprechend waren dann auch die für die Monetarisierung zur Verfügung stehenden Bargeldvorräte verteilt. Dennoch reichten sie zum ersten Mal in der mittelalterlichen Geldgeschichte für den Geldverkehr breiterer Bevölkerungsschichten aus. Darüber hinaus stellten sie die Haushaltungen von Fürsten und Grundherren auf eine neue monetäre Grundlage, die wiederum den europäischen Handel mit Luxusgütern stimulierte.

2

Edelmetallknappheit und monetäre Kontraktion

Das spätere Mittelalter war von der zweiten Hälfte des 14. Jahrhunderts bis zum ausgehenden 15. Jahrhundert durch die Edelmetallknappheit und die monetäre Kontraktion geprägt. Die europäische Edelmetallförderung versiegte, und die Münzstätten verringerten ihre Produktion, wenn sie sie nicht sogar völlig einstellten. Das Münzgeldangebot verknappte sich. Da die Kreditversorgung ebenfalls auf den Edelmetallvorräten basierte, kam es hier auch zu Liquiditätskrisen. Europa litt unter der wirtschaftlichen Depression. Die Pest und die zahlreichen Kriege dezimierten die europäische Bevölkerung. Die Landwirtschaft lag danieder, der Handel stagnierte.

Edelmetallknappheit und Münzproduktion

Im Laufe des 14. Jahrhunderts war die Silberproduktion der im 12. und 13. Jahrhundert so ergiebigen Bergreviere großenteils zum Erliegen gekommen. Zwar konnte die Ausbeute in Kuttenberg und Iglesias bis zur Mitte des 14. Jahrhunderts den Ausfall von Freiberg oder Iglau ausgleichen, aber als in der zweiten Jahrhunderthälfte die Kuttenberger Förderung auf niedrigeren Touren lief und später in den Hussitenkriegen völlig zusammenbrach sowie als Iglesias überhaupt kein Silber mehr lieferte, kam kaum noch neues Silber auf den Markt. Dies war im 14. Jahrhundert noch wenig spürbar, da die ungarische Goldproduktion bis ca. 1380 wuchs und erst danach auf ein niedrigeres Niveau absank. Seit dem späten 14. Jahrhundert floss aber auch das sudanesische Gold immer spärlicher, da Tuareg-Invasionen den Transsaharahandel stark gefährdeten. Für Genua bedeutete dies ebenso wie für Florenz, Marseille oder Barcelona eine Einschränkung des Gewürzhandels mit der Levante, da das zum dortigen Gewürzeinkauf benötigte Gold knapp wurde. Die Genuesen konzentrierten sich stattdessen auf den Import von Alaun, Damast, Baumwolle und anderen Waren aus Chios und Kleinasien. Allein Venedig, das in der allgemeinen Liquiditätskrise noch über Gold aus Ungarn sowie Silber aus Mitteleuropa und vom Balkan verfügte, konnte damit den Gewürzhandel an sich reißen. Jährlich schickte Venedig gut 300 000 Dukaten zum Wareneinkauf in den Nahen Osten, was die europäischen Edelmetallbestände weiter reduzierte.

Im späten 15. Jahrhundert bezog Westeuropa sogar Waren im Wert von 660 000 Dukaten aus Syrien und Ägypten, von denen 260 000 Dukaten durch den Export europäischer Fertigwaren sowie die restlichen 400 000 Dukaten mit Edelmetalllieferungen bezahlt wurden; 400 000 Dukaten entsprachen wertmäßig einem Edelmetallabfluss von 1 420 kg Gold oder 16 500 kg Silber und übertrafen die jährliche Münzproduktion der Burgundischen Niederlande und Englands noch um ein Drittel. Westeuropa besaß aber nicht allein mit dem Nahen Osten eine negative Handelsbilanz; auch der Ostseeraum und der russische Markt waren Regionen, wo westeuropäisches Silber versickerte, da die Tuch-, Salz-, Fisch- und Fertigwarenlieferungen aus dem Westen weit weniger wert waren als die Getreide- und Holzimporte aus Preußen und Polen oder die Pelz- und Wachssendungen aus Livland und Russland.

Neben der Münzausfuhr in andere Wirtschaftsräume gingen dem europäischen Geldumlauf Münzen durch Einschmelzen, zufällige Verluste sowie das Horten verloren. Die Einbußen dieser Art waren von Land zu Land und Zeit zu Zeit unterschiedlich und sind daher nicht genau zu bestimmen. Europaweit kann man allein ein gesteigertes Hortungsverhalten der Bevölkerung feststellen. Dabei wurde Bargeld durch die Verbergung kurz- bis längerfristig dem Geldumlauf entzogen, wenn es nicht sogar dauerhaft zu Gold- und Silbergeräten, Brokattuchen, Innendekorationen usw. verarbeitet wurde. Jedoch konnte man bei Bedarf diese Metalle einschmelzen und als neue Münzen wieder in Verkehr bringen oder beleihen lassen.

Das Spätmittelalter war eine Zeit intensivster Münzthesaurierung; für das 14. und 15. Jahrhundert sind mehr Münzfunde belegt als für das vorangegangene oder das nachfolgende Jahrhundert. Die über das Maß der alltäglichen Thesaurierung hinausgehende Hortung kann im ausgehenden 14. und im beginnenden 15. Jahrhundert einerseits als natürliche Reaktion der Bevölkerung auf die Seuchen, Kriege und Fehden erklärt werden, die Westeuropa in dieser Zeit heimsuchten. Andererseits war das Horten von Geld eine rationale Antwort auf fallende Preise und die allgemeine ökonomische Depression. Das zu Münzen verprägte Edelmetall verringerte sich aber auch durch die Abnutzung im Umlauf und durch betrügerische Manipulationen an der Münze kontinuierlich. Nach Untersuchungen für England, die Burgundischen Niederlande und Norddeutschland betrugen diese Gewichtsverluste im 14. und 15. Jahrhundert jährlich 0,2%; und dies bedeutete für das spätmittelalterliche England mit einer Geldmenge von £ 1 Million, «dass sich in jedem Jahrzehnt 7 t Silber in Luft auflösten».

Welche Folgen hatte die zunehmende Edelmetallknappheit für die europäische Münzproduktion? Zwischen 1331–1340 und 1491–1500 verringerte sich nach den Schätzungen John Days die globale europäische Münzproduktion um ca. 80% (s. Diagramm 1). Jedoch verlief der Rückgang nicht gleichmäßig, da sich Phasen stärkerer Edelmetallverknappung wie 1395–1415 und 1440–1460 mit Zeiten wiederbelebter Münzproduktion (1420–1430) abwechselten und außerdem regionale Unterschiede bestanden. In Italien schränkte Florenz die Silberprägung und vor allem die Fiorinoproduktion drastisch ein, sodass der Goldausstoß im ausgehenden 15. Jahrhundert weniger als ein Zehntel der Münzproduktion des Jahres 1338 betrug. Erheblich verringerte sich auch der Genueser Goldausstoß, der jedoch zu einem Teil durch eine höhere Silbervermünzung ausgeglichen wurde. Allein Venedigs Münze konnte durch das in den bosnischen und serbischen Minen von Srebrenica und Novo Brdo geförderte Silber noch in größerem Umfang Grossi für den Export produzieren, obgleich auch diese immer leichter wurden. Aber nachdem die Türken in den 1450er und 1460er Jahren Serbien und Bosnien besetzt hatten, stockte auch die Silberversorgung Venedigs, sodass größere Edelmetallausfuhren in den Osten akute Zahlungsmittelengpässe auslösten.

Diagramm 1: Europäische Münzproduktion im Spätmittelalter (in kg)

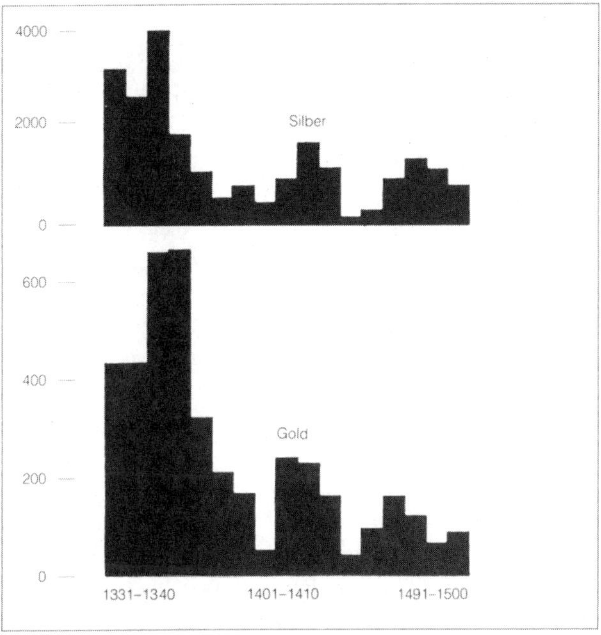

Quelle: Day, Monetary Contraction, S. 20

Für die meisten europäischen Städte und Länder war eine solche Erscheinung nichts Neues, da sie schon einige Jahre länger als die Venezianer mit dem Problem der Geldknappheit kämpften. Als eine mit Waren beladene Galeere des französischen Kaufmanns Jacques Cœur 1451 in den Hafen von Valencia einlief, hatten die Einwohner der Stadt kein Geld, um irgendetwas davon zu kaufen. Ähnlich war die Situation in Barcelona, wo der Münze das Silber zum Prägen fehlte und die Kapitäne des Jacques Cœur der illegalen Edelmetallausfuhr beschuldigt wurden. Auch in Frankreich blieben die meisten Münzstätten in den kritischen Jahrzehnten zwischen 1440 und 1460 geschlossen. Hier waren die königlichen Münzstätten zu Beginn des Hundertjährigen Krieges und noch einmal an dessen

Ende zur Kriegsfinanzierung mittels Münzverschlechterung für die Krieg führenden Parteien genutzt worden. Zwar versuchte Jacques Cœur, durch den Abbau silberhaltigen Bleis im Lyonnais Silber für die Münzstätten und seinen eigenen Mittelmeerhandel zu gewinnen, aber die Erträge der Minen blieben deutlich hinter den hohen Summen zurück, die für das Bohren, Belüften und Entwässern der Schächte investiert werden mussten.

Relativ am besten sind wir über die Münzproduktion der Burgundischen Niederlande in dieser Zeit informiert, da die Münzmeisterabrechnungen der herzoglichen Münzstätten bis 1420 für Flandern und danach für das gesamte Staatswesen nahezu geschlossen vorliegen. Sie zeigen einen Rückgang der jährlichen Münzproduktion im 15. Jahrhundert auf ein Drittel des Münzausstoßes des 14. Jahrhunderts. Ab 1458 pausierte die Silberprägung einige Jahre völlig, und 1462 schlossen sämtliche Münzstätten für vier Jahre, da die Münzmeister aufgrund des enormen Anstiegs der Edelmetallpreise die Versorgung der Münzstätten mit Gold und Silber nicht länger gewährleisten konnten. Auf den ersten Blick nahm die englische Münzproduktion einen den Burgundischen Niederlanden vergleichbaren Verlauf, da sie seit den 1430er Jahren drastisch schrumpfte. 1442 wurde die englische Münze in Calais geschlossen, die von den Geldeinnahmen aus dem Wollverkauf des Calaiser Stapels lebte. Beim näheren Hinsehen jedoch entpuppt sich England als Ausnahme in der allgemeinen Edelmetallknappheit. Selbst in den schlimmen 1440er und 1450er Jahren blieb die Münzstätte im Londoner Tower in Betrieb, da der Wollexport England noch immer Silber zuführte, das vor allem die italienischen Kaufleute brachten. Ebenfalls relativ günstig stand Kastilien, der zweite europäische Wollexporteur, da, denn die spanische Merinowolle war weiterhin gefragt. Da außerdem die Handelskontakte und die Goldzufuhr aus Afrika intakt blieben, war die Edelmetallversorgung der kastilischen Münzstätten gesichert.

Letzteres kann man für die deutschen Territorien nicht behaupten, die verstärkt im beginnenden 15. Jahrhundert die rückläufige Edelmetallförderung spürten. Zwar verbreitete sich die Goldprägung durch die Aufnahme der Guldenproduktion in den Reichsmünzstätten Frankfurt, Nördlingen, Basel, Nürnberg und Dortmund sowie in den Hansestädten Lüneburg und Hamburg im 15. Jahrhundert erstmals über das Rheintal hinaus, aber langfristig ging der Guldenausstoß der deutschen Münzstätten zurück. Der Goldnachschub aus Ungarn wurde ebenso wie der Ungarnhandel durch die Hussitenkriege (1419–1436) blockiert, sodass die rheinischen Kurfürsten ihre Münzstätten der Reihe nach stilllegten. Die Kölner Erzbischöfe konzentrierten ihre Guldenprägung in der Münze Deutz; Bonn und Riehl wurden geschlossen. Die Pfalzgrafen legten die Münzstätten Oppenheim (1436) und Bacharach (1465) still, da die Zöllner an diesen Stellen anscheinend nicht mehr genügend Gold einnahmen. Die Mainzer Erzbischöfe gaben ihre Münzstätten in Bingen 1442 und Höchst 1461/63 auf. Allein Heidelberg und Mainz blieben als pfälzische bzw. Mainzer Münzstätten in Betrieb, während die Trierer Erzbischöfe nur noch Koblenz als Goldprägestätte beibehielten. Der Rheinische Münzverein, die Währungsunion der rheinischen Kurfürsten, erlebte seinen Niedergang. Das Feingewicht des Goldguldens sank um 20% (1386–1454) und das Silbergewicht der Silberhauptmünze, des *Weißpfennigs* oder *Albus*, um 27%, da das Prägemetall knapper wurde und stetig im Preis stieg. Süddeutsche Münzstätten fuhren in ihrer Münzproduktion ebenfalls einen restriktiven Kurs. So prägte die Grafschaft Württemberg im zweiten Drittel des 15. Jahrhunderts für mehr als 30 Jahre überhaupt keine Münzen und nahm erst 1469 in Stuttgart die Produktion von *Heller* und Pfennigen wieder auf. Auch in den norddeutschen Hansestädten, die im Währungsbündnis des sog. *Wendischen Münzvereins* miteinander verbunden waren, verringerte sich der Ausstoß der Münzstätten.

So ging nach einer Phase intensiver Münzproduktion in den Jahren 1367–1372, als Lübeck Witten für den Export nach Skandinavien herstellte, die Prägung der Hansestadt im letzten Viertel des 14. Jahrhunderts deutlich zurück. Erheblich niedriger fielen dann die Prägekontingente aus, die der Lübecker Münze im Rahmen des Währungsbündnisses des Wendischen Münzvereins in der Folgezeit (1392–1492) zugeteilt wurden. In dieser Zeit hatte Lübeck immer wieder Schwierigkeiten, Prägesilber für die Münze zu beschaffen, sodass es zwischen den einzelnen Emissionen mehrfach zu längeren Prägepausen kam. Selbst die auswärtigen Geldspezialisten, die die Hansestadt berieten, wie die Bargeldknappheit zu beseitigen sei, konnten das Silber nicht einfach herbeiwünschen. Ebenfalls unter Prägemetallmangel scheint die Lübecker Guldenprägung gelitten zu haben, die im 15. Jahrhundert die Produktionsziffern des vorhergehenden Jahrhunderts nicht mehr erreichte.

Münzverschlechterung und Bullionismus

Die europäische Edelmetallknappheit spiegelte sich aber nicht nur in dem Rückgang der Münzproduktion und der Schließung zahlreicher Münzstätten wider. Ganz Europa sah eine Abwertung der produzierten Münzen. Dabei ist zwischen einer natürlichen langfristigen Verringerung des Silbergehalts der Münzen einerseits und den kurzfristigen brutalen Münzverschlechterungen aus fiskalischen Motiven andererseits zu unterscheiden. Angesichts einer kontinuierlichen Verteuerung des Prägesilbers seit dem ausgehenden 14. Jahrhundert mussten sich die Münzherren von Zeit zu Zeit an die veränderte Situation anpassen und den Silbergehalt ihrer Münze bei Beibehaltung des Nennwerts verringern. Andernfalls hätte die Münzprägung große finanzielle Einbußen zur Folge gehabt. Normalerweise war aber die Münzprägung auf Gewinn angelegt, der umso größer wurde, je stärker die Münzherren ihre Münzen verschlechterten. Wenn ein Münzherr das Feingewicht seiner Münzen reduzierte, schlug er aus jeder Gewichtseinheit Silber mehr neue Münzen als bisher und konnte so nominell einen höheren Preis für das in die Münzstätte gebrachte Edelmetall zahlen. Der Bevölkerung, die über Edelmetall in Form von Barren oder Münzen verfügte, erschien es daher besonders lohnend, dies in die Münze zu bringen und mit mehr neuen Münzen wieder abzuziehen. Nach Zeiten der Abwertung oder Münzverschlechterung kehrten die Münzherren dann oft mit einer Aufwertung zu stabilem Geld zurück, indem sie das Feingewicht der Münze wieder heraufsetzten. Die alten Münzen wurden verrufen und nur noch zu einem Teil ihres ursprünglichen Wertes entgegengenommen. Alle, die diese in den Händen hatten, verloren. Dagegen litten unter der Münzverschlechterung die Grundherren, die von festgesetzten Geldrenten der Bauern lebten, am stärksten.

Die heftigsten Abwertungen erlebte Frankreich während des Hundertjährigen Krieges. Bereits in der Anfangsphase des Krieges versuchten die französischen Könige Philipp VI. und Johann II. durch kontinuierliche Münzverschlechterung die Kriegskosten zu bestreiten, was auf heftigen Protest der adligen und geistlichen Grundherren stieß. In dieser Situation verfasste der Geistliche und spätere Bischof Nicolaus Oresmius den ersten theoretischen Traktat der Geldgeschichte, *De Moneta*. Er schrieb:

> Aufgrund dieser Münzverschlechterungen wird gute Ware oder natürlicher Reichtum nicht länger in das Königreich gebracht, indem man die Münze so verändert, denn die Kaufleute gehen lieber an die Orte, wo sie eine gute und feste Münze erhalten. Außerdem stören und verhindern diese Münzveränderungen den Binnenhandel in dem Königreich, da dadurch Geldrenten, jährliche Zahlungen, Pachten, Zinsen und Ähnliches nicht gut und gerecht festgesetzt oder abgeschätzt werden können. Auch kann Geld nicht sicher verliehen oder als Kredit vergeben werden. In der Tat verweigern viele diese wohltätige Hilfe wegen solcher Münzveränderungen. Dabei sind Edelmetall, Kaufleute und all die anderen nützlichen Dinge für die Menschheit notwendig oder außerordentlich nützlich, wogegen ihr Fehlen für die gesamte Gesellschaft schädlich und nachteilig ist.

Damit stellte Oresmius zum ersten Mal das alleinige Recht des Herrschers, Münzen zu prägen und den Münzfuß zu verändern, infrage. Für ihn waren die Münze und die Währung eine Angelegenheit der Allgemeinheit, und daher musste diese oder ihre Vertreter (die Stände) bei Münzverschlechterungen gefragt werden. Oresmius war damit nicht nur zum Begründer der mittelalterlichen Geldtheorie geworden, sondern trug als Sprachrohr der adligen Ständevertreter auch dazu bei, dass der französische König zur Politik stabiler Münze zurückkehrte und ein neues Steuersystem zur Kriegsfinanzierung erfand.

Jedoch kam die Geißel der Münzverschlechterung in einer späteren Phase des Krieges (1417–1422) wieder zurück, als das dreigeteilte Frankreich von Heinrich V. von England, Johann ohne Furcht von Burgund (im Namen König Karls VI.) und dem Dauphin beherrscht wurde. In dem verzweifelten Versuch, die unermesslichen Kriegskosten aufzubringen, verschlechterten alle Verwaltungen von 1417 an ihre Münzen, und 1420 enthielt die Groschenmünze, der *Gros*, nur 20% Silber. Die königlichen Einnahmen aus dem Münzgewinn stiegen auf 547 247 lt. und machten 80% der königlichen Einkünfte aus. Nachdem der Vertrag von Troyes Heinrich zum Regenten für den geisteskranken König und zum Erben der französischen Krone bestimmt hatte, kehrte Nordfrankreich zu einem geregelten Geldwesen und einem 92%igen Silbergehalt des Gros zurück. Allein der Dauphin, der spätere Karl VII., setzte im Süden den Kampf fort und verschlechterte dazu die Münzen weiter. Im Sommer 1422 prägte die Regierung des Dauphin 46-mal so viele Münzen aus der Mark Silber wie im Jahr 1416. Für die Grundherren bedeuteten diese desolaten monetären Verhältnisse den Ruin, da die Bauern mit immer weniger Silber ihre Zinsen zahlten. Entsprechend klagte der Ritter in Alain Chartiers *Quadrilogue invectif* 1422, «dass die Geldbörse eines Bauern wie eine Zisterne den Reichtum des Landes sammele». Die Ständeversammlungen drängten auf eine direkte Besteuerung zur Kriegsfinanzierung, von der der Adel selbst befreit war. So stellte der Dauphin 1422, nach dem plötzlichen Tod seines ärgsten Gegenspielers, Heinrich V., die alte monetäre Stabilität wieder her und finanzierte die Rückeroberung Nordfrankreichs durch das Aufkommen aus der *taille*, die als Herdsteuer von jedem städtischen und ländlichen Herd erhoben wurde.

Zahlreiche Abwertungen, die zeitweilig von brutalen Aufwertungen unterbrochen wurden, erlebte das Herzogtum Burgund, das seit der Mitte des 14. Jahrhunderts militärisch und ökonomisch expandierte. Burgund ist ein gutes Beispiel dafür, dass bereits im spätmittelalterlichen Europa ein Staat keine isolierte Währungspolitik betreiben konnte, wenn er nicht hilfloses Opfer eines Währungskrieges werden wollte. Dies musste auch Herzog Philipp der Kühne einsehen, als er 1384 – beeinflusst von den Idealen des Oresmius – eine harte Währung in Flandern durch eine Aufwertung der Münzen um 5% einzuführen versuchte. Solange die Nachbarn nicht mitmachten, verdrängten die schlechten Münzen der benachbarten Territorien nach dem fast 200 Jahre später von Thomas Gresham formulierten Gesetz das gute flämische Geld aus dem Umlauf. Entsprechend führte Philipp der Kühne einen fünfjährigen Abwertungskrieg gegen die Herzogin Jeanne von Brabant, in dem er den Nachbarstaat mit immer schlechteren Münzen überschwemmte, bis sich das Herzogtum schließlich zu einer Währungsvereinbarung bereitfand. Dann erhöhte Philipp 1389 den Gehalt seiner Silbermünzen um 30% und den seines Goldgeldes sogar um 40% und hielt diese deflationäre Politik zum Nutzen der adligen und geistlichen Grundherren trotz gewaltsamer Revolten der Lohnarbeiter und Steuerzahler bis zu seinem Tode (1404) durch. Sein Sohn Johann ohne Furcht machte als Alliierter der Engländer im Hundertjährigen Krieg in seinen französischen Territorien die Münzverschlechterungen der Jahre 1416–1418 mit und verfünffachte dort auf diese Weise nominell seine Staatseinnahmen.

Von 1416 bis 1433 sah Burgund zwölf Abwertungen beim Gold- und sieben beim Silbergeld. Insbesondere führte der seit 1419 regierende Herzog Philipp der Gute in den 1430er Jahren den «Krieg der Nobel» gegen England, indem er diese nachmachte und deren Kurs ebenso wie den seiner Goldmünzen herabsetzte. Diese Phase ging mit der Schaffung einer einheitlichen Währung in allen burgundischen Territorien 1433 zu Ende, die dann 33 Jahre währungspolitischer Stabilität einleitete. Philipps Sohn und Nachfolger, Karl der Kühne, wertete 1466 die Währung um fast ein Sechstel ab und veränderte die Gold-Silber-Relation zugunsten des Silbers. Diese Maßnahme scheint den Silberstrom in die burgundischen Münzstätten stimuliert zu haben. Dennoch scheute sich Karl, die Münzprägung zur Finanzierung seiner weitgespannten militärischen Unternehmungen zu benutzen. Nach dem Tod des Herzogs in der Schlacht von Nancy 1477 hielt seine Tochter und Erbin Maria, unterstützt von den adligen Ratgebern ihres Vaters, an einer Politik stabilen Geldes fest. Erst ihr Mann, Erzherzog Maximilian, brach als Vormund für den gemeinsamen Sohn, Philipp den Schönen, mit dieser Tradition, als er sich gegen zwei große Rebellionen behaupten musste. Mit den ungeheuren Gewinnen aus den Abwertungen der Jahre 1485 und 1487–1489 bezahlte er die gegen die Rebellierenden eingesetzten deutschen und Schweizer Söldner. Der Adel bestand aber darauf, dass Maximilians Münzverschlechterungspolitik so kurz wie möglich dauerte. Daher kehrte Maximilian am Ende des Jahres 1489 zu stabilem Geld zurück.

Krieg und Aufruhr waren also die häufigsten Ursachen für die starken Abwertungen im 14. und 15. Jahrhundert, und selbst im Heiligen Römischen Reich unterbrachen die gewaltsam ausgetragenen Erbstreitigkeiten im Hause Habsburg die relative Stabilität des Münzwesens. 1457 war Ladislaus Postumus, der König von Böhmen und Ungarn und Herzog von Österreich, im Alter von 17 Jahren an der Pest gestorben. Um sein Erbe kämpften Kaiser Friedrich III., dessen Bruder Herzog Albrecht VI. und der kaiserliche Neffe Sigismund von Tirol. Während Letzterer finanziell abgefunden wurde, entfesselte Albrecht VI. einen gnadenlosen Bruderkrieg, auf dessen Höhepunkt er 1461 den Kaiser zusammen mit aufständischen Wiener Bürgern in der Hofburg belagerte. Beide Seiten benötigten Truppen und Geld. Deshalb erteilte Friedrich III. seinen adligen Söldnerführern ebenso wie bürgerlichen Geldgebern das Privileg der Münzprägung, das diese weidlich ausnutzten:

> Si slugen kreutzer und pfennig, dabei kein silber was, nur kupfer, und wurden dadurch gereicht. Dieselben pfennig wurden gehaissen hebrenko und darnach schinderling, den namen si behielten unz an das end.

Herzog Albrecht ließ in den eigens dazu errichteten Münzstätten Linz und Enns stark kupferhaltige Pfennige prägen. Auch die Fürsten der benachbarten Territorien, wie die Bayernherzöge, der Erzbischof von Salzburg oder der Bischof von Passau, nutzten die Gelegenheit zur profitablen unterwertigen Münzproduktion. Andernfalls wären ihre Territorien, wie der Fall Böhmens zeigt, von den minderwertigen *Schinderlingen* überschwemmt worden. Stattdessen exportierte Bayern selbst schlechte Pfennige nach Österreich. 1460 kehrte man mit einer Währungsreform – 4 Schinderlinge entsprachen einem neuen Pfennig – zu geregelten Geldverhältnissen zurück, obwohl der Kurs der neuen Pfennige infolge des noch immer knappen Prägesilbers schnell anstieg.

Eine Insel der Stabilität im Meer der Abwertungen war das spätmittelalterliche England. Hier hatte man den Penny in den 65 Jahren zwischen 1279 und 1344 nicht verändert, dann aber sein Gewicht um ein Fünftel reduziert. Nach weiteren 61 Jahren Stabilität kam es 1412 zu einer nochmaligen Gewichtsverringerung um ein Sechstel. Daran schlossen sich wiederum 55 Jahre festen Geldwertes an, bis der Penny 1464 abermals um ein Fünftel im Gewicht verringert wurde. Hierauf blieb der Penny für die nächsten 62 Jahre unverändert. Der englische Grundherr litt daher nicht unter der Münzverschlechterung. Selbst im Hundertjährigen Krieg hatten die englischen Könige nicht auf die Finanzquelle Münzprägung zurückgreifen müssen, denn die vom Ständeparlament bewilligten direkten Steuern gaben England zusammen mit den Einnahmen aus dem Wollzoll lange Zeit eine finanzielle und damit auch militärische Überlegenheit gegenüber dem französischen Rivalen.

Zu dieser monetären Stabilität trug die – als *Bullionismus* bezeichnete – restriktive Münzpolitik bei. Obgleich die Theorie der «aktiven Handelsbilanz» als Garant des Edelmetallzuflusses eine Erfindung des neuzeitlichen Merkantilismus ist, versuchte bereits der mittelalterliche Bullionismus, die Edelmetallversorgung der Länder zu steuern und Edelmetallabflüsse unter allen Umständen zu verhindern. Die englischen Könige und das Parlament waren geradezu glühende Anhänger des Bullionismus und verboten in einzigartiger Weise den Export einheimischer und ausländischer Münzen und jeglichen Edelmetalls. Das Ausfuhrverbot für Edelmetall und ausländische Münzen blieb bis 1663, das für die Ausfuhr englischer Münzen sogar bis 1819 in Kraft. Die Kaufleute mussten mit den vorhandenen Münzen sparsam umgehen und nahmen zu Kreditinstrumenten wie Wechseln und Inhaber-Schuldscheinen Zuflucht, um Verkaufserlöse von einem Ort zum Wareneinkauf an einen anderen Ort zu transferieren. Daraufhin wurde der Wollverkauf auf Kredit von staatlicher Seite zunehmend erschwert. Damit die Erlöse aus dem Wollverkauf auf dem Kontinent direkt in Form von Edelmetall der englischen Münzprägung zugute kämen, errichtete man 1364 in Calais einen Wollstapel sowie eine Münzstätte und verbot noch im gleichen Jahr den Wollverkauf auf Kredit ebenso wie die Ausfuhr jeglichen Edelmetalls. 1429 forderte dann das Parlament von den englischen Wollverkäufern, sie sollten sich ihre Wolle zu einem Drittel in Edelmetall und den Rest in Bargeld, insbesondere in englischen Goldmünzen, bezahlen lassen. Letztere Verordnung kurbelte zwar die Münzproduktion der Calaiser Münze an, schädigte aber unwiderruflich den englischen Wollhandel. Die traditionellen Abnehmer der englischen Wolle kauften dort, wo sie Kredit erhielten, und stiegen langfristig auf spanische Merinowolle um. Als die englische Krone deshalb in den 1470er Jahren ihre restriktive Kreditpolitik lockerte, war ein erheblicher Teil des internationalen Wollhandels verloren gegangen.

Was die Unterbindung des Edelmetallexports betrifft, war England aber nur ein, vielleicht das extremste Beispiel. Das andere Extrem stellte Venedig dar, das als Zentrum des Luxusgüter- und Levantehandels auf Edelmetalllieferungen in den Nahen Osten angewiesen war. Venedig duldete deshalb auch im Gegensatz zu England die Zirkulation fremder Münzen in seinem Geldumlauf. Zwischen diesen beiden Extremen, dem rigiden englischen Bullionismus und der venezianischen Liberalität, bewegten sich die Münzherren im 14. und 15. Jahrhundert. Edelmetall- und Münzausfuhrverbote waren überall an der Tagesordnung, aber sie wurden unterschiedlich streng gehandhabt, und ihnen war langfristig nur ein geringer Erfolg beschieden.

Gold-Silber-Relation und Währungsstruktur

Ein anderes Instrument bullionistischer Währungspolitik war die Veränderung der Gold-Silber-Relation. Diese gibt an, wie viel Einheiten Silber wertmäßig einer Einheit Gold entsprachen. Indem man die Gold-Silber-Relation zugunsten des Goldes oder des Silbers veränderte, favorisierte man den Zustrom des besser bewerteten Metalls. Dazu setzte der Münzherr z. B. Rau- und Feingewicht beim Silbergeld stärker herauf oder herab als beim Goldgeld. Ebenso konnte der Münzherr den Kurs bestimmter Münzsorten – insbesondere fremder Goldmünzen – künstlich erhöhen oder verringern, indem er beispielsweise den rheinischen Gulden mit 21 lübischen Schillingen bewertete, während er in einem anderen Territorium

Tabelle 1: Gold-Silber-Relation 1401–1500

	Valencia	Genua	Venedig	Ägypten	Frankreich	Flandern	England	Basel	Lübeck
1401–1410	8,9	10,6	11,3	13,8	10,2	9,7	11,2	10,4	11,1
1411–1420	8,6	10	10,8	10,2	9,4	9,4	10,3	10,4	10,6
1421–1430	9,1	10,6	10,9	9,9	9,2	12,1	10,3	10,8	10,9
1431–1440	9,9	11,8	10,7	10,8	10,5	11,6	10,3	11,5	12
1441–1450	9,9	10,9	10,7	10,1	11	11,3	10,3	11,5	11,8
1451–1460	10	11,6	11,6	10,1	11	12	10,3	11,8	12,5
1461–1470	10	10,5	11,6	10,2	11	11,4	11	10,6	10,7
1471–1480	11	10,7	10,8	10,3	11,1	11,4	11,2	10,5	11,1
1481–1490	11,9	10,7	10,8	11,1	11,2	10,8	11,2	10,6	11,5
1491–1500	12	10,9	10,8	12,9	11,2	10,5	11,6	10,9	11,8

Quelle: North, Das Geld, S. 52

bereits 23 Schillinge galt. So war einmal das Silber (21 Schillinge), ein andermal das Gold (23 Schillinge) besser bewertet. Wie aber wirkte sich die Gold-Silber-Relation im alltäglichen Geldverkehr des Spätmittelalters aus? Mit Sicherheit nicht so, wie wir das vom modernen Devisenhandel kennen. Kein hansischer und oberdeutscher Kaufmann hätte seine angesammelten Goldvorräte wegen des Arbitragegewinns nach Burgund gebracht und in einer Münzstätte zur Regierungszeit Karls des Kühnen gegen Brabanter *Doppelstüver* eingetauscht. Allein die Wechselgebühren und Transportkosten hätten, abgesehen von dem hohen Risiko, die Kursgewinne weitgehend aufgewogen. Umso mehr aber versuchten die Kaufleute, im internationalen Handel auch die geringsten Veränderungen des Gold- und Silberkurses auszunutzen, indem sie entweder Gold- oder Silbergeld bei ihren Zahlungen bevorzugten, soweit sie über beide Metalle verfügten. Entsprechend wurden die Kursgewinne nicht nur durch den Austausch von Edelmetallen, sondern von Gütern gegen Metall im Handelsaustausch erzielt. Der internationale Handel übernahm so die Verteilung der Edelmetalle.

Ein Blick auf Tabelle 1 zeigt, dass die Gold-Silber-Relation im Süden Europas durchgängig niedriger war als im Westen und Norden. Eine Ausnahme bildete allein England, dessen Goldbedarf erst mit der Intensivierung der Goldprägung in der zweiten Hälfte des 15. Jahrhunderts stark zunahm. Zu diesem Zeitpunkt veränderte man die Gold-Silber-Relation, die bisher den Silberzustrom stimuliert hatte, zugunsten des Goldes. Die niedrigere Relation im Mittelmeerraum weist auf die vergleichsweise bessere Versorgung mit Gold hin, das hier am billigsten war. Jedoch unterschieden sich auch die Mittelmeerregionen in der Bewertung von Gold und Silber, was ein Vergleich der Relationen in Venedig und Ägypten verdeutlicht. So war im beginnenden 15. Jahrhundert in Ägypten das Gold teurer als in Venedig, sodass die Venezianer ihre Einkäufe am günstigsten mit Gold bezahlten.

Im weiteren 15. Jahrhundert scheint dann die Silberknappheit in Ägypten stärker als in Venedig gewesen zu sein, das am besten verfuhr, wenn es Silber schickte. Erst in den letzten beiden Jahrzehnten drückte die höhere Gold-Silber-Relation wieder einen Anstieg des Goldpreises am Nil aus. Nördlich der Alpen war das Gold in den norddeutschen Hansestädten am knappsten und am teuersten, während Süddeutschland und auch Flandern Perioden ausgesprochener Goldverbilligung erlebten. Dies spricht zum einen für ausreichende Goldvorräte und zum anderen für eine zeitweilige Privilegierung des Silbers in der Währungspolitik dieser Territorien. Insbesondere die burgundischen Herzöge verfügten über langjährige Erfahrung mit der Handhabung der Gold-Silber-Relation als Instrument der Münzpolitik. 1425/26 hatte Philipp der Gute ursprünglich aus Gründen der Kriegsfinanzierung die Gold-Silber-Relation zugunsten des Goldes verändert und diese bis kurz vor seinem Tod beibehalten, um Gold aus dem Rheinland in die burgundischen Münzstätten zu ziehen.

In der Münzreform 1466 aber ging der Herzog abrupt zu einer Pro-Silber-Münzpolitik über, indem die Gold-Silber-Relation herabgesetzt und so der Silberkurs kräftig erhöht wurde. Diese Überbewertung des Silbers war einer der wichtigsten Faktoren für die Wiederbelebung der Brabanter Messen und somit für den Aufstieg Antwerpens zu dem Emporium des 16. Jahrhunderts. Denn die niederländische Nachfrage nach Silber zog den expandierenden Handel der oberdeutschen Kaufleute mit Silber, Kupfer, Barchent und Gewürzen sowie das oberdeutsche Kreditsystem an die Schelde.

Das burgundische Beispiel zeigt deutlich, wie Veränderungen des Gold-Silber-Verhältnisses den Handel und damit den Zufluss von Edelmetall stimulieren konnten. Voraussetzung hierfür war aber, dass einerseits das begünstigte Edelmetall den Kaufleuten in ausreichendem Maße zur Verfügung stand, und andererseits, dass das Handelszentrum oder Territorium, das ein bestimmtes Metall favorisierte, ein ausreichendes Warenangebot aufwies. Wenn sich aber die Bilanz zwischen zwei Handelspartnern ausgeglichen gestaltete, dann entfiel der Vorteil des Zahlens mit privilegierter Münze. Dennoch erfüllten die genannten Metalle unterschiedliche Funktionen im Geldverkehr. Grundsätzlich war das Gold das Zahlungsmittel des internationalen Handels, der Finanz, der Diplomatie und des Krieges. Mit Gold bezahlte man seine Waren im Nahen Osten; in Floren oder Dukaten gewährten die italienischen Bankiers den europäischen Herrschern die benötigten Darlehen; mit Gold hielten die Krieg führenden Parteien im Hundertjährigen Krieg ihre Verbündeten bei der Stange und entlohnten ihre Söldnerheere; in Gold schließlich wurden die Lösegelder, wie das für den 1356 in der Schlacht von Maupertuis gefangenen französischen König Johann II., erhoben und gezahlt.

Auf nationaler Ebene dominierte das Gold im Großhandel und spielte als Wertaufbewahrungsmittel eine bedeutende Rolle. Hiervon legen in erster Linie die Münzfunde Zeugnis ab, in denen gewöhnlich die Goldmünzen im Vergleich zum alltäglichen Geldumlauf überrepräsentiert sind. Größere, wertvollere und wertbeständige Münzen wurden eher gehortet als die kleineren und geringerwertigen Münzen, die man wieder schneller loszuwerden versuchte. Daher findet der heutige Historiker diese kleinen Silbermünzen des Alltags eher in Steuerabrechnungen und Kollekten wieder. Denn der Geldgebrauch breiter Bevölkerungsschichten war durch das Silbergeld geprägt, obgleich in manchen Ländern im 15. Jahrhundert Goldmünzen bereits in den alltäglichen Geldverkehr vordrangen und als Einzelstücke verloren gingen.

Für Transaktionen im Kleinhandel und im Handwerk ebenso wie für die meisten Lohnempfänger waren die Goldstücke wertmäßig viel zu groß und daher unpraktisch. Dies zeigen die überlieferten Lohndaten deutlich. In Brabant beispielsweise musste ein gelernter Maurer oder Zimmermann in den 1430er Jahren zwischen neun und 16 Tagen arbeiten, bis er den Gegenwert eines goldenen *Rijder* (3,63 g) verdient hatte. Zur gleichen Zeit arbeiteten englische Bauhandwerker sieben bis zehn Tage, um einen halben Nobel (3,91 g), d. h. fast den gleichen Betrag, zu erhalten. Auch in den norddeutschen Hansestädten entsprach ein Gulden ungefähr dem Arbeitslohn eines Maurergesellen von elf und mehr Tagen. Löhne wurden in Silbergeld ausbezahlt, und für die Bedürfnisse der Lohnempfänger wurden in Süd- und Westeuropa 3–3,5 g schwere Münzen geprägt: der *Pegione* in Mailand, der *Blanc* in Frankreich, der Stüver oder *Patard* in den Niederlanden und der Weißpfennig oder Albus im Rheinland. Alle diese neuen Nominale eigneten sich besonders für Tagelohnzahlungen. Eventuell könnte auch die Aufnahme der Schillingprägung in den norddeutschen Hansestädten seit den 1430er Jahren in diesem Zusammenhang erklärt werden. Blanc und Albus – ihr Name weist daraufhin – galten ebenso wie Stüver und Pegione als sog. *weißes Geld*, da sie mindestens zur Hälfte aus Silber bestanden.

Sie unterschieden sich dadurch von dem vorrangig in den städtischen Zentren West- und Südeuropas verbreiteten sog. *schwarzen Geld*, Kupfermünzen mit Silberanteil, die die unterste Ebene des Geldumlaufs bildeten. Mit dem *zwart geld* zahlte der Städter in einer Zeit knappen Silbergeldes seine täglichen Lebensmitteleinkäufe. So wissen wir aus Paris und aus den toskanischen Städten, dass der Preis eines Brotlaibs zwei schwarzen Deniers oder einem *Quattrino* (4-Pfennig-Stück) entsprach. Auch für Lohnzahlungen scheinen die schwarzen Münzen in Italien um die Mitte des 15. Jahrhunderts immer häufiger verwendet worden zu sein. Bereits die Einführung der kupfernen Quattrini im 14. Jahrhundert hatte der Florentiner Chronist Giovanni Villani mit der Profitgier der Textilunternehmer in Florenz erklärt, die ihr Tuch für goldene Floren verkauften, ihre Arbeiter aber in Silber oder Kupfer entlohnten. Mit der Verknappung des Silbers wuchs dann zwangsläufig die Bedeutung des Kupfergeldes bei der Lohnzahlung, was für die Lohnempfänger angesichts des steigenden Gold- und Silberpreises einen Kaufkraftverlust bedeutete. Weitere Belege für die Verwendung des schwarzen Geldes, dessen Prägemengen weitgehend unbekannt sind, bietet der internationale Handel. So flogen im 15. Jahrhundert mehrfach Kaufleute auf, die trotz des geltenden Edelmetallausfuhrverbots aus Frankreich tonnenweise schwarzes Geld auf die Genfer Messen gebracht hatten. Ob dieses Geld Einkäufen auf den Messen diente oder dort gewinnbringend abgesetzt werden sollte oder ob man beide Geschäfte miteinander verband, ist nicht bekannt.

Es prägten aber nicht alle europäischen Länder das stark kupferhaltige Kleingeld. Zwar bildete England auch hier eine Ausnahme, was für eine bessere monetäre Versorgung mit Silber als im übrigen Europa sprechen könnte, jedoch ist in den Parlamentspetitionen vom Kleingeldmangel zumindest in den städtischen Zentren die Rede, sodass das Kleingeld durch *Bleitoken*, münzähnliche Privatmarken aus Blei, gestreckt werden musste. In den deutschen Territorien verzichtete man abgesehen von der kupferreichen Schinderlingzeit auf das schwarze Geld. Dies heißt nicht, dass das Silber hier reichlicher vorhanden war als in West- oder Südeuropa. Nur waren hier die Monetarisierung der Gesellschaft und damit die Geldnachfrage in den verschiedenen sozialen Schichten – bedingt durch die geringere Urbanisierung – noch nicht so weit fortgeschritten wie in Italien oder Flandern.

Die kleinsten Nominale des süddeutschen Geldumlaufs, Heller und Pfennig, bestanden noch immer aus Silber und mussten nicht durch Kupfermünzen ersetzt werden. Selbst nach dem Aufkommen mittlerer Silbermünzen wie des Kreuzers setzte sich der Geldumlauf im 15. Jahrhundert nach Aussage der Münzfunde zu einem erheblichen Teil aus Hellern, Pfennigen und *Zweiern* zusammen; und auch die überlieferten Steuerabrechnungen (1444/45) und der Inhalt der Konstanzer Stadtkasse zeigen einen Anteil der kleinen Silbermünzen zwischen 30% und 50%. Auch wenn wir bedenken, dass in den Steuerabrechnungen die kleinen Münzen überrepräsentiert sind – man gab lieber kleinere und schlechtere Münzen –, ist das ein beträchtlicher Wert, der mit dem Prozentsatz von 25–30% an den Münzfunden korrespondiert. Eigentlich knapp wurde, nach den Münzfunden und den zunehmenden Klagen zu urteilen, das kleine Geld in Süddeutschland erst im 16. Jahrhundert, als die Münzherren diese Stücke immer seltener prägten.

Der norddeutsche Geldverkehr des 15. Jahrhunderts war ebenfalls durch kleine Silbernominale und nicht durch das Kupfer geprägt. Auch wenn sich hier der Schilling stark verbreitete und gut die Hälfte des Kleinsilbergeldes ausmachte, waren die hohlen Ein- und Zweipfennigstücke mit einem Anteil von 30–60% an dem Kleingeld stark vertreten. Erst die intensive Prägung größerer Nominale, wie z.B. des Doppelschillings, machten die Pfennigstücke im 16. Jahrhundert zusammen mit dem allgemeinen Preisauftrieb zu einer *quantité négligeable*, sodass die Klagen über Kleingeldmangel immer lauter wurden. Insgesamt verfestigte sich also im Europa der Silberknappheit ein dreigliedriges Währungssystem, das auf Gold, mittleren (weißen) Silbermünzen sowie Kleinmünzen basierte, die entweder in Silber oder schwarzem Kupfer ausgeprägt wurden.

Kredit und Depression

Wie bei der Währung lassen sich auch beim Kreditsystem drei Ebenen unterscheiden:

- die Darlehen der Bankhäuser an Kaufleute, Fürsten und Städte;
- die mittleren regionalen und lokalen Kredite an Handel, Handwerk und Landwirtschaft;

- die kleinen alltäglichen Konsumtivkredite für die Verbraucher.

Was die Darlehen für den Handel und die Hochfinanz der Regierung betrifft, bauten die toskanischen Bank- und Handelshäuser ihre Stellung im späten 14. und vor allem im 15. Jahrhundert in West- und Mitteleuropa weiter aus. Ihr Fernhandel und ihre auf auswärtige Märkte ausgerichtete – verlagsmäßig organisierte – Textilproduktion erforderten ausreichendes Kapital, das schnell mobilisiert und von einem zum anderen Markt transferiert werden musste. Dabei führten die zunehmende Unsicherheit in vielen Ländern Westeuropas (Hundertjähriger Krieg) einerseits und die zurückgehenden Edelmetallvorräte andererseits seit dem ausgehenden 14. Jahrhundert zur Wiederbelebung des internationalen Messehandels. Unter dem Schutzschirm der Messen konnten der internationale Großhandel weiterbetrieben und der Bedarf an Bargeld durch gegenseitige Verrechnung und Kredit von Messe zu Messe auf ein Minimum reduziert werden. Ort dieses Aufschwungs waren die Genfer Messen, die das Einfallstor für den italienischen Handel nach West- und Mitteleuropa darstellten und sich im 15. Jahrhundert auf den Handel von Luxuswaren wie Seide, Gewürze, Zucker, Safran und Pelze sowie Waffen spezialisierten.

Aus den Zahltagen dieser Warenmessen entstanden in Genf die ersten internationalen Wechselmessen, die jeweils im Anschluss an die Warenmessen stattfanden. Die Kaufleute bezahlten ihre Käufer auf den Warenmessen mit Wechseln und legten deren Fälligkeit auf den nächsten Messetermin. Sie erhielten so Kredit, den sie mit dem Erlös aus dem Verkauf der Ware begleichen konnten. Auf den Wechselmessen wurden die fälligen Wechsel skontriert, d. h. gegen andere Ansprüche verrechnet. Dazu benutzte man in Genf als stabile Rechnungseinheit die Goldmark zu 28 Unzen Troy-Gewicht, auf die alle Wechselkurse bezogen waren. Das Clearing (Skontration) war für die Genfer Messbankiers ein gutes Geschäft, zu dem noch die Geldüberweisungen für die Kurie und die lokale Kreditgewährung kamen. Alle wichtigen italienischen Bankhäuser unterhielten prosperierende Filialen in Genf. Dies hinderte sie aber nicht daran, den Lockrufen des französischen Königs, Ludwig XI., zu folgen, als dieser 1463 die Lyoner Messen als Konkurrenz zu Genf durch die Freigabe des Kapitalverkehrs und der Wechselkurse großzügig privilegierte, was in Zeiten der Edelmetallknappheit und allgegenwärtiger bullionistischer Restriktionen einen nicht zu unterschätzenden Vorteil darstellte. Jeder konnte Münzgeld oder Edelmetall ins Ausland transferieren oder mithilfe des sog. *deposito* Geld von Messe zu Messe verleihen. Alle Münzen einschließlich der französischen zirkulierten zum Marktkurs, d. h., die offiziellen Münzordnungen wurden für die Zeit der Messe außer Kraft gesetzt. Die Kaufleute legten die Kurse nach eigenem Gutdünken fest und machten damit die Messwährung des *Ecu de marc* von abrupten Änderungen der Münzpolitik unabhängig. Die Lyoner *foires de change* entwickelten sich so vom ausgehenden 15. Jahrhundert an zum Zentrum des sich allmählich wiederbelebenden internationalen Kapitalverkehrs.

Einen Teil ihres Kapitals hatten die italienischen Bankiers durch Darlehen an ausländische Herrscher und einheimische Regierungen langfristig gebunden und dafür Handelsprivilegien, wie beispielsweise in England das Recht des Wolleinkaufs oder der zollermäßigten Wollausfuhr, erhalten. Solche Kredit- und Finanzoperationen, die oft durch die Verpfändung von Steuer- und Zolleinnahmen abgesichert wurden, versprachen zwar hohe Profite, aber sie bargen auch das Risiko, dass die mächtigen Schuldner insolvent wurden. Opfer derartiger Konkurse wurden die Häuser der Bardi und Peruzzi in Florenz um die Mitte des 14. Jahrhunderts. Sie hatten sowohl im Übermaß Kredite an die Stadt Florenz gegeben als auch riesige Summen an die englische Krone verliehen. In der Anfangsphase des Hundertjährigen Krieges ereilte sie dann ihr Schicksal. Während der französische König die Repräsentanten der Handelshäuser einkerkerte und nur gegen neue Kredite freiließ, stellte Eduard III. den Schuldendienst ein; an eine Rückzahlung der Darlehen von gut 1,5 Mill. Floren war überhaupt nicht mehr zu denken. Der Ruin der Bardi und Peruzzi hielt aber die anderen Florentiner Häuser der Medici, Pazzi, Pitti und Strozzi nicht von solchen Darlehen ab, als sie seit dem ausgehenden 14. Jahrhundert ihre Position auf dem europäischen Kapitalmarkt ausbauten. Dabei trugen die

Bankhäuser dem Risiko dadurch Rechnung, dass sie ihre Unternehmen nicht als eine Gesellschaft, sondern als «Holding» selbstständiger Gesellschaften führten. Obgleich das Stammhaus an diesen Filialen den größten Anteil hielt, griff es nicht in deren Geschäftsführung ein. Im Falle eines Konkurses konnte daher eine Filiale das Stammhaus nicht ohne Weiteres in den Ruin mit hineinreißen. Möglicherweise überlebte die Medici-Bank deshalb die Krise des Jahres 1464 mit starker Edelmetallknappheit und spektakulären Zusammenbrüchen in Florenz, während die neben ihr bedeutendste Bank der Strozzi Konkurs machte.

In den Gebieten östlich des Rheins konnten die toskanischen Bankiers nicht Fuß fassen. Hier waren bis zur Mitte des 14. Jahrhunderts jüdische Finanziers als Darlehensgeber für Fürsten und Adel führend. Von dieser Zeit an aber wurden die Juden von oberdeutschen Handelshäusern aus dieser Schlüsselposition verdrängt. Eine Rolle in diesem Konkurrenzkampf spielten die Judenpogrome in der Pestwelle 1348/50 sowie die Judenschuldentilgung König Wenzels 1385. Darin wurden alle von Juden gewährten Darlehen den oberdeutschen Städten übertragen und diese zur Einziehung der um ein Viertel ermäßigten Gelder bei adligen und fürstlichen Schuldnern ermächtigt. Die großen jüdischen Finanziers erlitten damit ein ähnliches Schicksal wie ihre französischen und vor allem ihre englischen Glaubensgenossen, die nach dem Eintreffen der finanztechnisch überlegenen toskanischen Bankiers nicht mehr benötigt und daher 1290 aus England und 1306 aus Frankreich verbannt worden waren. Den kleinen jüdischen Geldverleihern blieb die Winkelexistenz als Pfandleiher, die sie sich mit den Lombarden teilten.

Die mittlere Kreditebene bildeten die uns schon bekannten Wechsler, die nach einer Aufschwungphase in der zweiten Hälfte des 14. Jahrhunderts im 15. Jahrhundert mit zwei Problemen zu kämpfen hatten. Zum Ersten wurden sie von den Münzherren verdächtigt, dass sie deren bullionistische Münzpolitik unterliefen, indem sie sich nicht an die offiziellen Kursfestsetzungen hielten und sogar mit Edelmetall handelten, anstatt es der Münze zu übergeben. Zum anderen sahen sie sich mit dem zunehmenden Misstrauen ihrer Kunden konfrontiert, die in Zeiten monetärer Panik plötzlich ihre

Konten plünderten. Schon falsche Gerüchte über die Drohung eines Krieges, den Bankrott eines Kaufmanns oder eine gesunkene Schiffsladung genügten, um einen Run auf die Banken auszulösen. Für die Wechsler dagegen waren die Einlagen ihrer Kunden die Existenzgrundlage, die sie angesichts des immer knapper werdenden Bargeldes zäh verteidigten. In Genua durfte 1398 an einem Tag nur Geld in Höhe von 50 fl. abgehoben werden, und das nur gegen ein Aufgeld von 4%. Ansonsten erfanden die Wechsler genügend Ausflüchte, um einen Bargeld suchenden Kunden abzuweisen oder zu vertrösten. Man schickte ihn von einer Bank zur anderen, erklärte, man habe nur schwarzes Geld, oder verkürzte die Öffnungszeiten. Dies schürte zweifellos das Misstrauen der Bankkundschaft, was in Venedig im 15. Jahrhundert wiederholt zu Bankenkrisen führte.

So brach im September 1453 – im Juni war die Einnahme Konstantinopels durch die Türken bekannt geworden – die Bank des Benedetto Soranzo und seiner Brüder an der Rialto-Brücke zusammen. Die Ursache war die Flucht des Kassierers, der ohne Genehmigung große Kredite an den Getreidekaufmann Donato Barisano gegeben hatte, der ebenfalls auf der Flucht vor seinen Gläubigern war. Da die reichen Kunden sofort ihre Konten einfroren, konnte die Bank ihren Verpflichtungen nicht mehr nachkommen. Zwar gelang es dem Bankier, eine neue Bank Soranzo zu gründen, aber auch diese brach zwei Jahre später im September 1455 zusammen. Die Flucht Soranzos und seiner Familie brachte ihm die Anklage wegen betrügerischen Bankrotts und als außergewöhnliche Strafe den Verlust seines Adelstitels ein. Die Regierung der Lagunenstadt reagierte auf den Bankrott, indem sie von den künftigen Betreibern einer Bank ein Eigenkapital von mindestens 20 000 Dukaten forderte. Bereits 1421 hatte die Stadt versucht, das bargeldlose Zahlen beim Edelmetalleinkauf, beim Zoll und beim Geldwechsel einzuschränken und so der Aufblähung des Kredits entgegenzuwirken. Wie weit diese gesetzlichen Regelungen in die tägliche Praxis umgesetzt wurden, ist nicht genau zu ermitteln. Die Knappheit des Bargelds und damit auch des Kredits ist jedoch offenkundig.

In Genua schlossen sich die Zeichner der städtischen Anleihen für 1408 zur Casa di San Giorgio zusammen, die zur Entspannung der

Kreditsituation den Bankbetrieb aufnahm und daher als älteste italienische Bank gelten kann. Sie wurde aber bereits 1445 ein Opfer der monetären Kontraktion und musste für einige Zeit ihre Pforten schließen. Ein Ausdruck der mangelnden Liquidität war auch der Anstieg der Darlehenszinsen. Hatten die Zinsen in Italien im beginnenden 14. Jahrhundert zwischen 4,9% und 8,4% gelegen, so schwankten sie 100 Jahre später zwischen 6% und 10%.

Bankrotte der Wechsler waren aber auch in anderen europäischen Ländern an der Tagesordnung. Im Jahre 1421, in dem die venezianischen Wechsler unter der monetären Krise litten, floh auch der Lübecker Wechsler Rolf Einhar vor seinen Gläubigern, und dies war nur einer der Konkurse Lübecker Wechselstuben. In Brügge, Frankfurt und Nürnberg setzte geradezu ein Massensterben der Wechselbanken ein. Während in den genannten Städten in der zweiten Hälfte des 14. Jahrhunderts je zwölf bis 16 Personen dem Wechslerberuf nachgingen, waren es im Jahre 1400 nur noch vier. Die Verknappung des Silbers hatte die Dienstleistungen des Geldwechsels ebenso wie die Einlagen für den Bankbetrieb reduziert.

Es waren schließlich die burgundischen Herzöge, die den Wechslern den Todesstoß versetzten. Da die burgundische Regierung die Wechsler im Verdacht hatte, Edelmetall auszuführen und stattdessen minderwertige Münzen in Verkehr zu bringen, verbot man im Zuge der monetären Reformen des Jahres 1433 den Wechslern die Annahme von Einlagen und damit die Banktätigkeit. 1467, 1480 und 1489 wurden die Verbote erneuert. Außerdem schränkte man die Pfandleihe ein. Städte wie Antwerpen oder Lier verboten sogar den Gastwirten, auf Kredit zu verkaufen. Obgleich solche Verbote nicht leicht durchzusetzen waren, wird der Kreditmangel durch die hohen Zinsen bestätigt; z. B. waren kurzfristige öffentliche Anleihen in Flandern mit 20% zu verzinsen, während die Zinsen bei Darlehen gegen Pfand bis zu 43,4% betrugen. Die Einschränkung des bargeldlosen Zahlungsverkehrs der Wechsler hatte mit Sicherheit Anteil an dem rapiden Niedergang des Handelszentrums Brügge und begünstigte langfristig den Handel auf den Brabanter Messen in Antwerpen und Bergen op Zoom, auf denen Wechsel und Inhaber-Schuldscheine als Kreditinstrumente lebhafte Verwendung fanden.

So dürfen wir auch nicht die burgundische Verordnung oder die Zusammenbrüche im venezianischen Wechselbankwesen in ihren Auswirkungen auf die breite Mehrheit der Bevölkerung überschätzen. Nach Robert Lopez und Frederic Lane (Lopez 1973, Lane 1937) hatten einer von 40 Einwohnern Brügges und einer von 30 Venezianern, d. h. nicht mehr als 10% der männlichen Einwohnerschaft, ein Konto beim Wechsler. Die Masse zahlte mit Münzen und fand Kredit auf der mittleren und unteren Ebene bei Juden, Lombarden, Kawertschen (siehe unten) und vom 15. Jahrhundert an auch bei den öffentlichen Pfandleihhäusern.

Die wichtigste Kreditform auf der unteren Ebene war die Pfandleihe, die jahreszeitlich bedingte Engpässe an Bargeld und Nahrungsmitteln zu überbrücken half. Die Armen benötigten Kredit für das nackte Überleben und versetzten beispielsweise eine Decke, die Wohlhabenden gaben für den Luxuskonsum Juwelen als Pfand. Kredit auf Pfand erhielt man von den Juden, denen als «Ungläubigen» die Mitgliedschaft in den Handwerkszünften ebenso untersagt war wie der Besitz von Immobilien, sodass sie ihr Kapital ins Kreditgeschäft investierten. Sowohl der saisonale Mangel an Geld und Getreide als auch die Schwierigkeit, das angebaute Getreide rechtzeitig zur Zinszahlung in Bargeld umzusetzen, öffnete den jüdischen Geldverleihern eine Marktlücke. In Italien luden Städte und Dörfer Juden geradezu ein, Pfandleihhäuser zu errichten. Gegen eine Mäßigung des Zinses (15–20%) garantierten die Behörden bestimmten Familien ein Leihmonopol sowie die Ausübung der Religionsfreiheit einschließlich der koscheren Schlachtung. Mit solchen Privilegien versuchten Städte und Dörfer, die Vorherrschaft christlicher Wucherer auf dem lokalen Geldmarkt zu brechen. So verhandelte beispielsweise 1366 der venezianische Statthalter in Mestre mit einer Gruppe jüdischer Pfandleiher, die Kredit zu 20% Zins boten, über die Niederlassung in der Stadt, da die ansässigen Wucherer die örtliche Bevölkerung mit Zinsen von 25% beschwerten und die Pfänder der Armen verkauften.

Bei den christlichen Wucherern handelte es sich in erster Linie um die sog. *Lombarden*, piemontesische Kaufleute aus Asti und Chieri, sowie die sog. *Kawertschen* aus Cahors im südwestlichen Frankreich. Die Quellen unterscheiden die Berufsgruppen nicht genau, sodass hier die Bezeichnung *Lombarde* überwiegt. Die Lombarden waren schon seit der Mitte des 13. Jahrhunderts in Westeuropa vorgedrungen, wo sie sich bald durch ihre neuen finanziellen Praktiken unentbehrlich machten. Sie beschränkten sich im Gegensatz zu den toskanischen Kaufleute-Bankiers auf den kleinen und mittleren Geldverleih; allein in den Regionen zwischen Maas und Rhein gelang ihnen der Einstieg in die politische Finanz. Während die Theologen bei den Geschäften der toskanischen Handelshäuser und der örtlichen Wechsler noch diskutierten, ob es sich um Wucher (*usura*) oder unrechtmäßigen Gewinn (*turpe lucrum*) handelte, war die Sache bei der Pfandleihe allen klar. Sie verstieß eindeutig gegen das mit der aristotelischen Ethik («Geld kann nicht Geld hervorbringen») und der Bergpredigt («leihet, ohne etwas zurückzuerwarten!») begründete sog. *Kanonische Zinsverbot*. Deshalb wurde die Pfandleihe einerseits offiziell verboten und auch verfolgt, andererseits aber von Landesherren und Stadtmagistraten gegen spezielle Lizenzen genehmigt, was für Städte und Territorien eine Geldeinnahme zusätzlich zum Kreditangebot bedeutete. So brachten in Florenz die 20 Lizenzen der christlichen Pfandleiher jährlich 3 000 fl. in die Stadtkasse. Auch zwischen Rhein und Maas betrieben die Lombarden ihre Leihtafeln mit herrschaftlicher Konzession. Dies bot verschuldeten Landesherren auch die Möglichkeit, sich ihrer Gläubiger zu entledigen, indem sie sie unter Hinweis auf das Kanonische Zinsverbot des Landes verwiesen oder ihren Besitz beschlagnahmten.

In vielen Regionen wetteiferten die Lombarden darüber hinaus mit den jüdischen Geldverleihern auf dem Geldmarkt, konnten diese aber nicht dauerhaft verdrängen. Selbst die deutschen Judenpogrome des 14. Jahrhunderts eröffneten den Lombarden nicht unweigerlich den großen Aufschwung auf dem Geldmarkt. In Italien gewannen die Juden letztlich von den christlichen Wucherern Terrain zurück, während in Westeuropa versteckt arbeitende einheimische Wucherer eine zunehmende Konkurrenz für die Lombarden darstellten. Als Gelegenheitswucherer, deren Hauptberuf im Handel oder Handwerk lag, war ihr sozialer Status erheblich besser als der der Lombarden, denen als Ausländern und Wucherern nur eine gesellschaftliche Randexistenz blieb. Sehr deutlich wird die äußerst schlechte Reputation der Lombarden in der ersten Novelle von Boccaccios *Il Decamerone*, die vom plötzlichen Tod des Geldverleihers Ser Ciappelletto aus Prato in Frankreich erzählt:

> Auf der anderen Seite aber ist er ein so gottloser Mensch gewesen, dass er weder wird beichten noch das Abendmahl oder die letzte Ölung wird annehmen wollen, und stirbt er, ohne gebeichtet zu haben, so nimmt keine Kirche den Leichnam auf, und er wird wie ein toter Hund in die Grube geworfen. Sollte er aber auch beichten, so sind seine Sünden so zahlreich und so verrucht, dass nichts dadurch gebessert wird; denn es wird sich weder Mönch noch Pfaffe finden, der ihn lossprechen könnte oder wollte, und stirbt er ohne Absolution, so schmeißen sie ihn auch in die Grube. Kommt es aber so oder so, immer wird das ganze Volk, das ohnehin wegen unseres von ihm verabscheuten Gewerbes äußerst schlecht auf uns zu sprechen ist und Lust genug haben mag, uns auszuplündern, offen gegen uns aufstehen und sagen: «Diese Hunde von Italienern, die man in der Kirche abweist, wollen wir nicht mehr unter uns dulden.» Sie werden unser Haus stürmen und sich kein Gewissen daraus machen, uns nicht nur Hab und Gut zu nehmen, sondern gar leicht sich an unserem Leib und Leben vergreifen.

Im Italien des 15. Jahrhunderts schürten die Franziskanerprediger die Pogromstimmung gegen die ungläubigen Wucherer. Da die Vertreibung der Juden den für die Armen lebensnotwendigen Pfandkredit zerstört hätte, erfanden die Franziskaner den *Monte di Pietà*, d. h. das öffentliche Pfandleihhaus. Als deren erstes gilt der 1462 in Perugia gegründete *Monte dei Poveri*, und kurze Zeit danach schossen überall in Nord- und Mittelitalien Pfandleihhäuser wie Pilze aus dem Boden. Man kann dabei zwei Arten unterscheiden. In den Städten gaben die Monti di Pietà an jeden, der persönliches Eigentum als Pfand zurücklassen konnte, ein Darlehen. Ein moderater Zins (3 %) wurde gefordert, und die Summe musste in einer bestimmten Zeit zurückgezahlt werden. Auf dem Lande liehen die *Monti frumentari* Weizen zur Aussaat, der ihnen mit der Ernte zurückerstattet wurde. Ursprünglich hatte die Kirche die Pfandleihhäuser mit Spenden unterhalten, wozu Stiftungen und Zuwendungen der öffentlichen Hand kamen. Da aber die Kreditnachfrage die Kapitalausstattung deutlich überschritt und zu Kreditengpässen führte, gestattete Papst

Leo X. im Jahre 1515 in einer Bulle den Leihhäusern, verzinsliche Einlagen anzunehmen und die Zinskosten bei der Kreditvergabe zu berechnen. Diese Entscheidung erhöhte die Kapitaldecke der Leihhäuser, obgleich die kirchenrechtliche Diskussion um die Zinserhebung der Monti di Pietà damit nicht beendet war. Die Idee des Monte di Pietà – vergleichbare Institutionen finden wir im 15. Jahrhundert auch in Spanien – strahlte nach Westeuropa aus, wo im 16. Jahrhundert in Ypern (1534) und in Brügge (1573) öffentliche Pfandleihhäuser eingerichtet wurden, nachdem die Lombarden die Stadt verlassen hatten.

Die Pfandkredite dieser karitativen Einrichtungen dienten vorwiegend dem Konsum, obgleich sie mancher auch als Kredit für die Produktion nutzte. Daneben entwickelten sich im 14. und 15. Jahrhundert mit dem Renten- oder Zinskauf neue Formen des Investitionskredits in Stadt und Land. Hierbei handelte es sich meist um mittelfristige Darlehen, die von Bauern, Handwerkern und auch Kaufleuten aufgenommen wurden. So erhielt ein Bauer für den Verkauf einer auf einem Stück Land liegenden Rente oder eines Zinses (*Gült, census consignativus*) eine bestimmte Summe Geldes als Darlehen, für das er einen jährlichen Zins von seinem Ernteertrag zahlte. Die Gläubiger, d. h. die Käufer des Zinses, waren Klöster, kirchliche Institutionen und reiche Grundbesitzer, die ihre Geldüberschüsse mit bis zu 10% Verzinsung nach den päpstlichen Bullen zum *census consignativus* legal arbeiten ließen.

In den Städten war das Muster ähnlich, wie das folgende Beispiel aus Hamburg zeigt. Am Freitag nach dem Fest Mariae Empfängnis, d. h. am 10. Dezember 1484, versprach der Bürgermeister Johannes Huge dem Kaufmann Meyno van Bergen 50 Mark Rente für ein Kapital von 750 Mark aus seinem Haus in der Catharinenstraße und beurkundete dies vor dem Ratmann Christian van der Hoye; die Rente wurde jährlich zu Ostern fällig. Johannes Huge nahm einen Kredit über 750 Mark auf, indem er eine jährliche Rente von 50 Mark an Meyno van Bergen verkaufte. Dieser legte mit dem Rentenkauf 750 Mark an und erhielt dafür jährlich 6,66% Zins (50 Mark von 750 Mark). Dabei haftete für die Rentenzahlung nicht der Rentenverkäufer oder Kreditnehmer Johannes Huge, sondern sein Haus in der Catharinenstraße. Falls die Rente nicht pünktlich gezahlt wurde, konnte der Gläubiger Meyno van Bergen vor Gericht die Besitzeinweisung in das Haus in der Catharinenstraße erstreiten.

Insgesamt war das Kreditvolumen durch die hypothekarische Sicherung des Rentenkredits eingeschränkt, und Regionalstudien zeigen, dass in der zweiten Hälfte des 15. Jahrhunderts die Kreditnachfrage in Norddeutschland das Angebot deutlich übertraf. Außer diesen weitgehend der mittleren Kreditebene zuzuordnenden Kreditformen gab es aber noch eine untere Kreditstufe, die so gut wie keine Dokumente hinterlassen hat. Dazu gehörten die Hilfeleistungen, die Grundherren, Nachbarn oder Gemeinden den Bauern in Geld und Naturalien boten. Ebenfalls sind die Kredite auf Kerbholz zu erwähnen, die im Dorf wie im städtischen Kleinhandel gang und gäbe waren. Dabei wurden die beiden Hälften eines längs gespaltenen Holzstabs aufeinandergelegt und die Schulden durch Kerben quer eingeschnitten, sodass Gläubiger und Schuldner je ein Dokument der Kredite hatten. Von Zeit zu Zeit rechnete man die in den Hölzern eingekerbten Verpflichtungen («was einer auf dem Kerbholz hatte») ab. Dies war im Jahrhundert des knappen Geldes sehr praktisch. Den gleichen Zweck erfüllten offene Rechnungen, die beispielsweise Krämer, Handwerker und Gastwirte miteinander hatten und deren Transaktionen sie bargeldlos gestalteten.

Aus all diesen Kreditarten wird das Bemühen deutlich, mit dem knapper werdenden Edelmetall äußerst sparsam umzugehen – gleichwohl ob es sich um die Konzentration des Fernhandels auf den Messen oder das Kerbholz des Krämers handelte. Dabei war die überwiegende Mehrheit dieser Kreditinstrumente noch eng mit dem vorhandenen Bargeld verbunden, das nur vorübergehend, wie beim Wechsel, durch Papier ersetzt wurde. Edelmetallknappheit und monetäre Krisen mussten sich daher zwangsläufig auch als Liquiditätsengpässe und Krisen im Bank- und Finanzsektor widerspiegeln. Allein eine Ausweitung des bargeldlosen Zahlungsverkehrs in Form von Anweisungen auf die Konten bei Wechslern und Banken über die vorhandenen Einlagen hinaus erhöhte die Umlaufgeschwindigkeit des Geldes; und gerade dieser Bereich des Kredits wurde durch die Einschränkung der Banktätigkeit der Wechsler besonders stark getroffen. Die Zinsen schossen in die Höhe und verteuerten – zusätzlich zum Mangel an Münzen – auch noch die Kredite. Die Preise fielen, und eine langfristige Deflation war die Folge. Dass davon Wirtschaft und Gesellschaft nicht unberührt bleiben konnten, ist offensichtlich.

In welchem Maße sich die Verknappung der Geldmenge zu einem akuten Zahlungsmittelmangel – gemessen am Transaktionsbedarf – auswuchs, hing in besonderem Maße von der Bevölkerungsentwicklung ab. Nach den groben Schätzungen von J. C. Russell (1974) dezimierten Pest, Kriege und Hungersnöte die Bevölkerung in den einzelnen Ländern um 25–40%, sodass die Gesamtbevölkerung Europas zwischen 1340 und 1450 um rund ein Drittel (von 73,5 Mill. auf 50 Mill.) abnahm. Damit fielen die Bevölkerungsverluste erheblich geringer aus, als man es für die europäische Münzproduktion (80%) annimmt. Der Bedarf an Zahlungsmitteln überstieg das Angebot bei Weitem. Insgesamt scheinen sich die verringerten Geldvorräte auch noch disproportional verteilt zu haben. Zwar partizipierten die städtischen Zentren vor den Landgebieten an den Bargeldbeständen. Da sich aber die städtische Bevölkerung schneller von den demografischen Verlusten erholte, stieg dort die Geldnachfrage überproportional an, während sie auf dem Land infolge von Tod und Abwanderung zurückging. Entsprechend dürfte in vielen europäischen Regionen das Land in Bezug auf seinen Geldbedarf besser als die Stadt mit Zahlungsmitteln versorgt gewesen sein. Dieser Umstand führte im 15. Jahrhundert auch zu einer zunehmenden Münzhortung. In einer Zeit, in der die Münzen knapp und wertvoll waren, hütete man sein Geld und war nicht bereit, es z. B. für grundherrliche Abgaben auszugeben. Dies könnte die für manche europäischen Regionen belegte Rückkehr zu Naturalabgaben in der ländlichen Wirtschaft erklären. Jedoch entzog das Horten dem Geldumlauf weiter Edelmetall, verringerte also die Umlaufgeschwindigkeit des Geldes und verschärfte so die Deflation. Das extreme Beispiel für eine solche Situation im Alltag bildete die erwähnte Begebenheit des Jahres 1451, als keiner der Valencianer die Mittel hatte oder bereit war, sich von seinem Bargeld zu trennen, um die Waren von der Galleone des Jacques Cœur zu kaufen. Die Kaufleute gingen zum internationalen Tauschhandel Ware gegen Ware über – Kompensationsgeschäft würde man heute dazu sagen –, wenn sie nicht ihre Investitionen einschränkten, da die Märkte darniederlagen und die Preise fielen.

Ob der demografisch bedingte Nachfragerückgang oder das sich verringernde Geldangebot die ökonomische Depression verursachten, gehört zu den Streitfragen zwischen den verschiedenen Schulen der Wirtschaftshistoriker. Während die *Monetaristen* die abnehmende Geldmenge für den Preisverfall und das Konjunkturtief verantwortlich machen, argumentieren die *Neo-Malthusianer* (nach dem englischen Bevölkerungstheoretiker Robert Malthus) mit dem Bevölkerungsrückgang. Dieser senkte einerseits die Produktionskosten des Getreides, da nur noch die besseren Böden bewirtschaftet wurden. Andererseits ging die Getreidenachfrage zurück, verbilligte Brot und Bier und lenkte die so frei werdende Kaufkraft auf teurere Nahrungsmittel und die gewerblichen Erzeugnisse um, sodass deren Preise weniger stark fielen, die Löhne infolge des geringen Arbeitskräfteangebots sogar stiegen. Jedoch ist der empirische Befund der oftmals nur fragmentarisch überlieferten Preis- und Lohndaten nicht so eindeutig, dass er diese behaupteten Veränderungen der Preisrelationen bestätigt. Eher ließe sich an ein Zusammenwirken demografischer und monetärer Faktoren als Ursachen des unterschiedlich starken Preisverfalls denken. Dabei war die Wirkung jeweils des einen oder des anderen Faktors von Region zu Region und von Land zu Land verschieden und kann nur durch empirische Regionalstudien erforscht werden. Aber selbst wenn es möglich wäre, alle diese Faktoren genau zu rekonstruieren, heißt das noch lange nicht, dass dieselben Faktoren auch die Konjunkturentwicklung prägten, da diese von Güterproduktion und -nachfrage bestimmt wurde, während monetäre Faktoren den Konjunkturverlauf dämpften oder stimulierten. Dabei wirkte die säkulare Münzgeld- und Kreditverknappung zumindest als starke Bremse des nationalen wie des internationalen Warenaustauschs.

• • • 3 • • •

Amerikanisches Silber und Preisrevolution

Die europäische Wirtschaftsgeschichte des «langen» 16. Jahrhunderts wurde maßgeblich durch die europäische Expansion nach Übersee bestimmt. Sie war geprägt von der allmählichen Verlagerung des ökonomischen Schwerpunktes vom Mittelmeer an den Atlantik, der Ankunft der amerikanischen Edelmetalle und der sog. «Preisrevolution». Als langes Jahrhundert wird diese Epoche deshalb bezeichnet, weil die charakteristischen Phänomene in manchen Regionen bereits im 15. Jahrhundert einsetzten und teilweise noch im 17. Jahrhundert nachwirkten. So begann die portugiesische Suche nach Gold und Gewürzen in Afrika und Indien bereits in der zweiten Hälfte des 15. Jahrhunderts und führte zusammen mit dem Aufschwung des mitteleuropäischen Silberbergbaus die europäische Wirtschaft langsam aus der säkularen Edelmetallknappheit hinaus. Ebenso könnte man die Geldkrise der Kipper- und Wipperzeit (s. S. 95 ff.) als Schlusspunkt der Preisrevolution interpretieren, obwohl sie hier im Zusammenhang mit den monetären Krisen des 17. Jahrhunderts behandelt wird.

Mitteleuropäisches Silber und afrikanisches Gold

Im letzten Drittel des 15. Jahrhunderts nahm der transkontinentale Handel zwischen Mittel- und Nordwesteuropa einen deutlichen Aufschwung. Das Zentrum dieses Handels war Antwerpen, dessen Bedeutung auf mitteleuropäischen Edelmetallen, englischem Tuch und portugiesischen Gewürzen beruhte. Oberdeutsche Kaufleute erwarben Tuch und brachten Silber, Kupfer und Messing, das die Portugiesen für ihren Afrika- und Indienhandel benötigten. Diese Ausweitung des Handels wurde durch die Wiederbelebung des mitteleuropäischen Silberbergbaus möglich. Seit den 1460er Jahren hatte man nicht nur abgesoffene Bergwerke durch Entwässerung wieder in Betrieb genommen, sondern auch in rascher Folge neue Silberadern entdeckt. Zu nennen sind hier die – von den Fuggern ausgebeuteten – Schwazer Silbervorkommen in Tirol, die Silberreviere von Schneeberg, Annaberg und Buchholz auf der sächsischen Seite des Erzgebirges sowie die zuletzt (1518) an dessen Südhang entdeckte Silbermine von Joachimstal. Ebenfalls erwähnt werden müssen in diesem Zusammenhang die silberhaltigen Kupfervorkommen in Neusohl und der Grafschaft Mansfeld, aus denen man mithilfe des Seigerverfahrens sowohl Kupfer als auch Silber gewann. Die Addition der Produktionszahlen der verschiedenen Gebiete verdeutlicht den gewaltigen Anstieg der mitteleuropäischen Silberproduktion (s. Diagramm 2). Diese verdoppelte sich zwischen den 1470er und den 1520er Jahren und erreichte im folgenden Jahrzehnt ihren Höhepunkt. Danach sank sie in den einzelnen Bergbauregionen mehr oder weniger stark ab.

Aus den Abbaugebieten wurde das neue Silber auf die Edelmetallmärkte gebracht, unter denen die Messestadt Frankfurt eine zentrale Bedeutung besaß. Hier trafen sich die europäischen Silberhändler, und die Münzstätten versorgten sich mit dem wertvollen Rohstoff, für den sie mit Gold bezahlten. Außerdem floss das Silber durch den Handel in die Niederlande, nach England sowie vor allem nach Italien und in die Levante, da der Handel mit dem Süden noch immer defizitär war. Die durch die Edelmetallknappheit ausgetrockneten Münzstätten sogen das Silber auf. 1466 wurden die Prägestätten in den Burgundischen Niederlanden, in den rheinischen Territorien und in Frankreich wieder geöffnet, in Italien kam die Münzproduktion in den 1470er Jahren wieder in Gang. Am meisten wissen wir darüber im Falle der Burgundischen Niederlande. Hier ließen die Abkehr von der traditionellen Pro-Gold-Politik und die deutliche Verringerung der Gold-Silber-Relation zugunsten des Silbers seit 1467 den Silberstrom nach Flandern und Brabant auf rund 15 t jährlich anschwellen, und dies führte zu einem starken Anstieg der Münzprägung.

Die wachsende Silberförderung war den Münzen selbst anzusehen, denn nun wurden erstmals Großsilbermünzen geprägt, die

Diagramm 2: Silberproduktion der Reviere Erzgebirge, Schwaz und Joachimstal (in kg pro Jahr)

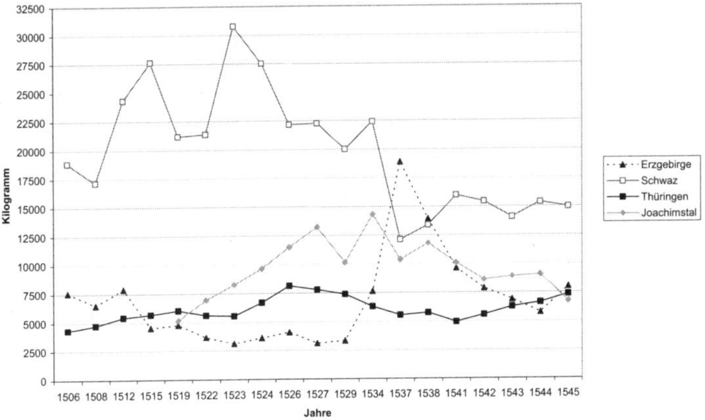

Quelle: North, Wirtschaftsgeschichte, S. 148

die geldgeschichtliche Neuzeit einleiteten. Den Anfang machte Venedig, das unter dem Versiegen der ungarischen Goldvorräte litt und deshalb 1472 eine größere Silbermünze zu 6 g Silber schlagen ließ, die genau der venezianischen Recheneinheit, der Lira, entsprach. In größerer Zahl wurden diese Silberlire unter dem Dogen Pietro Mocenigo geprägt, was ihnen den Beinamen *Mocenighi* eintrug. Ebenfalls unter ihrem Spitznamen wurden die *Testoni* (von *testa* = Kopf, nach dem Herzogsporträt auf der Vorderseite) bekannt, die etwas schwereren Großsilbermünzen Mailands, die unter dem Namen *Dicken* bald auch in der Schweiz ihre Nachahmer fanden.

Die eigentliche Großsilber- oder Talerprägung ging aber von den Bergbauterritorien selbst aus. Erzherzog Sigismund von Tirol nutzte die reichen Schwazer Silbervorkommen zu einer grundlegenden Münzreform. Nach dem *Pfundner* (1482) und dem *Halbgulden* (1484) schuf Sigismund mit dem *Guldiner* (1486) die erste Talermünze, die genauso viel wert war wie ein Goldgulden. Jedoch erlangte dieser Prototyp noch keine Bedeutung im Geldumlauf; einerseits diente er dem Erzherzog als Repräsentationsstück, andererseits hatten die Fugger als Pfandinhaber der Schwazer Gruben größeres Interesse am Silberexport als an der Münzprägung. Von der Schwazer Silberausbeute gelangte dennoch ein Drittel in die Münzstätte Hall; sie wurde hauptsächlich zu kleinen Silbermünzen verprägt und gab Sigismund den Beinamen «der Münzreiche». Der Erzherzog ließ sich kurz vor seinem Tode eine Schüssel mit 400 Guldinern bringen, «weil sein gnad noch einmal in ain silber greifen wolt».

Erst die Produktion der erzgebirgischen Münzstätten Schneeberg, Annaberg, Buchholz und vor allem Joachimstal aber machte den *Taler* zum allgemein anerkannten Zahlungsmittel. Dabei hießen die Taler in dieser Anfangsphase noch *Guldengroschen* («ein groschen für einen gulden»), bis die umfangreichen Prägungen der Münzstätte Joachimstal dem Taler seinen Namen gaben. Im böhmischen Joachimstal, dem Pfandbesitz der Grafen Schlick, wurden allein in den 1520er Jahren rund 3 1/4 Mill. *Joachimstaler* geprägt und großenteils über die Leipziger Messen und Sachsen ins Reich exportiert. Hier nahmen dann auch zahlreiche Münzherren die Talerprägung auf, indem sie die Joachimstaler einschmolzen und als Rohstoff für eine eigene Prägung verwendeten. Die Taler setzten sich allmählich im deutschen Geldumlauf durch, traten aber erst um die Mitte des 16. Jahrhunderts die Vorherrschaft im lokalen und internationalen Zahlungsverkehr an.

Bis dahin hatten sich die meisten Münzsysteme am Gold orientiert. Zwar ging die ungarische Goldproduktion stetig zurück, aber der portugiesische Handel mit der Faktorei San Jorge da Mina an der Guineaküste brachte im Austausch gegen Textilien, Kupfer, Messing, Glas und Wein zu Beginn des 16. Jahrhunderts jährlich gut 700 kg Gold nach Lissabon. Dies war wohl nicht viel mehr, als um die Mitte des 15. Jahrhunderts auf den verschiedenen Karawanenwegen nach Europa gelangt war. Jedoch scheint sich der Goldabfluss in den Nahen Osten im 16. Jahrhundert deutlich verringert zu haben, da Handelszentren wie Venedig zunehmend Silber zum Ausgleich des Handelsdefizits mit der Levante verwendeten. Außerdem brachten die *Conquistadores* zum ersten Mal amerikanisches Gold aus der Karibik auf den europäischen Markt. Diese Importe hat man bis 1550 auf insgesamt ca. 60 t geschätzt, wobei die jährliche Einfuhr seit den 1540er Jahren sowohl die Importe aus Afrika als auch die europäische Goldförderung übertraf.

Viele Münzstätten, wie Brügge, Antwerpen oder Florenz, schwenkten vom mitteleuropäischen Silber auf Gold um und bereicherten den Geldumlauf mit neuen Goldmünzen. Auch im Heiligen Römischen Reich nahmen zahlreiche Münzherren im ausgehenden 15. und im beginnenden 16. Jahrhundert die Guldenprägung auf. Einen Einblick in die zunehmende Vielfalt des Goldgeldumlaufs bieten die überlieferten Münzfunde. So dokumentiert der Große Lübecker Münzschatz von 1533 Goldmünzen aus 45 verschiedenen europäischen Münzstätten, obwohl in dem Schatz selbst das Silbergeld – wie für Norddeutschland charakteristisch – bei Weitem überwog. Spanien dagegen war schon immer Goldgeldregion gewesen, da die Iberische Halbinsel ihr Gold sozusagen aus erster Hand, zunächst aus dem Maghreb und später aus der Karibik, bezog. In Kastilien hatte das Katholische Königspaar nach der Eroberung Granadas in der Münzreform von 1497 den aus maurischem Gold geprägten *Excelente de la Granada* eingeführt, der 1536 durch den aus dem ersten Inkagold nach dem Vorbild der französischen *Sonnenkrone* (*Ecu d'or au soleil*) geprägten *Escudo* abgelöst wurde. Es war aber nur noch eine Frage der Zeit, bis die massiven Silberimporte aus der Neuen Welt und die steigende Silbermünzproduktion die Goldprägung in den Schatten stellten. Allein Valencia prägte während des gesamten 16. Jahrhunderts wertmäßig mehr Gold- als Silbermünzen.

Amerikanisches Silber und europäische Münzprägung

Seit Beginn der europäischen Expansion war die Suche nach Edelmetall ein zentrales Motiv für die Eroberung der Neuen Welt gewesen. Sowohl der spanischen Krone als auch den Investoren aus dem Handelskapital erschienen die Expeditionen vor allem aus diesem Grund als lohnende Unternehmen. Jedoch entsprachen die vor Ort vorgefundenen Reichtümer in den wenigsten Fällen den hochgesteckten Erwartungen der Entdecker. Die Goldwäscherei in der

Karibik erschöpfte sich ebenso schnell wie die geraubten Azteken- und Inkaschätze.

Erst die Entwicklung neuer Bergbau- und Hüttentechnologie, wie z. B. des Amalgamationsverfahrens, bildete zusammen mit der Entdeckung weiterer Silbervorkommen – vor allem in Potosí in Peru sowie in Guanajuato und Zacatecas in Mexiko – die Grundlage für den ungeheuren Aufschwung der lateinamerikanischen Silberförderung. Beim Amalgamationsverfahren ging das unreine Silber eine Verbindung mit Quecksilber ein und konnte nach zweimonatiger Sonneneinstrahlung als Silberamalgam ausgefällt werden. Anschließend wurde durch Erhitzen das Quecksilber vom nunmehr reinen Silber getrennt. Dazu benötigte man je 10 kg Silber 14–17 kg Quecksilber, das aus den zeitweise von den Fuggern kontrollierten Quecksilberbergwerken im andalusischen Almadén sowie aus Idria (im heutigen Slowenien) nach Mexiko gebracht werden musste. Die bereits in den 1560er Jahren in der Nähe von Lima entdeckten Quecksilbervorkommen in Huancavelica machten die amerikanische Silberproduktion von Importen aus Europa unabhängig. Von nun an brachten regelmäßige Lamakarawanen das von indianischen Zwangsarbeitern geförderte Quecksilber über die Anden in das wachsende Bergbauzentrum Potosí. Dort beuteten zehntausende zwangsverpflichteter Indios die 1545 am Cerro Rico entdeckten riesigen Silbervorkommen in 4 000 m Höhe unter mörderischen Arbeitsbedingungen aus. Potosí und Hochperu wurden so für 100 Jahre zum führenden Silberproduzenten und Exporteur der Welt. In Potosí stieg die Silberförderung von jährlich knapp 60 t in den 1560er und 1570er Jahren auf 190–200 t in den Jahrzehnten 1580–1610. Danach ging die Produktion langsam auf 150 t (1620–1640) und 130 t (1640–1650) zurück, fiel aber erst nach 1660 unter die 100-Tonnen-Marke. Dies waren gewaltige Mengen, die 80 % der peruanischen Silberproduktion und rund zwei Dritteln der gesamten Silberförderung Spanisch-Amerikas im 16. Jahrhundert entsprachen.

Über die Mengen, die von dem in Amerika geförderten Silber schließlich nach Europa gelangten, haben sich die Historiker lange die Köpfe zerbrochen und immer wieder neue Schätzungen vorgelegt. Als Quellen dienten die verschiedenartigen Aufzeichnungen staatlicher Institutionen wie der Steuerkassen im kolonialen Amerika sowie die reiche Dokumentation der *Casa de la Contratación* in Sevilla. Diese war 1503 zur Kontrolle des «Indien»-Handels und der Auswanderung gegründet worden und registrierte jedes Schiff, jede Person und jedes Gut, die in die Kolonien gingen oder aus Amerika kamen. Auf Grundlage der Rechnungsbücher der *Casa de la Contratación* und der Gold- und Silberkaufleute stellte auch Earl J. Hamilton (1934) seine Importstatistik amerikanischer Edelmetalle zusammen, die bis in die 1620er Jahre noch immer die zuverlässigste Schätzung ist. Zwar müssen wir mit einer nicht unerheblichen Dunkelziffer geschmuggelten Edelmetalls rechnen, doch war der Schmuggel zunächst unbedeutend und nahm größere Ausmaße erst im 17. Jahrhundert an. Eine weitere Einschränkung ist aber für die Sevillaner Quellen und damit für Hamiltons Zahlen zu machen. Sie registrieren die Edelmetalleinfuhren insgesamt in *Pesos*, ohne Silber und Gold zu unterscheiden. Da das Gold aber seit den 1560er Jahren selten mehr als ein Zehntel der Gesamteinfuhr ausmachte, kann man die Silbereinfuhren erschließen, indem man 10–15% von Hamiltons Zahlen abzieht. Danach stiegen die Einfuhren amerikanischen Silbers nach Spanien von ca. 30 t jährlich in den 1550er Jahren auf ca. 90 t in den 1560ern und erreichten mit durchschnittlich 220 t in den Jahrzehnten zwischen 1580 und 1620 ihr höchstes Niveau.

Damit erhöhten sich die europäischen Edelmetallvorräte beträchtlich. Das Ausmaß ist aber ebenso umstritten wie die Größe der europäischen Edelmetallmenge vor dem Eintreffen des amerikanischen Silbers. Während Michel Morineau (1985) den Zuwachs der Edelmetallmenge von 15 000 t um das Jahr 1500 auf 36 000 t um 1650 schätzt, vergrößerte sich der europäische Edelmetallbestand nach den Berechnungen von Braudel und Spooner (1967) im selben Zeitraum nur von rund 42 000 t auf rund 58 000 t. Einen Anhaltspunkt für die Verbesserung der Geldvorräte bietet auch der Vergleich der Gold- und Silbereinfuhren mit dem Edelmetallabfluss in den Osten. So hat Artur Attman (1986) die jährlichen Edelmetallausfuhren in den Ostseeraum, die Levante und nach Asien mit 52–78 t um 1550 und mit 114 t um 1600 beziffert. Dies bedeutet, dass um die Mitte des 16. Jahrhunderts möglicherweise mehr Edelmetall aus Europa abgeflossen ist, als aus den spanischen Kolonien importiert wurde, und dass das amerikanische Silber erst gegen Ende des 16. Jahrhunderts die europäische Silberversorgung nachhaltig – um gut 100 t im Jahr – verbesserte.

Wie verbreitete sich das amerikanische Silber in Europa? Das wichtigste Medium war natürlich der Handel. Die allseits negative Bilanz Kastiliens im Handel mit Italien, Frankreich, den Niederlanden und England bewirkte die Edelmetallausfuhr in diese Länder. So hat José Gentil da Silva (1969) gezeigt, wie jedes Mal nach der Ankunft der amerikanischen Silberflotten in Europa ein Geldmarkt nach dem anderen Anzeichen von *larghezza* aufwies, da sich das Bargeld- und Kreditangebot plötzlich entspannte. Ein weiterer wichtiger Faktor für die Verteilung des amerikanischen Silbers in Europa war der aus Krieg und Politik entstehende Finanzbedarf des Kaisers oder der spanischen Krone. Diese verfügten zwar über die Edelmetallvorräte der Neuen Welt, waren aber nicht in der Lage, das Silber genau dann zu mobilisieren, wenn es irgendwo in Europa benötigt wurde. Die spanische Silberflotte verkehrte nämlich nur einmal im Jahr und war darüber hinaus unvorhersehbaren Verlusten durch Witterung, Fahrlässigkeit der Besatzung und besonders durch Kaperung ausgesetzt.

Die Mobilisierung der spanischen Edelmetalle übernahmen daher oberdeutsche Handelshäuser wie die Fugger und Antwerpener Firmen wie die Schetz sowie vor allem die Genueser Bankiers. Sie schlossen mit der spanischen Finanzverwaltung einen Vertrag (den sog. *Asiento*) und verpflichteten sich beispielsweise, der spanischen Krone in Antwerpen während des niederländischen Aufstands eine bestimmte Summe Bargeld vorzuschießen, die ihnen der königliche Schatzmeister entweder direkt oder über die Messen von Medina del Campo innerhalb von zwei Jahren zurückerstattete. Der Bankier oder *asientista* transportierte nun aber nicht etwa Münzgeld nach Antwerpen, sondern versuchte, möglichst viele Wechsel zu kaufen, die in Antwerpen fällig wurden und somit dort das Geld erbrachten, das für die Bezahlung von Truppen oder Heereslieferanten benötigt wurde. Der Lohn für die Kreditbeschaffung waren die Edelmetalle der Neuen Welt, die zu einem erheblichen Teil gewinnbringend im In- und Ausland investiert wurden.

Wie die Edelmetalltransfers von Spanien nach West- und Mitteleuropa im Einzelnen vor sich gingen, zeigt ein Beispiel aus den 1550er Jahren. 1552 gab die Krone die Erlaubnis, im Rahmen des Asiento 200 000 *Ducados* auszuführen. Der Faktor des Handelshauses der Fugger in Sevilla, Christoph Raiser, war beauftragt, die Ausfuhr zu organisieren. Er trug die Hälfte dieser Summe in Gold- und Silberbarren zusammen und schickte diese in 56 Kisten mit Maultieren nach Cádiz, wo die spanische Flandernflotte vor Anker lag. Per Schiff wurde das Edelmetall dann nach Seeland befördert und dort dem Antwerpener Fugger-Faktor Mathäus Örtel übergeben. Über die niederländischen Münzstätten wird das Metall schließlich in den europäischen Geldumlauf gelangt sein.

Der massive Import amerikanischen Silbers nach Europa veränderte natürlich den Wert dieses Metalls ebenso wie die Münzproduktion. Während die Gold-Silber-Relation in der ersten Hälfte des 16. Jahrhunderts zwischen 1:10,5 und 1:11 schwankte, erhöhte sie sich unter dem Einfluss der Silberförderung von Potosí in der zweiten Jahrhunderthälfte auf 1:12, um im Laufe des nächsten Jahrhunderts mit 1:14 einen vorläufigen Höhepunkt zu erreichen. Ein gutes Beispiel für die Veränderung des Gold-Silber-Verhältnisses stellt Kastilien dar. Hier lag die Gold-Silber-Relation mit 1:10,1 (1497–1536) und danach mit 1:10,6 (1536–1566) lange Zeit unter dem europäischen Durchschnitt. Ihre Anhebung auf 1:12,2 in der Münzordnung von 1566 folgte dem von den Silberimporten ausgelösten Trend auf dem Markt und verteuerte das Gold auch offiziell. Weitere Erhöhungen auf 1:13,3 (1609) und auf 1:15,5 bzw. 1:16,6 im weiteren 17. Jahrhundert zeigen deutlich die zunehmende Knappheit des Goldes im Vergleich zum Silber.

Dass die spanischen Münzstätten auch überwiegend Silber verprägten, ist zu vermuten. Viele Indizien sprechen dafür, obwohl Münzstatistiken nur bruchstückhaft überliefert sind. Anhaltspunkte besitzen wir allein für das Edelmetall, das Privatleute im letzten Drittel des 16. Jahrhunderts in den königlichen Münzstätten verprägen ließen: Es wurde zu 95% zu Silber- und zu 5% zu Goldmünzen verarbeitet. Die dominierende kastilische Silbermünze war der seit 1471 geprägte *Real* (zu 3,48 g), der in der zweiten Hälfte des 16. Jahrhunderts aber durch die Prägungen der amerikanischen Münzstätten im Geldumlauf zurückgedrängt wurde. Die bedeutendste amerikanische Silbermünze war der *Real de a ocho* oder *Peso*, den man im übrigen Europa auch unter dem Namen *Piaster* kannte. Er entsprach vom Gewicht her ungefähr dem Taler und wurde erstmals 1566 auch im Mutterland mit 272 *Maravedís* offiziell bewertet. Da der Real de a ocho nicht nur in Amerika und Europa Verwendung fand, sondern auch in großen Mengen nach Asien floss, kann man ihn als die Welthandelsmünze der Frühen Neuzeit ansehen. Durch den Umlauf kolonialer Prägungen im Mutterland und die gesteigerte einheimische Münzprägung wuchs die spanische Geldmenge erheblich, Schätzungen sprechen von einem Zuwachs von 17 Mill. (um 1500) auf 91 Mill. Ducados (um 1600).

Diese Vermehrung sprengt alle uns bekannten Vorstellungen und ist nur zu erklären, wenn man neben den Silberimporten ebenfalls die am Ende des 16. Jahrhunderts einsetzende massenhafte Kupferprägung, die sog. *Vellón-Inflation*, mit einbezieht. Denn in Spanien hatte sich das schwarze Kupfergeld von dem uns bereits bekannten Zahlungsmittel für kleine Transaktionen im Laufe des 16. Jahrhunderts zu einem wichtigen Bestandteil des Geldumlaufs entwickelt. Dies mag erstaunen, wenn man an die riesigen Silberimporte denkt: Nur rund ein Drittel blieb im Land, und die abfließenden Silbermünzen wurden durch kupferne ersetzt. Außerdem war die Kupferprägung für Spanien, dessen militärische Unternehmungen zu immer wiederkehrenden Staatsbankrotten führten, ebenso ein Geschäft wie bereits für die französischen Könige während des Hundertjährigen Krieges.

Wie sah die Situation in den übrigen europäischen Staaten aus? Valencia folgte in seiner Gold-Silber-Relation und in der Münzpolitik dem Mittelmeerraum, mit dem es über den Handel eng verbunden war, und prägte durch das gesamte 16. Jahrhundert hindurch wertmäßig mehr Gold- als Silbergeld, obgleich Letzteres langfristig die Oberhand gewann. Ein ähnlicher Trend ist für die italienischen Stadtstaaten in der ersten Hälfte des 16. Jahrhunderts festzustellen.

Seit den 1560er Jahren führten aber Genua, Florenz und Venedig einen *Silberscudo* ein, der den *Goldscudo* ersetzte, denn der Handel und die Kreditgeschäfte der Genueser Bankiers mit der spanischen Krone hatten Genua zum Hauptumschlagszentrum amerikanischen Silbers gemacht. Wie in allen anderen Staaten verwandelte sich hier das amerikanische Silber in Schmuck, Tafelsilber oder lokale Währung. Nach der Aussage der Florentiner Münzstatistiken, den einzigen in Italien für diese Zeit überlieferten Münzakten, kam das Silber während der 1560er und 1570er Jahre in Form spanischer Reales (de a ocho) in die Münzstätten, während später Silbermünzen aus Genua, Neapel oder Mailand, die ebenfalls aus amerikanischem Silber geprägt worden waren, in Florenz umgeschmolzen wurden. Die Ausprägung von Silbermünzen verzehnfachte sich in den 1560er Jahren verglichen mit den vorhergehenden Jahrzehnten und blieb bis zum Ende des Jahrhunderts auf hohem Niveau, während die Goldprägung im gleichen Zeitraum nahezu einschlief. Die Geldmenge nahm zu, ohne dass wir die Zuwachsraten genau beziffern können.

Exakter sind die von Frank Spooner (1972) für Frankreich zusammengestellten Daten. Hier zeichnete sich in den 1560er Jahren noch ein starkes Übergewicht der Goldprägung ab. 1575 kam der Umschwung zum Silbergeld, von dem unter dem Druck des von Flandern zufließenden spanischen Silbers bis zum Ende der 1580er Jahre Silbermünzen im Wert von 2–3 Mill. lt. jährlich verprägt wurden. 1593 ging die Prägung der französischen Münzstätten abrupt zurück, ein Trend, der sich auch im 17. Jahrhundert – abgesehen von einem kurzfristigen Aufschwung in den Jahren 1602–1607 – fortsetzen sollte. Dennoch wuchs die französische Geldmenge nach Spooners Schätzung von 25–30 Mill. lt. im Jahre 1555 auf 60–89 Mill. lt. um 1600 an.

In den Niederlanden wurden Münzproduktion und Geldumlauf bis in die Jahrhundertmitte durch das Goldgeld bestimmt. In den 1550er Jahren forcierte man die Silberprägung, aber erst die Ankunft Herzog Albas in Antwerpen zur Niederschlagung der niederländischen Revolte brachte einen massiven Transfer amerikanischen Silbers in die Niederlande, das in Gestalt von *Philippstalern* nach Frankreich und in die benachbarten deutschen Territorien strömte und dort einen erheblichen Anteil am Großsilbergeld eroberte. Die einheimische Silbergeldmenge verdoppelte sich in den südlichen Niederlanden bis zum Ende des Jahrhunderts und wuchs zwischen 1612 und 1640 um mehr als das Dreifache an.

England war im zweiten Drittel des 16. Jahrhunderts – in der Hochphase der europäischen Silberförderung – von seiner traditionellen golddominierten Münzpolitik zur Silbergeldprägung umgeschwenkt und weitete in den 1540er Jahren Münzproduktion und Geldmenge stark aus. Die Produktionssteigerung erfolgte mithilfe einer dramatischen Abwertung, dem *Great Debasement*, in der der Silbergehalt der Münzen in drei Stufen von 76% auf 33% verringert wurde, um die Kriege gegen Schottland und Frankreich bezahlen zu können. Dies war die erste Münzverschlechterung aus fiskalischen Gründen in England seit dem 9. Jahrhundert, und sie ließ den Rechtsgelehrten Sir Thomas Smith am Queens' College in Cambridge – wie fast 200 Jahre zuvor den Geistlichen Nicolaus Oresmius – zum Geldtheoretiker werden. In seinem 1549 veröffentlichten *Discourse of the Common Weal of this Realm of England* wiederholte er die seit Oresmius bekannten Argumente gegen eine schwache Währung und ließ dazu seinen Ritter fragen: «Welche Gruppe, sagten Sie, verliert dabei sehr viel?» – worauf der Doktor antwortete: «Es sind der ganze Adel, die Gentlemen und alle anderen, die von knappen Renten oder Gehältern leben.»

Mit der Rückkehr zu einer stabilen Währung 1551 wurde dann auch in England die erste Großsilbermünze, die *Crown* (25 g) – parallel zu der bereits existierenden goldenen Crown –, eingeführt. Für deren Prägung lieferte der Finanzagent der englischen Krone Thomas Gresham amerikanisches Silber in Gestalt von Philippstalern und Reales aus den Niederlanden in die Londoner Münze. Jedoch erscheinen die von Gresham geschickten Mengen gering im Vergleich zu den seit den 1560er Jahren von englischen Freibeutern geraubten spanischen Schiffsladungen. So brachten die Engländer als Alliierte der aufständischen Niederländer 1568 Albas Schiffe mit einer Silberladung im Wert von 3 276 000 Silberreales auf. Nach Abzug der Frachtkosten für den Landtransport nach London wurden 2 481 000 Reales in £ 66 300 englischer Münze verprägt und der Rest auf £21 600 geschätzt. Ähnlich erfolgreich waren die Kaperfahrten Francis Drakes in der Neuen Welt, deren Ertrag sich 1580 auf rund £600 000 bei einer Silbergeldproduktion von £102 000 in den 1580er Jahren belief. Auch der Handel scheint zumindest in den 1570er und 1580er Jahren amerikanisches Silber nach England gezogen zu haben. Die sporadisch überlieferten Aufzeichnungen der Londoner Münze, in denen diese den Ankauf von Rohmaterial zur Münzprägung notierte, zeigen nämlich für die 60er, 80er und 90er Jahre des 16. Jahrhunderts, dass spanische Silbermünzen unter den von der Münzstätte erworbenen Münzen bei Weitem dominierten. Auf der Grundlage des spanischen Silbers nahm die Münzprägung in den 1550er und 1560er Jahren verglichen mit der ersten Jahrhunderthälfte einen starken Aufschwung, der mit kleinen Unterbrechungen bis zum Ende des Jahrhunderts anhielt und die Geldmenge deutlich vergrößerte.

Für Deutschland sind das Ausmaß des amerikanischen Silbereinstroms und das Wachstum der Geldmenge unter den Wirtschaftshistorikern umstritten. Während einige einen massiven Import spanischen Silbers und eine gewaltige Steigerung der Geldmenge um das Vier- bis Achtfache behaupten, ohne diese Vermutung aber belegen zu können, nehmen andere eher eine Verminderung des Edelmetallbestandes in den deutschen Territorien an. Immerhin sprechen verschiedene Indizien für den Einfluss amerikanischen Silbers. So wissen wir von den Geldtransfers der Fugger auf die deutschen Geldmärkte, aber ebenso von deren Silberexporten aus Deutschland. In der Tiroler Münzstätte Hall wurde amerikanisches Silber in kleinen Mengen verprägt, das vermutlich auch den Aufschwung der oberdeutschen, vor allem der Augsburger Silberschmiedekunst in der zweiten Hälfte des 16. Jahrhunderts speiste.

Am deutlichsten ist der Zustrom amerikanischen Silbers noch im Geldumlauf festzustellen. Besonders die spanischen Philippstaler aus den südlichen Niederlanden waren seit den 1560er Jahren auf dem Vormarsch und verdrängten zunehmend sowohl die älteren Guldengroschen als auch die neuen *Reichstaler* aus dem Umlauf. Dies belegen der Kassenbestand des Frankfurter Bauamtes 1591/92 ebenso wie die süddeutschen Münzfunde, in denen fast jeder zweite

Taler aus den Niederlanden kam. Das massive Auftreten niederländischer Taler im süddeutschen Geldumlauf wurde sicher durch den oberdeutschen Antwerpenhandel verstärkt, aber auch in den nördlichen Gebieten des Reiches zahlte man im ausgehenden 16. Jahrhundert immer häufiger mit diesen Münzen.

Geldmengenberechnungen sind für die deutschen Territorien nicht möglich, da anders als in England, Frankreich oder den südlichen Niederlanden eine einheitliche Münzprägung und damit auch eine zentrale Produktionsstatistik der Münzstätten fehlte. Schätzungen auf regionaler Ebene, wie sie für Norddeutschland vorliegen, lassen aber nur auf eine geringe Zunahme der Geldmenge von 5–10% durch die Münzproduktion schließen. Größere Erkenntnisse über die monetäre Situation des Reiches bietet eine Analyse der Münzpolitik. Sie war seit der Esslinger Münzordnung des Jahres 1524 von dem vergeblichen Bemühen geprägt, das Münzwesen der Reichsterritorien zu vereinheitlichen und eine gemeinsame Reichswährung zu schaffen. So führte man nach langwierigen Verhandlungen 1566 einen Reichstaler nach dem Münzfuß des sächsischen Talers allgemeinverbindlich für das Reich ein, der aber trotz einer recht umfangreichen Prägung schnell zur Mangelware wurde. Der stetig steigende Silberpreis ließ die guten Reichstaler zum Spekulationsobjekt werden, sodass diese angesichts des deutschen Handelsbilanzdefizits mit dem Osten und Südosten ebenso gerne wie die Gulden exportiert wurden. Beispielsweise schrieb der württembergische Rat und Münzexperte Dr. Georg Gadner 1593, der Handel müsse

> […] jährlich in Hungarn und Polen vil tausend gulden umb Vieh, und noch vil mer in Wälsch Land umb Seiden und Sammet, […] verfüren, davon kain pfennig mer zu uns kombt.

Mit dem Silberabfluss ins Ausland und der Knappheit grober Silbermünzen hing auch die allseits als Problem empfundene Vermehrung der Scheidemünzen zusammen. Da sich das Reich in den Münzordnungen von 1559 und 1566 nur auf die Talerprägung konzentrierte, die Ausprägung der leichten unterwertigen Scheide- oder Kleinmünzen aber den Territorien übertrug, wurden nur die rentablen groben Sorten nach dem Reichsfuß gemünzt, die kleinen und mittleren Münzsorten aber nach dem billigeren jeweiligen Landesmünzfuß. So heißt es in einem Memorandum des Jahres 1594:

> Die fürnehmste Ursache aber, dahero jezig Zeit aller Unrath inn der müntz enttstehet, ist diese, das der gering schäzigen Sortten unnd Landtmüntzen dem Edict zuwider, allzuvil und überhäuffig gemacht, und dargegen die grobe guette sortten zerbrochen, zu Pfennigen und dergleichen gering schätzigen gattung vermünzt worden sein und noch immer vermünzt werden.

Die letzten Jahrzehnte des 16. Jahrhunderts waren also von zwei einander gegenläufigen Tendenzen geprägt. Einerseits wurde das Angebot an guten Reichsmünzen knapper, was natürlich erhebliche Kurssteigerungen dieses Geldes nach sich zog. Andererseits gab es eine starke Zunahme – die Quellen sprechen sogar von einer «Überschwemmung» – des mittleren und kleinen, mehr und mehr mit Kupfer legierten Geldes. Wenn die Geldmenge sich vergrößerte, wuchs sie daher in erster Linie nicht real durch den Einstrom amerikanischen Silbers, sondern vielmehr nominal durch die starke Vermehrung der Scheidemünzen.

Internationale Finanz, Kreditinnovationen und lokaler Kredit

Das 16. Jahrhundert ist durch die Arbeiten von Richard Ehrenberg (1896) als das *Zeitalter der Fugger* in die Geschichte eingegangen. Die Fugger, die dabei synonym für die oberdeutschen Handels- und Bankhäuser der Imhof, Welser oder Höchstetter stehen, profitierten von der Expansion des europäischen Handels, dem Aufschwung des mitteleuropäischen Bergbaus und dem immensen Finanzbedarf der Renaissancestaaten. Die Fugger beteiligten sich am Handel mit Ostindien, kontrollierten den Silberbergbau in Tirol, die Kupferförderung in Oberungarn und die Quecksilbergruben in Westspanien und finanzierten darüber hinaus als Bankiers Europas die habsburgische Großmachtpolitik. So brachten die Fugger beispielsweise großenteils die Bestechungsgelder für die Wahl Karls V. zum deutschen König auf.

Als sich Karl, der Enkel Kaiser Maximilians von Habsburg, 1519 zur Wahl stellte, hatte er in dem französischen König Franz I. einen ernsthaften Rivalen, der darüber hinaus mit reichen «Handsalben» um die wahlberechtigten Kurfürsten warb. Um ihn auszustechen, versuchte Karl seinerseits, bei italienischen und oberdeutschen Bankiers Gelder lockerzumachen. Letztlich aber steuerte Jakob Fugger mit 543 585 fl. den Löwenanteil der gezahlten Bestechungsgelder im Wert von insgesamt 851 918 fl. bei. Weitere 143 333 fl. schoss Bartholomäus Welser vor, während die italienischen Bankhäuser nach der heute noch überlieferten Rechnung zusammen nur 165 000 fl. bereitstellten. Als Gegenleistungen festigten die Fugger ihre Monopole im Kupfer-, Silber- und Quecksilbergeschäft. Außerdem bot der Habsburger Schutz gegen die im Reich um sich greifende Stimmung gegen Wucherer und Monopolisten sowie gegen die vom Reichstag erlassenen Antimonopolgesetze.

Die Fugger gewährten Karl V. und Spanien weitere Kredite für die militärischen Unternehmungen gegen Frankreich oder den Schmalkaldischen Bund im Reich. Damit waren sie auf Gedeih und Verderb mit den spanischen Kronfinanzen verbunden, was in den Staatsbankrotten (Umschuldungen) von 1557, 1575 und 1607 unweigerlich zu starken Verlusten des Bankhauses führte. Im 17. Jahrhundert beliefen sich die Forderungen an die spanische Krone einschließlich der schon früher abgeschriebenen Beträge auf rund 4 Mill. Dukaten, wozu noch Außenstände aus den Niederlanden und dem Reich kamen. Insgesamt brachten die Darlehen an die Habsburger den Fuggern einen Verlust von rund 8 Mill. fl.; und das war ein erheblicher Teil dessen, was die Firma Fugger im Laufe ihrer Geschäftstätigkeit erwirtschaftet hatte. Dennoch entgingen die Fugger dem Schicksal der Welser, die 1614 durch die spanischen und französischen Zahlungseinstellungen mit in den Bankrott gerissen wurden.

Auch wenn die Fugger lange Zeit durch die Verbindungen mit den Habsburgern das europäische Finanzgeschehen bestimmten, verdankten sie ihre beherrschende Position dennoch nicht eigenständigen Innovationen auf dem Gebiet des Kredit- oder Geldwesens. Die Firma Fugger stellte nur die letzte und vollkommenste Form der spätmittelalterlichen oberdeutschen Familienhandelsgesellschaft dar, von der sie sich allein in ihrer weltweiten Tätigkeit und der Konzentration auf das Haus Habsburg unterschied. Sie nahm zwar Einlagen an, arbeitete aber großenteils mit Eigenkapital, das gebunden an einen großen Schuldner erhebliche Mittel brachliegen ließ.

Viel moderner war dagegen das System der Genuesen, die sich in der zweiten Hälfte des 16. Jahrhunderts nur noch auf das Geldgeschäft konzentrierten und die Fugger aus ihrer Spitzenstellung in der europäischen Finanz verdrängten. Sie benötigten nur wenig Eigenkapital, denn sie beschafften sich das der spanischen Krone vorzuschießende Bargeld, indem sie – wie oben (s. S. 76 f.) beschrieben – Wechsel kauften, die in Antwerpen fällig wurden. Die Wechsel bezahlten sie mit neuen Wechseln, die beispielsweise drei Monate später in Genua präsentiert werden mussten. In Genua lösten sie die Wechsel aber nicht ein, sondern stellten über den Betrag neue Wechsel aus, die auf der Lyoner oder Frankfurter Messe einige Zeit später zu begleichen waren. Dieses Hin- und Herwechseln im sog. *Ricorsa*-Verfahren ging so lange, bis das Darlehensgeschäft durch Rückzahlung beendet war, wobei die genuesischen Bankiers durch das Ausnutzen von Wechselkursunterschieden an den verschiedenen Wechselplätzen noch zusätzliche Arbitrage-Gewinne machten. Obwohl die Genuesen auf diese Weise relativ glimpflich bei den spanischen Staatsbankrotten der Jahre 1575 und 1596 davonkamen, nahmen sie den erneuten Bankrott des Jahres 1607 zum Anlass, den spanischen Kunden loszuwerden und die mit Spanien verdienten Gelder nach Italien zu transferieren. Man investierte die spanischen Gewinne in Pomp und Paläste, aber ebenfalls in die öffentlichen Anleihen, auch wenn diese – weil sicherer – eine geringe Rendite abwarfen.

Für die europäische Wirtschaftsentwicklung wichtiger als das in erster Linie der Staatsfinanz dienende Genueser Asiento-System waren die Kreditinnovationen, die sich im Laufe des 16. Jahrhunderts am Finanzplatz Antwerpen vollzogen. Durch die Ausweitung des atlantischen Handels verlängerte sich der Amortisierungszeitraum des investierten Kapitals. Eine Schiffsreise von Portugal zu den indischen Gewürzen an der Malabarküste dauerte auf dem Hinweg viereinhalb bis sieben Monate und zurück – von Goa nach

Lissabon – noch einmal zwischen viereinhalb und neun Monate. Die Kaufleute benötigten entsprechend längere Zahlungsfristen, d. h. mehr Kredit. Der bargeldlose Zahlungsverkehr über laufende Konten, die man bei Wechslern, den Kassiers, unterhielt, wuchs.

Auch der Inhaber-Schuldschein, den man schon seit Langem kannte, wurde im Antwerpener wie im nordwesteuropäischen Handel zu einem zunehmend populären Zahlungsmittel. Man bezahlte nicht nur mit Schuldscheinen, sondern gab diese auch zum Begleichen von anderen Verpflichtungen weiter, ohne auf die Fälligkeit der Schuld zu warten. Im konkreten Falle funktionierte das so: Ein englischer Wollexporteur verkaufte Wolle an einen Brabanter Kaufmann, der ihm dafür einen Inhaber-Schuldschein ausstellte, der drei bis sechs Monate später auf dem St.-Bavo-Jahrmarkt in Antwerpen fällig wurde. Der Tuchexporteur übergab den Schuldschein einem englischen Importkaufmann (*Mercer*), der den Schuldschein in Antwerpen einlöste und mit dem Geld Waren für die Einfuhr nach England einkaufte. Der Mercer händigte dem Tuchexporteur im Gegenzug ein weiteres Kreditpapier aus, mit dem dieser sich das Geld bei der Firma des Importkaufmanns in London wiederholen konnte. Dieses Verfahren der Weitergabe von Schuldscheinen funktionierte aber nur, solange es sich in einem überschaubaren Kreis miteinander bekannter Kaufleute abspielte, die auch die Kreditwürdigkeit ihres Geschäftspartners einschätzen konnten. Als aber die Kreditinstrumente frei zu zirkulieren begannen und damit derjenige, der den Schuldschein dem Aussteller präsentierte, nur der letzte in einer langen Kette von Gläubigern war, die den Schuldschein in Zahlung genommen hatten, bedurfte es gesetzlicher Regelungen zur Rechtssicherheit im Zahlungsverkehr.

Nachdem bereits das Londoner Mayor's Court 1437 dem Inhaber eines Wechsels denselben Anspruch wie dem ursprünglichen Begünstigten zugesprochen hatte, räumten auch das Antwerpener Stadtgericht (1507) und die Kaiserlichen Mandate von 1537 und 1541 dem Besitzer eines Inhaber-Schuldscheins dieselben Rechte wie dem ursprünglichen Gläubiger ein. Bis zu diesem Zeitpunkt konnte nur derjenige eine übertragene Forderung gerichtlich einklagen, der eine Vollmacht des ursprünglichen Gläubigers oder eine offiziell beglaubigte Abtretung der Forderung *(cessio)* vorwies. Damit war der Weg zur Übertragung und Veräußerung von Kreditinstrumenten und Forderungen frei. Zum Handel mit diesen Papieren fehlten aber noch zwei Innovationen, Indossament und Diskont.

Das Indossament war ein auf der Rückseite eines Wechsels oder Schuldscheins angebrachter handschriftlicher Vermerk, mit dem der Gläubiger namentlich eine andere Person zur Präsentation des Kreditpapiers bevollmächtigte. Es gab dem Schuldner in einer Zeit zirkulierender Kreditpapiere am Ausgang des 16. Jahrhunderts eine gewisse Sicherheit, dass er an den Richtigen zahlte.

In der zweiten Hälfte des 16. Jahrhunderts kam dann auch der schon länger bekannte Diskont stärker in Gebrauch. Dabei löste ein Kaufmann ein Kreditpapier vor seiner Fälligkeit ein oder verkaufte die Forderung und gewährte dem Schuldner, dessen Geld er früher als vereinbart benötigte, einen Rabatt, indem er einen Teil der Zinsen, den Diskontsatz, abzog. Mit dem Indossament und dem Diskont wurden der Inhaber-Schuldschein und der sich im 16. und 17. Jahrhundert in Antwerpen immer mehr verbreitende Wechsel zu veräußerbaren Kreditinstrumenten, d. h. zum «Papiergeld» der Kaufleute. Während die mittelalterlichen Kreditpapiere als Surrogatgeld den rationelleren Umgang mit dem vorhandenen Edelmetall und damit eine Steigerung der Umlaufgeschwindigkeit des Geldes ermöglicht hatten, ersetzten die veräußerbaren Wechsel und Schuldscheine die vorhandenen Münzen und bewirkten so eine Vergrößerung der Geldmenge.

Indossament und Diskont waren Institutionen im Sinne von Douglass North (1992), die die Transaktionskosten, d. h. die Kosten, die bei Anbahnung, Abschluss und Absicherung von Geschäften entstehen, senkten. Gleichzeitig schuf der Übergang von der Übertragbarkeit zur Veräußerbarkeit die Grundlagen für die Entstehung eines transparenten Kapitalmarktes. Da in den Mandaten von 1537 und 1541 auch Zinszahlungen bis zu 12% jährlich legalisiert wurden, konnten Bankiers jetzt Kreditpapiere mit Zinsaufschlag vor der Fälligkeit ankaufen, ohne unter die Wuchergesetze (Verbote) zu fallen. Dies betraf aber nicht nur die Kreditpapiere des Handels, sondern auch die Staatspapiere. Dadurch, dass es den Anlegern möglich wurde, bei Bedarf ihre Renten (Rentmeisterbriefe) zu verkaufen, wurde der Umsatz auf dem Rentenmarkt erheblich stimuliert. Entsprechend entwickelte sich die 1531 gegründete Antwerpener Börse, die die Brabanter Messen ablöste, zu einem ganzjährigen internationalen Waren- und Kapitalmarkt. Hinzu kam die Spekulation mit Warentermingeschäften und Seeversicherungsprämien.

Wie verbreiteten sich die Antwerpener Errungenschaften in Europa? Am frühesten strahlte das Vorbild der Antwerpener Börse in die Nachbarländer aus. So gründete beispielsweise 1571 Thomas Gresham, der die Antwerpener Börse aus seiner Tätigkeit für die englische Krone aus nächster Nähe kennengelernt hatte, die Londoner Börse nach dem Antwerpener Muster. In Deutschland, wo die oberdeutschen Wechselmärkte in Nürnberg und Augsburg eng mit Antwerpen verzahnt waren, folgten 1558 Hamburg und 1566 Köln dem Antwerpener Vorbild. In Frankreich waren die ersten gesetzlich organisierten Börsen die von Lyon und Toulouse (1546) sowie Rouen (1566). Ein wesentlicher Faktor zur Diffusion der Antwerpener Kredittechniken waren jedoch die Emigranten, die vor allem nach der Eroberung der Stadt durch die Spanier 1585 fluchtartig Antwerpen verließen. Calvinistische und sephardische Kaufleute und Bankiers brachten das finanzielle Know-how von der Scheldemündung nach Amsterdam und London, aber auch ins Reich nach Hamburg oder Köln. Dabei fielen die Antwerpener Innovationen zunächst in Holland und dann vor allem in England auf fruchtbaren Boden. Hier waren der lebhafte Umlauf von *Goldsmith Notes*, *Exchequer Bills* und anderen Schuldscheinen sowie die Diskontierung durch die Goldschmiede-Bankiers ohne die Antwerpener Innovationen nicht möglich gewesen.

In Deutschland fand die bis zum 16. Jahrhundert eher rückständige Hansestadt Hamburg durch die Antwerpener Emigranten Anschluss an die modernen westeuropäischen Entwicklungen des Wechsel- bzw. Zahlungsverkehrs. Auch andere deutsche Städte, die wie Köln oder Frankfurt einen Teil des Antwerpener Handels erbten, profitierten von diesen Neuerungen in der einen oder anderen Weise. In manchen Handelszentren, wie z.B. in Frankfurt, erschwerte jedoch die italienische Bankierstradition die Rezeption der Antwerpener Innovationen.

In Italien lehnte nämlich die Mehrheit der Bankiers das – bereits im 15. Jahrhunderts einzeln belegte – Wechselindossament ab, da es die Kaufleute von den Diensten der Bankiers unabhängig gemacht hätte. Während das Indossament bis ins 17. Jahrhundert verboten blieb, vollzogen sich im Laufe des 16. Jahrhunderts Neuerungen auf institutionellem Gebiet. Vor allem durch die Gründung städtischer Giro- und Wechselbanken, wie der Tavole in Palermo (1553) und Messina (1587), des Banco della Piazza di Rialto in Venedig (1587), des Banco Sant'Ambrogio in Mailand 1593 etc., wurde das in den Krisen des 15. Jahrhunderts erschütterte Vertrauen in die Banken wiederhergestellt. Die Girobanken standen unter städtischer Aufsicht, und die Kunden mussten nicht befürchten, dass ein plötzlicher Run auf die Bank diese illiquide machen würde. Der Zahlungsverkehr wurde an der städtischen Girobank zentralisiert. Kaufleute unterhielten Konten bei dieser Bank, zogen darauf Wechsel, und die Bank überwies die Beträge von einem zum anderen Konto; Zahlungen *in banco* verdrängten zumindest im Handel das Bargeld.

In der zweiten Hälfte des 16. Jahrhunderts gaben außerdem einige dieser Banken Bargeldquittungen mit dem Namen der Kontoinhaber aus, die diese dann für Abhebungen oder als Barscheck benutzen konnten. Die übertragbaren Scheine (*Fedi di credito*) mussten von der Bank bei Präsentation beglichen werden und bildeten erste Ansätze eines Papiergeldumlaufs.

Die große Masse der Bevölkerung war natürlich von dieser auf die Handelszentren begrenzten Ausweitung des kommerziellen Kredits ausgeschlossen, aber auch für sie scheint sich das Kreditangebot während des 16. Jahrhunderts vergrößert zu haben. Dadurch entstanden neue Abhängigkeiten zwischen Gläubigern und Schuldnern, wie folgende Episode vom Vorabend des Bauernkrieges (1523) zeigt:

> Hie kompt ein Beuerlein zu einem reichen Burger. Von der gulden Wucher betreffen: so kumpt ein Pfaff auch darzu und darnach ein Münnich, gar kurzweilig zu lesen.
> Beuerlein: Gott grüß euch, lieber Herr, Gott grüß euch.
> Burger: Gutz Jar Beuerlein, wo zeugst du her, liebs Beuerlein?

Beuerlein: Ich ziehe daher, ich wolt einst lugen, was ir teten.

Burger: Ich weiß nichts zu tun, dann ich sitz hie, und zel mein Gelt einest.

Beuerlein: Lieber Herr, sol ich ein Weil zu euch nider sitzen, ich wolt gern ein Weil mit euch kosen [verhandeln].

Burger: Wol an, liebs Beuerlein, koß her, was wiltun mit mir kosen?

Beuerlein: Lieber herr, wer hat euch also vil Geltz geben, das ir also sitzent zu zelen?

Burger: Liebs Beuerlein, was fragstu mich, wer mir das Gelt gebe, das will ich dir sagen. Da kompt ein Bauwer und bit mich, ich soll im 10 oder 20 Gülden leihen. So frag ich in bald, ob er nit hab ein gute Wiß oder ein guten Acker. So sagt er bald: ‹Ia herr, ich hab ein gute Wiß und guten Acker, die 2 Stuck seind 100 Güldern wert›.

So sag ich zu ihm: ‹Volan, wiltu mir das Gut einsetzen zu Pfandt, und wilt mir ein Gulden Geltz alle jar geben, so will ich dir 20 Gulden leihen›. So ist der Bauwer fro und spricht: ‹Ich will es euch gern einsetzen›. ‹Ich will dir aber sagen, wann du den Gülden Geltz Jars nicht ausrichtest, so wird ich das Gut annahmen für mein Eigentum›. So ist der Baur wol zufriden und verschreibet mirs also. Ich leyhe im das Gelt, er reichte mir ein Jar, 2 oder 3 die Gült, darnach so kan er die Gült nit mer reichen, so neme ich das Gut an und stoß den Bauwern davon, so überkom ich das Gut und das Gelt. Also geschicht mir auch dergleichen mit Hantwerksleüten; het einer ein gut Haus, ich leihe im auch darauf, bis ichs hinder mich bring, damit überkom ich groß Gut und Gelt, da vertreib ich mein Zeit darmit.

In diesem Gespräch zwischen einem Bauern und einem Bürger über den Wucher erzählt der Bürger, wie er mithilfe des Gült- oder Rentenkaufs an den Acker eines Bauern oder das Haus eines Handwerkers kommt. Der Bauer benötigt Geld und verkauft eine Gült von 20 fl. Der Bürger leiht ihm dieses Geld (d. h., er kauft die Gült) und fordert dafür jährlich 1 fl. Zinsen (5 %) sowie den Acker als Pfand. Nach einigen Jahren kommt der Bauer mit der Zinszahlung in Rückstand, und der Acker fällt an den Bürger.

Dies war kein Einzelfall. Auch die zahlreichen Verordnungen weltlicher Herrschaften und natürlich der Kirche zum Rentenkauf zeugen von der großen Bedeutung des Rentenkredits. Überall in Europa nutzten Grundherren und Bauern das sich vergrößernde Kapitalangebot, um durch den Rentenverkauf mittel- bis langfristigen Kredit aufzunehmen. Sie finanzierten damit Bodenmeliorationen und solche Rentabilitätssteigerungen der Agrarproduktion wie die Anlage von Weinbergen oder Olivenbäumen. Von dem Kreditbedarf profitierten die Kapitalbesitzer in Stadt und Land, die so zur Zielscheibe der Kritik wurden. In Spanien erhob man gegenüber den Bürgern und Bauern, die Geld in Renten (*Censos*) angelegt hatten, den Vorwurf, sie strebten eine adlige Lebensführung an. In welchem Umfang einzelne Bauern das in der Agrarkonjunktur des 16. Jahrhunderts verdiente Geld investierten, zeigt das Beispiel des Kornwestheimer Großbauern Jerg Minner, der bei seinem Tode 1599 ein Vermögen von 69 182 fl. hinterließ. Davon war gut die Hälfte (38 388 fl.) in 183 Rentenbriefen zu 5% angelegt, die ihm Bauern und Handwerker der Umgebung verkauft hatten, um Kredit von dem wohlhabenden Mann zu erhalten.

Die Preisrevolution und ihre Erklärungen

Das Wachstum der Geldmenge durch Münzproduktion und veräußerbare Kreditinstrumente musste natürlich Auswirkungen auf das Preisniveau haben. Seit Jean Bodins Traktat aus dem Jahre 1569 werden die Preissteigerungen des 16. Jahrhunderts monetär erklärt. Bodin und seine Nachfolger machten in ihrem «makroökonomischen Modell» den Überfluss an Gold und Silber und damit die amerikanischen Edelmetalleinfuhren für die Preissteigerungen in Frankreich bzw. Europa verantwortlich. Sie gingen dabei von der einfachen Quantitätstheorie des Geldes aus, nach der eine Erhöhung der Geldmenge die Nachfrage nach Gütern erhöht und so die Preise steigen lässt, da die Güter nicht in ausreichender Menge produziert werden können und die Umlaufgeschwindigkeit des Geldes konstant ist. Wie schon im Falle der spätmittelalterlichen Depression steht die monetäre Argumentation der realwirtschaftlichen Erklärung der neo-malthusianischen Schule gegenüber. Für die Neo-Malthusianer löste nicht die Schaffung zusätzlichen Geldes, sondern die autonome Erhöhung der Nachfrage nach Waren und Dienstleistungen den säkularen Preisanstieg aus, wobei dem Bevölkerungswachstum der größte preissteigernde Einfluss zugeschrieben wird. In den letzten

100 Jahren haben beide Schulen immer wieder in der Diskussion ihre Argumente ausgetauscht, sodass die zum Thema Preisrevolution entstandenen Veröffentlichungen inzwischen mehrere Bücherschränke füllen. An dieser Stelle müssen einige Gedanken genügen.

Bei näherem Hinsehen entpuppt sich die sog. Preisrevolution des 16. Jahrhunderts als die uns allgegenwärtige schleichende Inflation mit schwankenden jährlichen Preissteigerungsraten. Im Vergleich zu heute blieben die durchschnittlichen jährlichen Preissteigerungen selbst bei den Nahrungsmitteln im 16. Jahrhundert moderat. Die Weizenpreise stiegen beispielsweise in Toulouse, Paris, Brügge oder Köln im jährlichen Durchschnitt zwischen 2,2 und 3%, während sich der Anstieg gemessen in Silber nur auf 1,1% belief. Dabei erhöhten sich die Preise für Güter des täglichen Bedarfs, vor allem für Getreide, stärker als die der gewerblichen Erzeugnisse oder der Löhne, die nahezu konstant blieben. Die Lohnempfänger erlitten, sofern sie keine Lohnerhöhung durchsetzen konnten, einen Reallohnverlust; denn die Ausgaben für Brot machten einen immer größeren Teil des Familienbudgets (um 1600 ca. die Hälfte des Einkommens einer fünfköpfigen Maurerfamilie) aus. Die verschieden stark ausfallenden Steigerungen der Preise und der Löhne sind Ausdruck der variierenden Elastizität der Nachfrage. Die Nachfrage nach Roggen war beispielsweise unelastisch, da sich die Bevölkerung in Zeiten der Missernte oder Hungersnot überwiegend mit Roggen ernährte und stattdessen auf den Konsum von Fleisch oder den Kauf gewerblicher Produkte verzichtete bzw. ihn einschränkte.

Für die Anhänger der neo-malthusianischen Schule war diese Preisdifferenzierung ein Argument gegen eine monetäre Erklärung der Preisrevolution, da eine Steigerung der Geldmenge alle Waren gleichmäßig hätte verteuern müssen. Hierbei wird aber übersehen, dass Inflationsprozesse immer erst bei einigen Gütern oder Warengruppen einsetzen, sich dann allmählich ausbreiten und schließlich größere Bereiche des Warenangebots erfassen. Jedoch lassen sich auch die Beziehungen zwischen der Zunahme der Geldmenge und dem Preisanstieg nicht exakt nachweisen. Trotz zahlreicher Bemühungen bleiben die Geldmengenschätzungen für das 16. Jahrhundert ebenso wie für spätere Jahrhunderte sehr unsicher. Zudem fällt der

Preisanstieg je nach der Einheit, in der man ihn misst (in Gold, in Silber, in Scheidemünze oder in Rechengeld), höchst unterschiedlich aus.

Dennoch erscheinen in einigen Ländern, die wie Spanien oder die südlichen Niederlande zu den Hauptempfängern des amerikanischen Silbers gehörten, die Zusammenhänge zwischen ansteigender Geldmenge und der Anhebung des Preisniveaus zumindest für die zweite Hälfte des 16. Jahrhunderts plausibel, obgleich Kastilien in den 1580er Jahren trotz eines erheblichen Anwachsens der Geldmenge eine ökonomische Stagnation und sogar einen Preisrückgang erlebte. Schwieriger erscheint es, den Preisanstieg in Deutschland monetär zu erklären, da hier die Geldmenge in der ersten Hälfte des 16. Jahrhunderts anscheinend nur langsam zunahm und das amerikanische Silber die Edelmetallversorgung auch in der zweiten Jahrhunderthälfte nicht grundlegend verbesserte. Hier müssen reale wirtschaftliche Faktoren preissteigernd gewirkt haben, etwa Bevölkerungszunahme und Konjunkturaufschwung.

Man könnte natürlich fragen, wie es trotz der geringen Zunahme der Geldmenge überhaupt zum Preisanstieg kommen konnte. Dabei wäre auf eine Beschleunigung der Umlaufgeschwindigkeit des Geldes zu verweisen, die den Preisanstieg ebenso wie den Wirtschaftsaufschwung ermöglichte. Dafür, dass das Geld im 16. Jahrhundert immer schneller seinen Besitzer wechselte und das gleiche Geldstück immer häufiger zu Kaufaktionen verwendet wurde, sprechen mehrere Indizien wie beispielsweise die verstärkte Abnutzung der Münzen im Geldumlauf oder die Ausweitung des Kreditverkehrs. Neben dieser realwirtschaftlichen Erklärung, die monetäre Faktoren einbezieht, erscheint auch ein monetäres Konzept interessant, das von einem weltweiten – durch Geldangebot und -nachfrage bestimmten – Preisniveau ausgeht. Danach wurden die Preiserhöhungen in einem Land durch den Handel in ein anderes Land übertragen. Einem Land, das so die Inflation importierte, blieb dann nichts anderes übrig, als seine Geldversorgung der Preissteigerung anzupassen. Demnach hätte das amerikanische Silber in der zweiten Hälfte des 16. Jahrhunderts die lokale Preisentwicklung über das internationale Preisniveau beeinflusst, ohne dass das Silber dazu in einem bestimmten Land oder Wirtschaftsraum auch physisch vorhanden sein musste. Insgesamt ist dieses Modell, in dem auch lokale Faktoren der Preisgestaltung ihren Platz finden können, eine Verbesserung der monetären Theorie; es harrt aber noch auf seine Bestätigung durch die Quellen.

Ob der Faktor Geld überhaupt auf lokaler Ebene preiswirksam werden konnte, hing vom Monetarisierungsgrad der jeweiligen Wirtschaft oder Gesellschaft ab, und dieser ist in der Regel nicht genau zu bestimmen. Alles in allem scheint die Monetarisierung der Gesellschaft, verglichen mit dem Jahrhundert der monetären Kontraktion, wieder vorangeschritten zu sein. Geld wurde verdient und wieder ausgegeben und nicht länger in der Erde gehortet. Im Gegenteil, der von dem allgemeinen Preisanstieg begleitete Konjunkturaufschwung führte in der Bevölkerung zur Mobilisierung aller Geldreserven, die angesammelten Schätze wurden aufgelöst und die Münzen wieder in die Zirkulation gebracht.

Trotzdem gab es auch Rückschritte. Die Grundherren als Bezieher ländlicher Renteneinkommen erlitten durch den Preisanstieg für landwirtschaftliche Erzeugnisse Einkommenseinbußen, d. h. eine reale Abwertung ihrer Geldrenten. So war es aus Sicht der Grundherren nur verständlich, dass sie einen immer größeren Teil der bäuerlichen Produktion – statt in Geld – in Form von Naturalabgaben und Arbeitsleistungen abschöpften und die Arbeitskraft ihrer Bauern zur Ausweitung der internationalen Marktproduktion ihrer Gutswirtschaften nutzten. Der gutsbesitzende Adel im Ostseeraum sammelte nicht länger die Zinsgroschen oder Schillinge seiner bäuerlichen Untertanen, sondern akkumulierte niederländische Taler und Dukaten für seine Getreidelieferungen nach Westeuropa, sofern er seine Gewinne nicht gleich in europäischen Luxusgütern anlegte.

• • • 4 • • •

Kipperkrise und Kreditpapiere

Jedes Jahrhundert der europäischen Geldgeschichte zeichnet sich durch die Dominanz eines bestimmten Münzmetalls aus. Wenn wir das 16. Jahrhundert als silbernes und das 15. und 18. Jahrhundert als goldene bezeichnen, so war das 17. Jahrhundert mit Sicherheit ein kupfernes. Denn in vielen europäischen Staaten wurde ein immer größerer Teil des Geldes aus Kupferlegierungen wie Billon oder Vellón bzw. nur noch aus Kupfer hergestellt. Zwar hatte die allmähliche Verschlechterung der Scheidemünzen durch den Zusatz von Kupfer bereits im 16. Jahrhundert begonnen, aber im Zeitalter des Dreißigjährigen Krieges schuf die massenhafte Ausprägung von Kupfergeld Inflation und monetäres Chaos in einem bis dahin kaum bekannten Ausmaß.

Kipperzeit und Inflation

Die Ursachen für die Zunahme der Kupferprägung waren von Land zu Land unterschiedlich. Sie sind aber vor dem gemeinsamen Hintergrund der weltweit rückläufigen Silberproduktion zu sehen. Um die Wende vom 16. zum 17. Jahrhundert hatte die jährliche Silberförderung von Potosí mit rund 200 t ihren Höhepunkt erreicht, um danach kontinuierlich bis auf 70 t am Ende des 17. Jahrhunderts zurückzugehen. Auch die Edelmetallimporte aus Spanisch-Amerika, die im 16. Jahrhundert maßgeblich durch die Silberadern des Cerro Rico von Potosí gespeist worden waren, verringerten sich von jährlich 294 t (1591–1600) auf durchschnittlich 187 t in der ersten Hälfte des 17. Jahrhunderts. Ab 1660 nahmen die Importe durch den Aufschwung der Silberminen von Zacatecas, Guanajuato und San Luis Potosí in Mexico sogar wieder deutlich zu: Jährlich kamen Gold und Silber im Wert von ca. 365 t Silber nach Europa, wo selbst nur noch

20–30 t Silber im Jahr produziert wurden. In welchem Maße die Edelmetallimporte aus der Neuen Welt der europäischen Geldversorgung zugute kamen, hing im Wesentlichen von der europäischen Handelsbilanz und den daraus resultierenden Edelmetallexporten ab (Tabelle 2).

Tabelle 2: Europäische Edelmetallausfuhren 1600–1700 (in t pro Jahr)

	1600	1650	1700
Ostseeraum	52	65	52
Levante	26	52	52
Ostasien	36,4	33,8	117
Insgesamt	114,4	150,8	221

Quelle: Attman, American Bullion, S. 77

Während sich die europäischen Edelmetallimporte in der ersten Jahrhunderthälfte verringerten, nahm der Edelmetallbedarf im Handel mit dem Ostseeraum, der Levante und Ostasien zu. Danach blieben von den amerikanischen Einfuhren vermutlich nur 80 t Silber übrig. Das heißt, die Edelmetallversorgung Europas verschlechterte sich in der ersten Hälfte des 17. Jahrhunderts verglichen mit dem vorangegangenen Jahrhundert deutlich. Ob sich dies in akutem Silbermangel und damit in einer vermehrten Prägung von Kupfergeld niederschlug, wird im Folgenden untersucht werden.

Es fällt auf, dass in vielen Staaten die Erschütterungen der Währung bereits im ersten Jahrzehnt des 17. Jahrhunderts einsetzten, als das spanische Silber noch reichlich zur Verfügung stand und der Edelmetallabfluss in den Osten noch nicht so gewaltige Ausmaße wie in späteren Jahren angenommen hatte. Spanien, das den größten Teil des ankommenden Silbers zur Niederschlagung des niederländischen Aufstandes aufwenden musste, verschlechterte bereits im 16. Jahrhundert die umlaufenden Vellón-Münzen, sodass deren Silbergehalt schließlich nur noch 1 % betrug. Von 1599 an wurden dann allein reine Kupfermünzen geprägt, deren Gehalt man selbst 1602 noch um die Hälfte reduzierte. Ein Jahr später zog man die Prägungen von 1599 ein, verdoppelte den Nennwert der Münzen, indem man sie überstempelte, und gab den Besitzern der alten Münzen den eingelieferten Nominalwert zuzüglich der Transportkosten zurück. Auf diese Weise wurden zwischen 1599 und 1606 Kupfermünzen im Wert von rund 22 Mill. Ducados geschlagen. Für den spanischen Staat war dies ein gutes Geschäft, obgleich der Staatsbankrott von 1607 dadurch allenfalls hinausgezögert, nicht aber verhindert werden konnte.

Am Vorabend und zu Beginn des Dreißigjährigen Krieges, in dem die spanischen Habsburger ihre kaiserliche Verwandtschaft im Reich massiv unterstützten, kam die Kupferprägung (1617–1619 5 Mill. Ducados, 1621–1626 14 Mill. Ducados) wieder in Gang, obwohl die Cortes, die spanischen Stände, immer stärker gegen die Aufblähung der Kupfergeldmenge und die damit verbundene Entwertung ihrer Renteneinkommen protestierten. Auf Druck der Stände gründete man 1627 eine Bank, die das Kupfergeld einziehen und drei Viertel des Wertes in Silbergeld auszahlen sollte. Jedoch widersetzte sich die Bevölkerung diesem Versuch, die Kupfergeldmenge auf Kosten ihrer Besitzer zu verringern. Daher wurde 1628 das im Umlauf befindliche Kupfergeld um 50 % abgewertet. Jedoch konnte die spanische Regierung ihre antiinflatorische Geldpolitik angesichts der innen- und außenpolitischen Verwicklungen nicht lange aufrechterhalten. Die Wiederaufnahme der Kampfhandlungen gegenüber den Niederlanden, der Krieg gegen Frankreich sowie die Niederschlagung der Aufstände in Katalonien verschlangen Unsummen, sodass der Nominalwert der Kupfermünzen wieder erhöht wurde. Die Bevölkerung lieferte ihr altes Kupfergeld ein und erhielt nach einer Umprägung die Hälfte des Metalls zurück, das jetzt nominal viel mehr wert war als die eingelieferte Summe, und der Staat strich den Gewinn ein. Dieses Verfahren ging so lange weiter, bis die spanische Regierung nach dem Frieden mit Frankreich (1659) den in den 1660er Jahren wieder zunehmenden Silbereinstrom dazu nutzte, um langfristig die Stabilität der Währung wiederherzustellen und den Anteil des Kupfergeldes an der Geldmenge zu verringern. In der Reform von 1680 zog man große Mengen Kupfergeldes aus dem Verkehr und beendete die Zeiten, in denen der einzelne Bürger für einfache Transaktionen gleich mehrere Fässer mit Kupfergeld benötigt hatte.

Auch das ökonomisch mit Spanien verbundene Frankreich ging im ersten Jahrzehnt des 17. Jahrhunderts zur Kupferprägung im großen Stil über. Bis zu dieser Zeit hatte schwarzes Geld immer nur als Kleingeld des alltäglichen Bedarfs die Gold- und Silberemission ergänzt. Im 17. Jahrhundert aber verschlechterte sich die Silberversorgung der Münzstätten, da die im Getreide- und Weinexport nach Spanien verdienten spanischen Silbermünzen nicht in Frankreich blieben, sondern in die Niederlande flossen, die Waren aus aller Welt feilboten. Es lag deshalb nahe, das knapper werdende Silber durch das Kupfer als Prägemetall zu ersetzen, zumal dieses durch die Intensivierung des schwedischen Kupferbergbaus im beginnenden 17. Jahrhundert reichlich vorhanden war – in Schweden selbst liefen 20 kg schwere Kupferplatten als Geld um.

Seit dem Eintritt Schwedens in den Dreißigjährigen Krieg (1630) hatte die Kupferprägung noch einen zusätzlichen Vorteil für die französische Außenpolitik des Kardinals Richelieu: Er konnte seinen Alliierten durch die Abnahme schwedischen Kupfers wirkungsvoll finanziell unterstützen, was mit Goldgeld aufgrund des Preisanstieges des Goldes nicht länger möglich war. Die Schweden luden ihr Kupfer massenhaft auf dem französischen Markt ab, dessen staatliche Kupfernachfrage für Kanonenguss und Münzprägung den Kupferpreis in einer Zeit des Kupferüberangebots stützte. Vertraute Richelieus, wie César de Cambont, Sieur du Tremblay, erhielten beispielsweise das Privileg, für sechs Jahre Kupfermünzen im Wert von 10 000 lt. zu schlagen. Zwei Jahre später schloss ein Konsortium unter der Führung des Isaac Texier sogar einen Vertrag mit der Krone ab, nach dem in drei Jahren Kupfermünzen im Wert von 1,8 Mill. lt. in 40 Prägewerken hergestellt werden sollten. Zu einer letzten größeren Kupferemission kam es dann noch einmal während und vor allem nach der Niederschlagung des Adelsaufstands der Fronde, als in den Jahren 1654–1657 Kupfermünzen im Wert von fast 9 Mill. lt. geschlagen wurden. Aber bereits ein Jahr später (1658) verbot man die Einfuhr der Kupfermünzen nach Paris, um die Rückkehr zu festeren Geldverhältnissen nicht zu gefährden, und setzte den Wert des Kupfergeldes um ein Drittel herab.

Obgleich der Anteil der Kupferprägung selten mehr als 10% der Jahresmünzprägung ausgemacht hatte, passte eine überdurchschnittliche Kupferemission doch nicht mehr zu einer Politik monetärer und ökonomischer Stabilität, die der Berater des französischen Königs Ludwig XIV., Jean Baptiste Colbert, nach dem Abschluss des Pyrenäenfriedens (1659) in die Tat umzusetzen versuchte. In Colberts System einer Staatswirtschaft, das Adam Smith im 18. Jahrhundert als Merkantilismus bezeichnete, war die Konsolidierung der Staatsfinanzen ein vorrangiges Ziel. Dazu sollten durch den Aufbau einer Exportwirtschaft der Edelmetallstrom nach Frankreich verstärkt und gleichzeitig der Edelmetallabfluss ins Ausland durch Importverbote reduziert werden. Für die französischen Staatsfinanzen noch wichtiger als dieses Postulat einer «aktiven Handelsbilanz» war die Tatsache, dass Colbert die Attraktivität der französischen Staatsschuld erhöhte und damit einen vorläufigen Schlussstrich unter die zahlreichen Staatsbankrotte zog. Er gab dazu 1671 neue Staatspapiere (Rentes) aus und garantierte die regelmäßige Zinszahlung (7%) ebenso wie die jederzeitige Einlösbarkeit und Veräußerbarkeit der Papiere. Colberts Reformen zogen einen Strom von Anlegern aus dem In- und Ausland auf den französischen Kapitalmarkt, die trotz der expansiven französischen Außenpolitik eine gewisse monetäre Stabilität gewährleisteten. Eine hohe Gold-Silber-Relation von 1:15,3 (1662) bzw. 1:15 (1692) bewirkte, dass ein Teil des Anlagekapitals in Gold nach Frankreich floss und so dauerhaft die Prägung der Standardgoldmünze des *Louis-d'or* ermöglichte.

Über die skizzierten globalen Entwicklungen dürfen aber die für Frankreich charakteristischen, regionalen Unterschiede nicht außer Acht gelassen werden. Frankreich bestand ähnlich wie das Reich aus verschiedenen Wirtschafts- und Währungsräumen, die unterschiedlich stark ökonomisch integriert waren. Beispielsweise profitierten die französischen Atlantikhäfen auch noch im beginnenden 17. Jahrhundert vom Zustrom spanischen Silbers, als die Inlandsmünzstätten bereits unter Silberknappheit litten und das französische Binnenland sein Geld mit Kupfer strecken musste. Dagegen verfügten die inländischen Regionen ähnlich wie die Mittelmeerhäfen dank ihrer Integration in die mediterrane Wirtschaft vermutlich über größere Goldvorräte als der atlantische Westen.

Erhebliche regionale Unterschiede waren auch für die sog. *Kipper- und Wipperzeit* im Heiligen Römischen Reich charakteristisch, während der die Silbermünzen in großem Maße mit Kupfer legiert wurden. Abgeleitet wird der Begriff *Kipper* vom niederdeutschen *Kippen*. Dies bezeichnet sowohl das Beschneiden der Münzen als auch das Auskippen, Aussuchen und Auswechseln von Geldstücken mithilfe einer Münzwaage («Geldkippe»); dieser Vorgang wurde ebenfalls mit dem Wort *Wippen* umschrieben. Vor allem Flugschriften verbreiten die Bezeichnung Kipper und Wipper in Nord- und Ostdeutschland im Laufe der 1620er Jahre. So heißt es beispielsweise auf dem Titelblatt von *Ein füer nye Leidt*:

> van den falschen/
> grundtlosen/mineydigen/landt/brandt/
> schandt/crütz/etich/Schwöffel/füer/
> palaver unde in affgrundt verdarfften
> landschelmischen falschken muentemestern/
> kipperen/wipperen.

Indem er aus seiner Sammlung derartiger Flugschriften ausgiebig zitierte, hat dann im 19. Jahrhundert Gustav Freytag in seinen *Bildern aus der deutschen Vergangenheit* die Begriffe Kipper und Wipper dem deutschen Bildungsbürgertum nahegebracht und damit erstmals eine Epoche der Geldgeschichte für eine breitere Leserschaft dargestellt.

Die Ursachen der Kipper- und Wipper-Krise reichen in das 16. Jahrhundert zurück und liegen in den Unzulänglichkeiten der Reichsmünzordnungen begründet. Das Reich hatte sich auf die Vereinheitlichung des Grobgeldes beschränkt und die Scheidemünzpolitik den Territorien überlassen. Diese standen vor dem Problem, wie sie mit dem knapper werdenden Prägemetall einen stetig zunehmenden Bedarf an Kleinmünzen befriedigen sollten. Nur eine unterwertige Ausprägung der Kleinmünzen brachte Gewinn und deckte zumindest die Prägekosten. Nachdem einmal ein Anfang mit der unterwertigen Prägung gemacht war, setzte die Aussicht auf rasche Gewinne die Schraube der Kleingeldverschlechterung in Gang. Mit der Zeit gingen fast alle Münzstände dazu über, stark kupferhaltige Münzen in Umlauf zu bringen. Falls die Prägung nicht offiziell in den zugelassenen Kreismünzstätten geschah, reaktivierte man stillgelegte Münzbetriebe oder richtete neue Stätten zur Münzprägung ein. Diese sog. *Heckenmünzen* wurden meist an Münzmeister verpachtet, die im Auftrag der Münzherren immer schlechteres Kleingeld produzierten und in Verkehr brachten. Bedingt durch den Aufschwung der Heckenmünzerei konkurrierte eine Vielzahl von Münzstätten um das rarer werdende Prägemetall. Dies verteuerte die Prägung und trug – da der Münzgewinn vorrangig war – zur weiteren Verschlechterung des Kleingeldes bei. Die wirtschaftliche Entwicklung litt zunächst nicht unter der fortschreitenden Kleingeldverschlechterung. Zum einen blieb die Kaufkraft der groben Münzen erhalten, zum anderen vergrößerte die Verringerung und Vermehrung der Scheidemünzen die Geldmenge und verbesserte so die Bargeldversorgung.

Eine regelrechte Blüte erlebte die Silberspekulation, insbesondere das «Aufwechseln» grober Sorten gegen Kippergeld. Da der Geldhändler das Wechseln von Talern durch ein Aufgeld attraktiv machte, erhielt sein Kunde für einen Reichstaler scheinbar mehr Geld, als dieser wert war. Denn er konnte nicht sehen, dass das neue Geld, das er für den Reichstaler erhalten hatte, nur nominell mehr wert war und schnell seinen Wert verlor. Gewinne machten deshalb allein die Geldhändler oder die Münzherren selbst. Dramatische Ausmaße nahm die Kleingeldverschlechterung jedoch erst zu Beginn des Dreißigjährigen Krieges an, als selbst Silber fördernde Territorien wie Braunschweig-Wolfenbüttel, Sachsen und die Habsburger Lande zur Finanzierung von Krieg und Aufrüstung in großen Mengen geringwertige Kippermünzen in Umlauf brachten.

Hierbei sind die österreichisch-böhmischen Verhältnisse am besten erforscht. Nach der Niederschlagung des böhmischen Aufstands in der Schlacht am Weißen Berg (1620) erforderte die Durchsetzung der habsburgischen Hegemonialpolitik im Reich neue umfangreiche Finanzmittel, die vor allem durch die Münzprägung aufgebracht werden sollten. So wurde die Prägung der Münzstätte Kuttenberg

1621 laut Verordnung des böhmischen Statthalters Karl von Liechtenstein auf wöchentlich 140 Mark Bergsilber gesteigert. Zusätzlich beauftragte man den Vorsteher der Prager jüdischen Gemeinde, Jacob Bassevi, wöchentlich bis zu 200 Mark *Pagament* (Bruchsilber) aufzukaufen und in die Münzstätte zu liefern. Aus 1 Mark (276,98 g) Kuttenberger Bergsilber zum Selbstkostenpreis von 18 fl. konnten Münzen im Wert von 46 fl. geschlagen werden, was einen Gewinn von 28 fl. je Mark Silber bedeutete. Bassevi musste man für die Mark Bruchsilber, die in Münzen verprägt ebenfalls 46 fl. brachte, 25 fl. zahlen, sodass 21 fl. als Gewinn blieben. Insgesamt wurde auf diese Weise ein wöchentlicher Münzgewinn von 45 920 fl. erzielt, der sich schnell summierte. Um die fiskalische Ausbeute der Münzstätte zu steigern, schlug Liechtenstein noch im gleichen Jahr vor, die Ausprägung von 1 Mark Silber von 46 fl. auf 70 fl. zu erhöhen. Der Kaiser gab seinen Segen dazu, da anscheinend nur so die Kosten für den Krieg aufgebracht werden konnten. Für eine massenhafte Münzprägung bedurfte es aber trotz der Verringerung des Münzfußes großer Mengen Silber, die nur international beschafft werden konnten.

Dies war die Aufgabe des in Prag residierenden niederländischen Kaufmanns Hans de Witte, der als Bankier Wallensteins in den 1620er Jahren zum führenden Kopf der Kriegswirtschaft werden sollte. Am 18. Januar 1622 schloss Kaiser Ferdinand II. mit einem Münzkonsortium, dem u. a. Hans de Witte und Bassevi, aber auch der böhmische Statthalter Karl von Liechtenstein und der Oberst Albrecht von Wallenstein angehörten, einen Vertrag. Darin verpachtete der Kaiser dem Konsortium alle Münzstätten in Böhmen, Mähren und Niederösterreich. In diesen Gebieten erhielten die Konsorten das Monopol für Münzprägung und Silbereinkauf. Für die Mark böhmischen Bergsilbers musste das Konsortium 3 fl. bezahlen, während ihnen 400 Zentner Kupfer kostenlos zur Verfügung gestellt wurden. Alles umlaufende Geld sollte eingezogen, eingeschmolzen und zusammen mit dem geförderten und angekauften Silber zu je 79 fl. aus der Mark Silber ausgeprägt werden. Als Pachtsumme wurden 6 Mill. fl. für das Jahr vereinbart, ein Sechsfaches dessen, was die böhmischen Münzstätten dem Kaiser vor der Kipper- und Wipperzeit erbracht hatten. Diese 6 Mill. fl. mussten erst einmal erwirtschaftet werden; daher verringerte das Konsortium den Silbergehalt stärker als im Pachtvertrag festgesetzt und bereicherte sich entsprechend. Wertmesser für die Geldverschlechterung sind die Marktkurse. Offiziell war der Wert eines Dukaten in der neuen sog. *Langen Münze* auf 6 fl. 45 Kr., der eines Reichstalers auf 4 fl. 30 Kr. festgesetzt; aber die Kurse stiegen auf 16 fl. 54 Kr. für den Dukat und 11 fl. 15 Kr. für den Reichstaler. Der Vertrag wurde nach seinem Ablauf am 31. Januar 1623 nicht mehr verlängert. Zum einen zeichnete sich eine neue Währungspolitik in ihren Anfängen ab, zum anderen warf man dem Konsortium schamlose Gewinne auf Kosten des Kaisers vor. So habe allein Liechtenstein den Kaiser um 10 Mill. fl. geschädigt. Die Konsorten versuchten, diese Vorwürfe zu entkräften, indem sie eigene Aufstellungen vorlegten.

Auch wenn wir den Wahrheitsgehalt dieser «Dokumentation» ebenso wenig überprüfen können wie den der Vorwürfe, fallen doch die Unsummen ins Auge, um die es hier ging. Allein für die Pagamentlieferung an die Münze in Höhe von 402 652 Mark Silber strich Hans de Witte 31,3 Mill. fl. ein, ohne dass die hierbei angefallenen Kosten bekannt sind. Insgesamt erwirtschaftete das Unternehmen laut Aufstellung bei 6 Mill. fl. Pachtzinsen und 20,2 Mill. fl. Kosten einen Reinertrag von 1,25 Mill. fl. Es ist zu vermuten, dass die Mittel, die Wallenstein zum Aufkauf des enteigneten protestantischen Adelsbesitzes und zum Aufbau seines Heeres verwandte, mindestens zu einem Teil aus den Gewinnen des Münzkonsortiums stammten. Daneben erhöhte der «Erfolg» der Münztätigkeit die Kreditwürdigkeit Wallensteins und besonders seines Bankiers Hans de Witte auf der europäischen Ebene, was für den weiteren Erfolg Wallensteins im Dreißigjährigen Krieg von kaum zu unterschätzender Bedeutung war.

Unterdessen wurde in vielen Staaten die Rückkehr zu festen Geldverhältnissen vorbereitet. Die Verantwortlichen hatten nämlich erkannt, dass man mit der Kupferprägung kurzfristig große Gewinne erzielen konnte, langfristig aber die Münzverschlechterung die Staatsfinanzen selbst beeinträchtigte. Denn das Kippergeld floss zu einem erheblichen Teil über die Steuern zurück in die staatlichen

Kassen. Daher wertete die Mehrheit der Staaten im Laufe des Jahres 1623 das Kippergeld drastisch ab. In Sachsen beispielsweise wurden die Kippermünzen verrufen, und ihre Besitzer konnten sich allein den Metallwert von den Münzstätten in neuem Geld auszahlen lassen. In den Habsburger Territorien – abgesehen von dem bayerisch besetzten Oberösterreich – setzte man die Lange Münze auf 13,3 % ihres Nennwertes herab, während die bayerischen Münzen «nur» um 75 % abgewertet wurden, d. h. immerhin einen Viertel ihres Wertes behielten. Die Reichsstadt Frankfurt hatte bereits im Jahre 1622 um die Währungsstabilität gekämpft, die hier vor allem durch die Heckenmünzen der umliegenden Herrschaften gefährdet wurde. Denn diese schmolzen, nachdem das Kippergeld kein Geschäft mehr war, die Kippermünzen ein und prägten daraus unterwertige Taler, die sie mithilfe regelrechter Vertriebsorganisationen in den Geldumlauf einschleusten. Da die Beschlagnahmungen dieser Münzen nur wenig gegen die Geldflut ausrichten konnten, vereinbarte Frankfurt zur Wiederherstellung der Geldwertstabilität eine Gemeinschaftsprägung mit Kurmainz, Hessen-Darmstadt und Nassau-Saarbrücken und verrief die Pfennigprägungen der vergangenen Jahre ebenso wie alle anderen Scheidemünzen.

Ein weiteres Problem stellten die Schulden dar, die zur Kipperzeit eingegangen worden waren und deren Rückzahlung nun fällig wurde. Sollten diese in altem oder in neuem Geld zurückgezahlt werden? In Sachsen verfocht man ähnlich wie bei der Wiederherstellung der Währungsstabilität die harte Linie und ordnete an, dass sämtliche Darlehen in neuer Münze zurückgezahlt werden mussten, egal, ob sie vor oder während der Kipperzeit gewährt worden waren. Aufgrund des Protestes der Bevölkerung und des Einmarsches der Wallensteinischen Truppen nach Sachsen im folgenden Jahr blieb die praktische Wirkung des Schuldenmandats aber gering, da kaum Schulden zurückgezahlt wurden. Differenzierter und gerechter verfuhren die Reichsstadt Frankfurt und die mit ihr in einer Währungsunion assoziierten Territorien. Lautete der Darlehensvertrag auf grobe Sorten und eine Rückzahlung «Stück für Stück» (Münze für Münze), musste das Darlehen auch «Stück für Stück» abgetragen werden. Hatte man aber die Schuldverschreibung in «Gulden» ausgestellt, wurde für die Rückzahlung der Wert des Gulden zum Zeitpunkt des Vertragsabschlusses zugrunde gelegt. Damit hielten sich die Verluste von Gläubigern wie von Schuldnern in Grenzen. Falls es dennoch zum Streit zwischen den Parteien um die Rückzahlung von Darlehen kommen sollte, wurden vielerorts gütliche Vereinbarungen empfohlen, die einer Überbelastung der Gerichte vorbeugen sollten.

Welche Folgen hatte die Kipper- und Wipperzeit für die Bevölkerung? Von Geldhistorikern und Numismatikern wird in der Nachfolge Gustav Freytags immer wieder behauptet: «Die Folgen hatte zum größten Teil der kleine Mann zu tragen, der zuerst zur Annahme der Kippermünzen per Verordnung gezwungen war und jetzt diese Münzen in einem verringerten Wert wieder zurückgeben mußte» (Weisenstein 1991); und die zahlreichen Flugschriften scheinen ihnen Recht zu geben. Wenn wir aber bedenken, dass die meisten Flugschriften aus Nord-, Mittel- und Ostdeutschland stammten, erscheint eine Differenzierung dringend notwendig. Als Beispiel einer für die Kipper- und Wipperzeit typisch «durchschnittlichen» Situation kann Frankfurt gelten, das auch geografisch zwischen dem stark von der Kippermünze heimgesuchten Sachsen und den rheinischen Territorien lag, die durch ihre Nähe zu den monetär stabilen Niederlanden nur geringe Auswirkungen der Kipperzeit spürten. In Frankfurt erreichte der Kurs des Reichstalers in Kippergeld 1622 mit 7 fl. seinen höchsten Kurs, wogegen er in Süddeutschland auf 10 fl., in Böhmen auf über 11 fl., in Kursachsen sogar auf 15 fl. anstieg.

Mit der fortschreitenden Kleingeldentwertung stiegen die Preise, soweit sie in Kippergeld notiert wurden. Dagegen blieben die Preise, falls man in groben Sorten rechnete oder zahlte, verhältnismäßig konstant. Die Verschlechterung des Kleingeldes und der damit zusammenhängende Kursanstieg der groben Sorten rief bei Lohnarbeitern und Gewerbetreibenden unterschiedliche Reaktionen hervor. Lohnarbeiter forderten eine Anhebung der in den Lohntaxen festgesetzten Löhne. Metzger, Bäcker, Fischer und Markthändler weigerten sich, ihre Waren gegen Kippermünzen zu verkaufen, und verlangten als Bezahlung grobe Sorten. Da der Frankfurter Rat dies zu unterbinden suchte, forderten Bäcker und Metzger mit dem Argument, dass sie ihre Einkäufe mit grober Münze bezahlen müssten, eine Erhöhung des Backlohns bzw. der Fleischtaxen. Dass die Handwerker Bezahlung in gutem Geld verlangten, spricht für ein Vorhandensein dieser Sorten in Form von Reichstalern und Philippstalern. Diese Tatsache bestätigen auch die aus der Zeit des Dreißigjährigen Krieges besonders häufig überlieferten Münzschätze, die auf dem Territorium des heutigen Bundeslandes Hessen wie auch anderswo einen erheblichen Bestand an Philippstalern aufweisen. Das heißt, die über Generationen angehäuften Ersparnisse scheinen nicht so schnell zerronnen zu sein, wie die Flugschriften und die ihnen folgende Literatur das suggerieren. Vergleiche mit der Inflation von 1922/23 gehen also völlig fehl. Mindestens ebenso interessant ist aber die Tatsache, dass die Rückkehr zu stabilen Geldverhältnissen in Kriegszeiten gelang. Ermöglicht wurde dies durch neue Formen der Kriegsfinanzierung, wie sie einerseits die Ausweitung des internationalen Subsidiensystems – Frankreich finanzierte Schweden, die spanischen Habsburger die österreichischen Verwandten – und andererseits die Finanzierung der Kriegshandlungen aus den besetzten Gebieten durch Steuern und Kontributionen nach der Devise «der Krieg ernährt den Krieg» (Wallenstein) darstellten.

Währungsvereinbarungen und relative Stabilität

Nach dem Dreißigjährigen Krieg war die Reichsmünzordnung des Jahres 1559 noch immer formal in Kraft, obwohl ihre Bestimmungen hinsichtlich des Münzfußes bei den Scheidemünzen wie bei den Grobmünzen ständig ausgehöhlt wurden. Aufgrund des steigenden Silberpreises prägten viele Münzstände wie die Kurpfalz, Österreich oder Brandenburg leichtere Talerteilstücke als von der Reichsmünzordnung vorgeschrieben. Neue Vereinbarungen waren also nötig. Daher einigten sich 1667 Brandenburg und Sachsen im Kloster Zinna darauf, von nun an 10 1/2 Taler aus der Mark Silber zu prägen. Dieser Zinnaer oder 10-1/2-Taler-Fuß löste den alten 9-Taler-Fuß der Reichsmünzordnung ab. Der Reichstaler der Reichsmünzordnung blieb als Recheneinheit bestehen, während man als Umlaufmünzen allein Sechstel-, Drittel- und Zweidritteltaler prägte. Insbesondere die *Zweidrittel,* die – weil sie dem Rechnungsgulden entsprachen – auch Gulden genannt wurden, sollten die dominierende Grobmünze der Zukunft werden. Zunächst mussten sich die Zinnaer Partner aber erst der Flut schlechter Münzen erwehren, die von den nicht nach Zinnaer Fuß prägenden Territorien in Verkehr gebracht wurden. Der Zinnaer Fuß war nicht mehr zu halten. Deshalb einigten sich Kursachsen, Kurbrandenburg und Braunschweig-Lüneburg, das sich 1668 dem Zinnaer Fuß angeschlossen hatte, 1690 in Leipzig auf einen leichteren Münzfuß, nämlich den 12-Taler-Fuß, und beendeten damit die zweite oder kleine Kipperzeit.

Auf europäischer Ebene litten die Niederlande vergleichsweise wenig unter der monetären Krise des 17. Jahrhunderts. Zwar hatte der von einer regen Prägung unterwertiger Taler begleitete Aufstand der Niederlande gegen Spanien auch die monetäre Stabilität in Nordwesteuropa gefährdet, aber die massiven Silbertransfers der Spanier auf den niederländischen Kriegsschauplatz ermöglichten sowohl im Süden als auch im Norden – ein Teil des Silbers floss weiter dorthin – eine kontinuierliche Münzprägung hoher Qualität. In den Nordprovinzen, die sich 1579 in der Union von Utrecht zusammenschlossen, waren zuerst der leichte *Leuwendaalder* (1575) und 1583 der niederländische *Rijksdaalder* nach dem Vorbild des Reiches eingeführt worden; in den südlichen Niederlanden schuf die Regierung in der Münzreform des Jahres 1612 zwei neue Großsilbermünzen, das *Patagon* (*Albertus*- oder *Kreuztaler*) nach dem Vorbild des Talers und das *Dukaton* nach dem Muster des goldenen Dukatens.

Dukaton und Patagon wurden die dominierenden Großsilbermünzen der südlichen Niederlande. Sie strömten in großen Mengen in den Norden und verdrängten dort, da sie einen 5% niedrigeren Silbergehalt aufwiesen und dennoch gleich bewertet wurden, die holländischen Reichstaler aus der Zirkulation. Vor allem Kaufleute entnahmen die besseren Reichstaler dem Umlauf und exportierten sie als *negotiepenningen* in den Ostseeraum, wo sie sehr geschätzt waren. Patagon und Dukaton beherrschten so lange den heimischen Geldumlauf, bis in der Reform von 1659 auch in den nördlichen

Niederlanden mit dem Rijder und dem *Ducaat* zwei neue Großsilbermünzen eingeführt wurden, die Dukaton und Patagon imitierten, aber 5 % weniger Silber enthielten. Daher erlitten diese das gleiche Schicksal wie 50 Jahre zuvor die Reichstaler. Sie wurden dem Umlauf entnommen und die Patagone in den Ostseeraum, die Dukatone nach Asien exportiert. Insgesamt waren die niederländischen Münz-, Währungs- und Kreditverhältnisse auf die Bedürfnisse des niederländischen Handels ausgerichtet. Nicht allein der niederländische Handel benötigte in vielen Gebieten der Erde Silber und Gold zum Wareneinkauf, sondern die Niederländer stellten als Zentrum des Edelmetallhandels auch den Kaufleuten anderer Nationen die benötigten flüssigen Mittel in Übersee zur Verfügung. In welchen Größenordnungen die Niederlande an dem spanischen Silber der Neuen Welt partizipierten und dieses auf die Weltmärkte kanalisierten, zeigt ein Memorandum, das die Münzmeister 1683 den Generalstaaten überreichten. Danach flossen als Bezahlung für Waren jährlich 15–18 Mill. fl. in Form von spanischen Reales, Silberbarren oder anderen Silbergegenständen aus Spanien in die Niederlande, deren Ausfuhr sich wie folgt verteilte (Tabelle 3):

Tabelle 3: Niederländische Edelmetallexporte 1683 (in Mill. fl.)

Ostindien	ca. 2
Russland	ca. 2
Polen, Königsberg, Danzig, Memel etc.	ca. 1
Deutschland	1
Smyrna, Levante	2
Frankreich	3
England	2
insgesamt	13

Quelle: Attman, World Bullion Trade, S. 37

Zwischen 2,5 und 4 Mill. fl. blieben im Land und kamen so dem niederländischen Geldumlauf und der Wirtschaft («tot den coophandel binnenlandts») als auch den ständig wachsenden Edelmetallvorräten der Wisselbank, der Amsterdamer Wechselbank, zugute.

Anders sah es in England aus. Hier musste der Direktor der Eastland-Company, Thomas Mun, angesichts der noch immer vorherrschenden bullionistischen Grundstimmung in den 1620er Jahren die Edelmetallausfuhr mit dem Argument verteidigen, dass sie den Handel mit dem Ausland stimuliere und England letztlich mehr Geld zurückbringe, als es exportiere. Denn der englische Staat verfolgte in der Epoche des Merkantilismus Edelmetallexport und -exporteure genauso unnachgiebig wie im Zeitalter des Bullionismus. Dies zeigt der Fall des Londoner Goldschmieds Thomas Violet. Er musste im Jahre 1634 wegen dieses Deliktes 20 Wochen Gefängnisstrafe absitzen, wurde aber dann gegen eine Geldstrafe unter der Auflage entlassen, künftig Edelmetallexporteure vor Gericht zu bringen. Durch seinen Wandel vom Saulus zum Paulus war er dabei so erfolgreich, dass er mehrere kriminelle Organisationen, die sich auf das Aussondern grober Münzen und deren Ausfuhr ins Ausland spezialisiert hatten, auffliegen ließ.

Erst in den 1660er Jahren, als England nach der Regierung Cromwells wieder zur Stuart-Monarchie zurückgekehrt war, wurden die Edelmetallausfuhr freigegeben und Mun's Traktat *England's Treasure by Forraign Trade* erstmals veröffentlicht. Dies war die Zeit, in der England zunächst noch erfolglos in den wirtschaftlichen Wettlauf mit den Niederlanden eintrat, was auch daran lag, dass die Restriktionen monetärer Natur nur langsam beseitigt wurden. So hatten beispielsweise die Holländer um die Mitte des Jahrhunderts englische und hansische Kaufleute aus dem Markt für spanische Wolle verdrängt, indem sie mit Taschen voller Geld in Madrid erschienen und den Wollexporteuren nicht nur höhere Preise als die Konkurrenz boten, sondern auch zweijährige Lieferfristen einräumten.

Mit der allmählichen Lockerung der Geldausfuhrverbote wurde gleichfalls die Münzprägung auf eine neue theoretische Grundlage gestellt: Man ging nämlich von der bisher unumstößlich geltenden Auffassung ab, dass die Münzproduktion Gewinn abwerfen müsse, und führte zur Deckung der Münzkosten einen Alkoholimportzoll ein. Da die Münze nunmehr keine Prägekosten in Rechnung stellte, erhielten diejenigen, die Barren und auswärtige Münzen in die Münzstätte brachten, den Gegenwert unverzüglich ohne Wertverlust in der englischen Währung zurück. Dies war ein Beitrag zu monetärer Stabilität und förderte den Edelmetallstrom in die Münzstätte. Außerdem sorgte die Einführung der maschinellen Münzprägung mithilfe des Blondeauschen Spindelwerks (Balancier) und der Streckwalze für die Verbesserung der Umlaufmünzen. Zum einen verhinderte der gekerbte Rand der maschinell hergestellten Münzen Wertverluste durch Beschneiden, zum anderen bot die Automatisierung der Prägetechnik zumindest die theoretische Möglichkeit, abgenutzte Münzen regelmäßig aus dem Umlauf zu nehmen und schnell durch neue zu ersetzen. Dennoch blieb ein Großteil des guten *milled money* nicht lange im Verkehr, und es stellte sich die Situation ein, die Thomas Babington Macaulay (1856) in seiner *History of England* wie folgt beschreibt:

> Frische Wagenladungen guten Geldes kamen aus der Münze [...] und [...] verschwanden so schnell, wie sie gekommen waren. Große Mengen wurden eingeschmolzen; große Mengen exportiert; große Mengen gehortet: Aber kaum ein neues Stück fand sich in der Kasse eines Ladens oder in dem Lederbeutel, den der Bauer von dem Viehmarkt nach Hause brachte [...]. Es war reiner Zufall, ob das, was man einen Schilling (12 p) nannte, 10, 6 oder 4 Pennies wert war [...]. Von dem Übel war täglich überall fast jede Schicht betroffen, in der Milchküche und auf dem Dreschboden, am Amboss und am Webstuhl, auf den Wogen des Ozeans und in der Tiefe des Bergwerks.
>
> Der Arbeiter und sein Arbeitgeber stritten regelmäßig, wenn es Samstag wurde. Auf dem Jahrmarkt oder am Markttag hörten Geschrei, Vorwürfe, Spott und Flüche nicht mehr auf; und man konnte froh sein, wenn keine Bude umgeworfen wurde und wenn man keinem den Hals brach. Kein Kaufmann lieferte Waren, wenn er nicht im Voraus die Münzen festgesetzt hatte, mit denen er bezahlt werden wollte [...]
>
> Wo Handwerker mit überdurchschnittlicher Intelligenz in großer Zahl zusammen waren, wie in der Werft von Chatham, gelang es ihnen, ihren Klagen Gehör zu verschaffen und etwas Abhilfe zu erreichen. Aber der unwissende und hilflose Bauer war grausam gefangen zwischen zwei Gruppen; die eine gab ihm das Geld allein nach dem Nennwert, die andere nahm es ihm allein nach Gewicht.

Die Forderungen nach einer erneuten Münzreform wurden immer lauter. Dabei gelang es John Locke und anderen Reformanhängern, Parlament und Regierung davon zu überzeugen, dass die Münzreform möglichst wenig die Kapitalbesitzenden schädigen sollte, da sie als Gläubiger ohnehin schon ein Zwanzigstel ihrer Darlehen eingebüßt hätten. So wurde in den Jahren 1697/98 in einer weiteren Münzreform der alte Münzfuß wiederhergestellt, wobei die anfallenden Verluste zum ersten Mal seit 1299 nicht die Besitzer des schlechten Geldes, sondern die Staatskasse selbst trug. Ein weiterer Schritt zu festen Münzverhältnissen wurde mit der Einführung der *Guinea* und dem Einstieg in die Goldprägung 1663 vollzogen. Die Guinea, aus afrikanischem Gold (daher der Name) mit einem Elefanten im Münzbild geprägt, sollte aber erst im folgenden Jahrhundert die Hauptgoldmünze Englands werden, als das brasilianische Gold eine Goldprägung im großen Stil ermöglichte.

Kreditpapiere und Banknoten

Seit den 80er Jahren des 16. Jahrhunderts gelangten die Antwerpener Kreditinnovationen mit dem Strom der Emigranten auch nach Amsterdam. Hier entwickelte sich durch die Kreditgeschäfte der Kassiers, der Wechsler, und den Umlauf übertragbarer Kreditinstrumente ein den Bedürfnissen des Handels dienender Geldmarkt. Dessen Instabilität, die sich beispielsweise in dem überproportionalen Anstieg der Kurse der Großsilbermünzen zeigte, nahm die Stadt Amsterdam 1609 zum Anlass, eine städtische Wechselbank, die Amsterdamsche Wisselbank, zu gründen. Sie hatte ihre Vorläufer in den öffentlichen Depositen- und Girobanken Italiens wie dem Banco di Piazza di Rialto in Venedig. Mit der Gründung der Wisselbank schränkte die Stadt Amsterdam die Wechsel- und Kreditaktivitäten der Kassiers ein und übertrug sie einer öffentlichen Wechselbank. Die Wisselbank wurde schnell ein Erfolg und erfreute sich guter Reputation im In- und Ausland. Weitere Wechselbankgründungen in Middelburg (1616), Delft (1621), Rotterdam (1635), aber auch in Hamburg (1619) folgten.

Die Amsterdamer Wisselbank erfüllte für die niederländische Wirtschaft des 17. Jahrhunderts essenzielle Funktionen. Sie schuf in der monetär angespannten Situation des frühen 17. Jahrhunderts stabile Handelsmünzen, die der niederländische Handel im Ostseeraum, der Levante und in Ostindien benötigte. Die Bank etablierte außerdem ein internationales *Clearing-System* zur Verrechnung von Forderungen und Schulden: Kaufleute unterhielten Konten bei der Bank, auf die sie Wechsel zogen, und die Bank überwies die entsprechenden Beträge in stabilen Bankgulden von dem Konto eines Kunden auf das eines anderen. Dies stimulierte den bargeldlosen Zahlungsverkehr, da laut Anordnung der Stadt alle Wechsel über 600 fl. durch die Wisselbank «geklärt», d. h. verrechnet werden mussten und folglich alle großen Handelsfirmen Konten eröffneten. Weniger bedeutend war die Kreditvergabe, da die Satzung der Bank diese verbot. Immerhin konnte die öffentliche Hand, z. B. die Stadt Amsterdam oder die Handelskompanien, Kredite erhalten.

Die letzte wichtige Funktion der Bank stellte der Edelmetallhandel dar, der mit der Darlehensgewährung verbunden war. Seit 1683 gestattete man den Bankkunden, Edelmetall in der Bank zu deponieren. Für das Edelmetall erhielt der Einlieferer eine Quittung (*Recepis*). Da man mit diesen Quittungen wiederum andere Verpflichtungen begleichen konnte, zahlten die Kaufleute mit den Recepissen anstatt mit Edelmetall und ließen dieses in der Bank. Die Bank handelte mit dem Gold und Silber ihrer Kunden. Amsterdam wurde so zum bedeutendsten internationalen Edelmetallmarkt, da an der Wisselbank jede gewünschte internationale Grobmünze in größeren Mengen zu erhalten war. Die Recepissen und die Zahlungsanweisungen der Wisselbank waren ebenso wie die Anweisungen und Einzahlungsquittungen des Kassiers durch Indossament übertragbar und gingen von Hand zu Hand. Der Weg zur Banknote schien nicht mehr weit. Aufgrund der hohen Sparquote der Bevölkerung war Kapital im Überfluss vorhanden, worauf nicht zuletzt die niedrigen Zinssätze der niederländischen Staatsanleihen hinweisen. Der Zins fiel von 8,33% (1600) auf 6,25% (1611) und 5% (1640), während die Zinssätze nach 1672 zwischen 3% und 3,75% schwankten. Dagegen lagen die Zinsen für englische Staatspapiere 1624 bei 10%, um allmählich auf 6% (1651) und 5% (1714) abzusinken. Der scharfzüngige englische Botschafter William Temple meinte dazu süffisant, dass die Niederländer Tränen vergössen, wenn die Staatspapiere fällig würden, da sie nicht wüssten, wie sie ihr Geld gewinnbringend anlegen sollten, während in England, Spanien oder Frankreich die Gläubiger der Regierung vor Freude weinten, weil sie ihr Geld sicher zurückbekommen hätten.

In England waren die von Antwerpener Emigranten an die Themse gebrachten Neuerungen des Zahlungsverkehrs wie Indossament und Diskont auf fruchtbaren Boden gefallen, da man sich im englischen Transkanalhandel schon lange übertragbarer Kreditinstrumente bedient hatte. Obwohl sich die königlichen Gerichte im Gegensatz zu den Kaufmannsgerichten weigerten, die Veräußerung von Inhaber-Schuldscheinen rechtlich abzusegnen, tat dies der Zirkulation der entsprechenden Papiere keinen Abbruch, da diese in dem auf Vertrauen und persönlicher Bekanntschaft beruhenden Londoner Bankgeschäft alltägliche Praxis war.

Eine entscheidende Rolle auf dem Londoner Geldmarkt spielten die Goldschmiede, die ungefähr ab 1640 ein funktionierendes Depositen- und Clearingbankwesen aufbauten. Seit alters hatten die Goldschmiede in der Lombard Street neben ihrem Edelmetallhandel auch Kredite gewährt, aber um die Mitte des 17. Jahrhunderts offerierten sie erstmals ein breites Angebot moderner Bankdienstleistungen. Kaufleute und adlige Grundbesitzer unterhielten beim Goldschmied ein Konto, das sie sowohl für Überziehungskredite als auch für Überweisungen nutzten. Die Goldschmiede-Bankiers diskontierten Wechsel, Schuldscheine und Staatspapiere; aber das eigentlich Neue an ihrer Tätigkeit war die Ausgabe von Noten, der sog. Goldsmith Notes. Sie entwickelten sich aus den verzinslichen Quittungen, die der Goldschmied für die Einlagen seines Kunden ausstellte und die sein Versprechen enthielten, zu gegebener Zeit an den Kunden zu zahlen. Im Laufe der Zeit gaben die Goldschmiede sog. *Promissory Notes* aus, die auf den Inhaber zahlbar und mithilfe des Indossaments zu übertragen waren. Da nie alle Noten gleichzeitig eingelöst wurden, konnte der Goldschmied mehr Noten ausgeben, als durch seine Einlagen gedeckt waren. Er verschaffte damit seinen Kunden einen Überziehungskredit. Indem die Goldschmiede die Noten ihrer Kollegen annahmen und sich mit diesen individuell verglichen, entstand ein weitreichendes Clearingnetzwerk.

Eine besondere Qualität erhielt die Tätigkeit der Goldschmiede-Bankiers auch dadurch, dass sie die verschiedenen Staatspapiere, die auf zukünftige Einnahmen der Krone ausgestellt waren, diskontierten bzw. handelten und so neben dem Umlauf privater Noten auch die Emission staatlicher Kreditpapiere förderten. Dabei waren die Schuldverschreibungen der Krone unterschiedlicher Art. Man konnte der Krone Geld vorschießen und erhielt dafür als Quittung ein Kerbholz (*Talley*), in dem der entsprechende Betrag eingekerbt war. Mit dem Kerbholz war es möglich, sich das geliehene Geld nach einer bestimmten Zeit vom Schatzkanzler, dem Chancellor of the Exchequer, wieder auszahlen zu lassen. Wenn man nicht einen festgelegten Zeitraum auf Rückzahlung warten wollte, gab man das Kerbholz weiter, sodass die Talleys als Zahlungsmittel umliefen. Da ein Stück Holz nur schwer zu indossieren war, wurden die Kerbhölzer zunehmend durch Anweisungen des Exchequers ersetzt, die sozusagen als Staatspapiergeld frei zirkulierten. Das Volumen der Talleys und der sog. *Exchequer Bills* war so groß, dass die massiven Forderungen nach ihrer Einlösung im Jahre 1671/72 zur Zahlungseinstellung des Exchequers und zum Zusammenbruch zahlreicher Goldschmiede-Bankiers führten. Die Bankiers, die keine Gläubiger der Krone waren, überlebten. Nach dem Sturz der Stuarts in der Glorius Revolution von 1688 erhielt die aus kurzfristigen Darlehen bestehende «schwebende» Staatsschuld im letzten Jahrzehnt des 17. Jahrhunderts eine neue Grundlage. Sie wurde in langfristigen Staatsanleihen «fundiert», deren regelmäßige Zinszahlung das Parlament garantierte.

Das Kernstück dieser «Financial Revolution», die zum ersten Mal in- und ausländisches Kapital in großem Umfang in die englische Staatsschuld kanalisierte, bildete die Bank of England. Anlass für die Gründung der Bank im Jahre 1694 war die Finanznot des Staates in dem Krieg, den der neue König Wilhelm III. (von Oranien) gegen den abgesetzten Stuart-König Jakob II. und dessen Schutzherrn Ludwig XIV. von Frankreich führte. Anders als die Wechselbanken auf dem Kontinent wurde die Bank of England nicht von einer Stadt oder einem Staat gegründet, sondern von einem privaten Konsortium, das sich zur Aufbringung einer Staatsanleihe von £ 1,2 Mill. verpflichtet hatte. Als Gegenleistung erhielt das aus Kaufleuten der Londoner City bestehende Konsortium das Privileg, Bankgeschäfte aller Art zu betreiben, d. h., mit Edelmetall und mit Wechseln zu handeln, Geld zu verleihen und Noten auszugeben. Die £ 1,2 Mill. waren schnell unter die Leute gebracht, sodass die Bank der Regierung £ 720 000 in bar und den Rest in gesiegelten Banknoten als Darlehen zur Verfügung stellen konnte. Da die Regierung ihre Lieferanten überall im Lande mit diesen *Sealed Bank Bills* der Bank of England bezahlte und die Bank diese bei Bedarf wieder einlöste, wurden sie zum allgemein anerkannten Zahlungsmittel. Langfristig bedeutender als diese waren aber die von der Bank nach dem Vorbild der Goldsmith Notes für Kundeneinlagen ausgegebenen *Running-Cash Notes* oder *Bank of England Notes*, die als Inhaberpapiere zirkulierten und die Goldsmith Notes allmählich aus dem Umlauf verdrängten. Die Bank of England wurde so zum finanziellen Zentrum der Londoner City, obwohl ihr Vorbild erst im 19. Jahrhundert auf den Kontinent ausstrahlte.

In Frankreich war das Wachstum des Kreditsektors in der zweiten Hälfte des 17. Jahrhunderts eng mit der Staatsfinanz verbunden. Neben der Einführung neuer, mit 7% verzinster Staatspapiere gründete Colbert 1674 die Caisse des Emprunts, eine staatliche Depositenbank, die Einlagen annahm und diese jährlich mit 5% verzinste. Der Anleger erhielt als Quittung ein schriftliches Zahlungsversprechen (*Promesse de la Caisse des Emprunts*), das nach einem Jahr einlösbar, aber auch veräußerbar war. Zwischen 1674 und 1683 beliefen sich die Depositen auf 263 Mill. lt., und mit den Promesses lief erstmals Papiergeld in Frankreich um.

Die Entwicklung des bargeldlosen Zahlungsverkehrs in den Territorien des Heiligen Römischen Reichs wurde sowohl von dem niederländischen Modell als auch von älteren italienischen Vorbildern beeinflusst. In Hamburg beispielsweise machte die Niederlassung sephardischer Juden und calvinistischer Niederländer aus Antwerpen einen Teil der Kaufmannschaft mit den westeuropäischen

Errungenschaften des Handels- und Kreditverkehrs bekannt. 1615 schlug der Rat der Stadt zur Stabilisierung der Währungsverhältnisse der Bürgerschaft die Errichtung einer Wechselbank nach Amsterdamer Muster vor, in der – angesichts der Verschlechterung des Kleingeldes – der Taler die Grundlage des Wechselverkehrs bilden sollte. Die Bürgerschaft lehnte das Projekt aber ebenso ab wie die mit dem Westen handelnden Kaufleute. Letztere führten verschiedene mehr oder minder stichhaltige Argumente gegen eine Wechselbank an: Sie hätten schon immer mit kleiner Münze bezahlt und könnten die groben Taler nur gegen Aufgeld erwerben. Außerdem hätten sie, wenn gerade ein günstiger Ostwind für ihre Schifffahrt nach Westen wehte, nicht die Zeit, auf die Öffnung der Bank zu warten. Dennoch fand sich die Bürgerschaft unter dem Druck der Kipperkrise 1619 bereit, der Gründung einer Wechselbank in Hamburg unter der Voraussetzung zuzustimmen, dass innerhalb und außerhalb der Bank mit gleicher Währung bezahlt werden konnte.

Nach der neuen Bankordnung sollten alle Wechsel und Anweisungen von mehr als 400 *Mark lübisch* über die Bank laufen; der private Wechsel und Handel mit Edelmetall wurde verboten und nur den Goldschmieden gestattet. Falls ein Kaufmann grobe Münzen für die in der Stadt fälligen Zollzahlungen oder den Handel benötigte, musste er sich an die Bank wenden. Einzahlungen zur Kontoeröffnung mussten generell in groben Sorten vorgenommen werden, und allein 5 % der Summe durften aus Schillingen und Sechslingen bestehen. Falls man Taler von seinem Konto abhob, musste man ein Disagio in Kauf nehmen. Damit war der Grundsatz des «einerlei Geld» bereits unterlaufen, und es entwickelten sich wie in Amsterdam zwei Währungen, eine stabile Bankwährung (*Mark Banco*) und eine im Wert schwankende Kurantwährung der umlaufenden Münzen (*Mark Courant*). In der nicht in Metall ausgeprägten Bankwährung tätigte der Handel seine Zahlungen per Überweisung auf das Konto des jeweiligen Geschäftspartners. Die Kaufleute hatten so den Nutzen einer dauerhaft stabilen Währung für ihren Geschäftsverkehr und litten nicht länger unter der alltäglichen Verschlechterung des Umlaufgeldes.

Der bargeldlose Zahlungsverkehr wurde so angeregt, dass er im 18. Jahrhundert ein Vielfaches des Hamburger Münzumlaufs ausmachte. Die Hamburger Bank bestand trotz einiger Krisen – 1672 musste sie wie die englische Krone die Zahlungen einstellen – bis zum Jahre 1875 fort, als ihr Giroverkehr von der Reichsbank übernommen wurde. Langfristig weniger erfolgreich war der unter denselben Zeitumständen 1621 in Nürnberg gegründete Banco Publico. Die großen finanziellen Anforderungen (Kontributionen) an die Stadt Nürnberg während des Dreißigjährigen Krieges machten auch vor dem Tresor des Banco Publico nicht halt, der quasi durch die Stadt ausgeplündert wurde. Selbst als der Rat die ausgeliehenen Summen der Bank zurückerstattete, blieb die finanzielle Basis der Einlagen zu gering, um eine auf groben Sorten basierende Bankwährung dauerhaft durchzuhalten. 1685 wurden dann auch Kurantgeld als Bankwährung akzeptiert und Beeinträchtigungen der Währungsstabilität stillschweigend in Kauf genommen.

In Städten, wo es keine Wechselbanken gab, spielte noch im 17. Jahrhundert die Messe als Zentrum des Zahlungsverkehrs eine wichtige Rolle. Denn ähnlich wie in Italien blieb das Indossament im Heiligen Römischen Reich noch bis in die zweite Hälfte des 17. Jahrhunderts hinein verboten. In Frankfurt wurde zum ersten Mal 1654 das einmalige Übertragen durch Indossament (Girieren) erlaubt, und erst unter dem Druck der Kaufleute, die Wechsel einfach weitergaben, gestatteten die Magistrate von Augsburg (1665), Frankfurt (1666) und Leipzig (1682) die beliebig häufige Indossierung, «weilen sie allhier wie an anderen Orten bereits so stark in Gebrauch kommen [...]». Die Kaufleute wurden ihre eigenen Bankiers und machten die Messbankiers arbeitslos. Falls man dennoch am Skontrationsverfahren, d. h. am Ausgleich von Wechselforderungen und Wechselschulden durch die Messbankiers, festhielt, fand dies regelmäßig zu den von der Stadtverwaltung oder dem Landesherrn festgesetzten wöchentlichen Zahlungsterminen statt. Spätestens mit dem Vordringen des Akzeptkredits im internationalen Handel wurde aber die Skontration bedeutungslos, da dann Privatbankhäuser die Wechselschulden der Kaufleute beglichen. Im europäischen Maßstab brachten die Verbreitung des Indossaments, die

Diskontierung von Wechseln und Staatspapieren, die Ausgabe von Goldsmith- oder Banknoten und Staatspapiergeld ebenso wie die Gründung von Wechselbanken und Aktiengesellschaften im Laufe des 17. Jahrhunderts eine sprunghafte Ausweitung und damit eine langfristige Verbilligung des kaufmännischen Kredits.

Wenn die Kaufleute auch in die Defizitgebiete des Ostseeraums und Asiens von Jahr zu Jahr mehr Edelmetall schicken mussten, ermöglichten ihnen doch die Kreditinstrumente und -institutionen in vielen Bereichen ihres Binnen- und Außenhandels, mit dem vorhandenen Edelmetall rationell umzugehen bzw. dieses zu einem immer größeren Teil durch Papier zu ersetzen. Die sich hieraus ergebende Verfügbarkeit preiswerten Kredits trug neben den Innovationen der Handelspraxis wie des Kommissionshandels und der «Teilnahme auf Zeit» maßgeblich zu der Expansion des internationalen Handels bei. Beim Kommissionshandel handelte ein Agent oder Kaufmann im Auftrag und auf Rechnung eines anderen Kaufmanns, für den er Waren erwarb und verkaufte. Der Agent trieb mit dem Kapital seines Auftraggebers Fernhandel und erhielt dafür noch eine Kommissionsgebühr von einigen Prozent. Eine weitere Neuerung im internationalen Handel war die «Teilnahme auf Zeit». Kaufleute beteiligten sich mit Kapitalanteilen von 2–10% an Handelsreisen, z. B. nach Spanien oder zu den Azoren. Nach dem Verkauf der Exportwaren in Spanien und nach der Versteigerung der dort erworbenen amerikanischen Kolonialwaren in den Niederlanden wurden Gewinn oder Verlust gemäß dem finanziellen Einsatz der Partner verteilt. Sowohl der Kommissionshandel als auch die Teilnahme an Handelsunternehmungen auf Zeit brachten dem kleinen Kaufmann den für seinen Kapitaleinsatz größtmöglichen Gewinn und förderten damit nachhaltig die «Demokratisierung» des Fernhandels.

Die Ausweitung des Kredits im 17. Jahrhundert ist aber nicht nur dem Handel, sondern auch der Landwirtschaft zugute gekommen. Zwar sind die entsprechenden Untersuchungen zum frühneuzeitlichen Agrarkredit noch zu punktuell, als dass man europaweit oder selbst nur in einigen Ländern die bäuerliche Darlehensaufnahme rekonstruieren oder gar quantifizieren könnte, aber dort, wo solche Arbeiten vorliegen, offenbaren sie das große Maß bäuerlicher Kreditaufnahme im 17. Jahrhundert. So hat beispielsweise Peter Spufford (1991) 344 Nachlassinventare aus Kent für die Jahre 1671–1675 ausgewertet. Danach hatten fast alle Bauern Außenstände an Zins-, Zehnt- und Steuerzahlungen, oder sie schuldeten ihrem Gesinde noch einen Teil des Lohnes. Mindestens ebenso interessant ist die Tatsache, dass von den 344 Personen 221 Gelddarlehen aufgenommen und dafür einen Schuldschein ausgestellt hatten. Diese stellten keine Warenschulden dar, sondern waren meistens zur Finanzierung von Viehbestand, Inventar bzw. zum Kauf oder zur Pachtung von Land aufgenommen worden. Als Gläubiger tauchten Familienangehörige und Grundherren auf. In der Mehrheit der Fälle lassen sich aber keine persönlichen Beziehungen zwischen dem Darlehensgeber und dem Schuldner feststellen, was auf die Existenz eines anonymen – möglicherweise durch Notare oder Makler vermittelten – ländlichen Geldmarktes schließen lässt.

Auch die niederländliche Landwirtschaft benötigte im 17. Jahrhundert große Investitionsmittel, einerseits für die Landgewinnung, andererseits für den Ausbau der Milchwirtschaft und die Spezialisierung auf die Produktion von Flachs, Krapp, Raps, Tabak und Rüben. Denn diese Betriebszweige warfen in der Agrarkrise des 17. Jahrhunderts größere Gewinne ab als die arbeitsintensive Getreideproduktion. Wurde die Landgewinnung zumindest zu Beginn des 17. Jahrhunderts oftmals durch Handelskapital aus den Städten finanziert, so kamen die ländlichen Investitionsmaßnahmen zur Spezialisierung und Produktivitätssteigerung aus dem auf dem Lande selbst vorhandenen Kapital. Reichere Bauern kreditierten gegen Schuldschein oder Rentenbrief den Investitionsbedarf der anderen. Jedoch wurde das Kapital der Bauern durch die ländliche Kreditvergabe nicht absorbiert, sodass sie außerdem ihre Gelder in Provinzanleihen, Schiffsanteilen oder sogar in den Aktien der Handelskompanien anlegten. Dabei stellte die hoch spezialisierte niederländische Landwirtschaft in der kontinentalen Agrargeschichte des 17. Jahrhunderts eine Ausnahme dar, da sie erst verhältnismäßig spät von der säkularen Agrarkrise heimgesucht wurde.

Dagegen fehlten in der krisengeschüttelten französischen und deutschen Landwirtschaft sowohl der Anreiz als auch das Kapital für produktivitätssteigernde Investitionen. Bedingt durch die Bevölkerungsverluste und den demografischen Niedergang brach der Markt für agrarische Produkte zusammen, verschlechterte sich die Ertragslage und erhöhte sich die Verschuldung der Produzenten. Die Bauern mussten sich nicht nur Geld borgen, sondern oftmals auch Saatgut, Zugvieh und Geräte zur Aufrechterhaltung ihrer Produktion. Außerdem blieben sie, weil der Verkauf ihrer Erzeugnisse immer weniger einbrachte, häufig ihre Geldabgaben schuldig. Der Barkreditmarkt zog sich zusammen. Die Kapital besitzenden Bauern, die wichtigsten Kreditgeber der Landwirtschaft, waren immer weniger bereit oder in der Lage, Geld zu verleihen, und die Dorfkirchen, die traditionellen Helfer und Geldgeber in der Not, konnten allein diesen Rückgang nicht kompensieren. Im letzten Drittel des 17. Jahrhunderts scheint sich dann die Kreditsituation der Landwirtschaft, wenn wir einer Regionalstudie für Bayern Glauben schenken dürfen, verbessert zu haben. Die bäuerliche Schuldenaufnahme wuchs, und die Bereitschaft der Stadtbürger, in die Landwirtschaft zu leihen, nahm zu. Die allmählich wieder in Bewegung geratene Agrarkonjunktur mag dabei zu Investitionen angeregt haben.

5

Münzreformen und Papiergeld

Das 18. Jahrhundert war ein Zeitalter der Münzreformen. Hier setzte man die im Jahrhundert zuvor eingeleitete Konsolidierung der Währungen und der Staatsfinanzen fort. Die äußeren Umstände waren dafür günstig, da sich die Wirtschaftskonjunktur weltweit belebte und die Edelmetallvorräte wuchsen. Als Hindernis erwiesen sich aber die zahlreichen internationalen Konflikte, die vom Spanischen Erbfolgekrieg bis zu den Revolutions- und Koalitionskriegen nicht nur die Staatsfinanzen bis aufs Äußerste anspannten, sondern auch die Währungen der europäischen Staaten in Mitleidenschaft zogen.

Brasilianisches Gold und Münzreformen

In den Jahren 1693–1695 waren in den brasilianischen Gebieten, die heute den Namen Minas Gerais tragen, umfangreiche Goldlager entdeckt worden. Die Nachricht davon löste den ersten Goldrausch in der Geschichte aus und zog Goldschürfer aus den brasilianischen Küstengebieten wie aus Portugal selbst in die Goldgräberstadt Vila Rica de Ouro Preto. Die portugiesische Krone profitierte von jedem Gramm Gold, das in Minas Gerais sowie in den anderen Goldminen Goiás und Mato Grosso gefunden wurde. Auf diese Weise und durch den Handel kamen im 18. Jahrhundert jährlich 10–15 t Gold von Brasilien nach Portugal und Europa. Die Erschöpfung der Minen und die starken Preissteigerungen in Brasilien in den 1780er Jahren verringerten den Goldzustrom nach Europa auf unter 10 t und schließlich im letzten Jahrzehnt des Jahrhunderts auf weniger als 5 t. In der zweiten Hälfte des 18. Jahrhunderts nahm nach langer Zeit auch die amerikanische Silberproduktion wieder zu, die jetzt weitgehend durch die mexikanischen Minen gespeist wurde. In den

Jahren 1717–1738 führte man durchschnittlich 88 t Silber nach Spanien ein und im folgenden Zeitraum 1747–1778 mit 168 t fast das Doppelte. Einen gewaltigen Produktionsaufschwung sahen die Endjahrzehnte des 18. Jahrhunderts mit jährlichen Einfuhren von 734 t. Dieser wurde in erster Linie durch die Verbilligung des Quecksilbers, das man zur Silberproduktion im Amalgamationsverfahren benötigte, und durch technische Verbesserungen bei der Entwässerung der Bergwerke erreicht. Außerdem nahm man neue Minen im nördlichen Peru in Betrieb. Der im Laufe des 18. Jahrhunderts zunehmenden Edelmetalleinfuhr stand aber eine wachsende Edelmetallausfuhr in den Osten gegenüber, die in erster Linie der Finanzierung des expandierenden europäischen Asienhandels diente (Tabelle 4).

Tabelle 4: Europäische Edelmetallausfuhren 1700–1780 (in t pro Jahr)

	1700	1750	1780
Ostseeraum	51	52	104
Levante	52	65	65
Ostasien	117	200,2	213,2
Insgesamt	221	317,2	382,2

Quelle: Attman, American Bullion, S. 77

Danach nahmen die jährlichen Edelmetallexporte von 221 t (um 1700) auf 382 t (um 1780) zu. Wenn man bedenkt, dass allein die jährlichen Goldeinfuhren von 10–15 t einer Silbermenge von 150–225 t entsprachen, zeigt sich, dass die Einfuhren die Ausfuhren bei Weitem übertrafen und dass erstmals seit dem späten 16. Jahrhundert wieder größere Edelmetallbestände in Europa angesammelt werden konnten, zumal die mitteleuropäische Silberproduktion auch wieder in Gang kam. Die Edelmetallversorgung Europas war damit auf eine neue solide Grundlage gestellt. Das Gold wurde billiger, die Gold-Silber-Relation sank, obgleich der Aufschwung der amerikanischen Silberförderung um die Jahrhundertmitte wieder die alte Relation von 1:15 herstellte. In welchem Maße die europäischen

Staaten von dem Gold- oder dem Silbereinstrom profitierten, hing von der Intensität ihrer Beziehungen zu Spanien und Portugal ab.

Wie eng dabei Politik und Ökonomie zusammenspielten, zeigt beispielhaft die Währungsentwicklung Englands und Frankreichs. 1700 war Karl II. von Spanien gestorben und hatte den Thron dem französischen Prätendenten Philipp von Anjou, einem Enkel Ludwigs XIV., überlassen. Da die übrigen europäischen Mächte, allen voran der Kaiser und England, diese Beeinträchtigung des europäischen Gleichgewichts nicht hinzunehmen bereit waren, kam es zum Spanischen Erbfolgekrieg, dem ersten «Weltkrieg» der Geschichte. Frankreich hatte durch seine Verbindung mit Spanien Zugang zu dem Silber der Neuen Welt, während England in Portugal, der Mutter des brasilianischen Goldes, einen abhängigen Alliierten hatte. 1703 schloss England mit Portugal den berühmten Methuen-Vertrag (benannt nach dem englischen Gesandten in Lissabon John Methuen), der gegen eine Zollsenkung für portugiesische Weine in England der englischen Wolltuchindustrie den portugiesisch-brasilianischen Markt öffnete. Da die Engländer aber längst nicht so viel Portwein trinken konnten, wie sie Fertigwaren nach Portugal und Brasilien lieferten, verstärkte der Methuen-Vertrag den Goldzustrom auf die Britischen Inseln. In den Jahren 1710–1713 verprägte die Londoner Münzstätte 3,5 Mill. portugiesischer *Dreiviertel-Cruzados*; in einigen englischen Städten liefen portugiesische Goldmünzen sogar als reguläres Zahlungsmittel um.

Die Ursachen hierfür lagen aber tiefer. In der Münzreform des *Great Recoinage* («Große Umprägung») 1696 hatte man beabsichtigt, dem Mangel an Silbermünzen durch eine Verringerung des Goldpreises entgegenzuwirken, und dazu den Kurs der Guinea (*Sovereign*) auf 22 Schilling festgelegt. Da man so in England für ein Gramm Gold mehr als auf dem Kontinent bekam, wurde von Edelmetallhändlern Gold in großen Mengen nach England ein- und Silber ausgeführt. Obwohl Isaac Newton in seiner Funktion als Londoner Münzmeister (1699–1727) die Situation erkannte und in mehreren Schritten den Kurs der Guinea reduzierte, war Gold im Vergleich zum Kontinent weiterhin überbewertet. Ein akuter Silbergeldmangel zeichnete sich ab, zumal die Silberprägung im 18. Jahrhundert lange Zeit pausierte. England war damit stillschweigend zur Goldwährung übergegangen. 1774 wurden ausschließlich Goldmünzen zum gesetzlichen Zahlungsmittel erklärt, und Silbermünzen mussten bei Zahlungen nur bis zu einer Höhe von 25 *Pfund* angenommen werden.

In Frankreich, das in den Anfangsjahren des Spanischen Erbfolgekriegs von der Goldzufuhr aus Portugal abgeschnitten wurde, nahm die Münzpolitik einen anderen Gang. Die Silberprägung dominierte weitgehend, und der hohe Goldpreis ließ den Goldanteil an der Münzprägung bis 1708 auf 7,3 % zurückgehen. In der Folgezeit schwankte er zwischen 20% und 30%. Nach der Beendigung des Spanischen Erbfolgekriegs und dem Ende der sog. *Reformationen*, in denen zur Kriegsfinanzierung der Nennwert der umlaufenden Münzen durch Überprägung künstlich heraufgesetzt worden war, kehrte in den 1720er Jahren allmählich monetäre Stabilität ein. In der Münzreform von 1726 schuf man einen neuen Louis-d'or, den *Schild-Louis-d'or (Louis aux lunettes)*, und den silbernen *Laubtaler (Ecu aux lauriers)* und legte die Gold-Silber-Relation, die zwischenzeitlich auf über 1:15 geklettert war, auf 1:14,47 und später auf 1:14,63 fest. Damit war eine Doppelwährung (Bimetallismus) aus Gold und Silber etabliert, die für das Frankreich des späten 18. und des 19. Jahrhunderts charakteristisch sein sollte. Obwohl bimetallistische Systeme mit ihrer Gold- und Silbermünzprägung in Krisenzeiten flexibler auf die Nachfrage nach den entsprechenden Währungsmetallen reagieren konnten als die auf einem Metall basierenden Währungssysteme (Monometallismus), waren sie dennoch aufgrund der Schwankungen der weltweiten Edelmetallproduktion von spekulativen Gold- oder Silberexporten betroffen.

Ebenfalls über Doppelwährungen verfügten die italienischen Staaten, die im 18. Jahrhundert der Reihe nach ihre Münzsysteme reformierten: Venedig 1722 und 1733; Genua 1745, 1759 und 1792; Savoyen 1755; Mailand 1778. Im Zentrum aller Reformen standen die Begrenzung der kupfernen Scheidemünzen und die Anpassung der Münzprägung an die Gold-Silber-Relation. Dazu verringerte man den hohen Goldanteil im Geldumlauf durch die Höherbewertung des Silbers. Außerdem vereinfachten die Staaten den Geldumlauf, indem sie die Zahl der geprägten Nominale reduzierten und zur Prägung einheitlicher Nominale in den verschiedenen Territorien übergingen. Ansätze einer währungspolitischen Einigung Italiens zeichneten sich so – lange vor dem *Risorgimento* – bereits im 18. Jahrhundert ab.

Völlig anderer Art war die doppelte Währung, mit der das Spanien Philipps V. einige Jahre nach dem Spanischen Erbfolgekrieg (1716) zu festen Währungsverhältnissen zurückkehrte. Es schuf ein System gespaltenen Umlaufs, in dem zwischen einem «Nationalgeld» der Kolonien und einem «Regional-» oder «Provinzialgeld» des Mutterlandes unterschieden wurde. Während der hochwertige *Real Nacional* in Spanisch-Amerika umlief, war der in Gewicht und Feingehalt leichtere *Real Provincial* für die «Provinz Spanien» bestimmt. Auf diese Weise versuchte man, die kleinen Silbermünzen, die bei heimischen Transaktionen verwendet werden sollten, im Lande zu halten. Mit der Reform des Jahres 1716 wurde auch das Problem gelöst, dass einzelne Landesteile wie Katalonien unterschiedliche Münzen prägten. Dass solche Prägungen fortan unterblieben, bedeutete eine Vereinheitlichung des spanischen Geldwesens. Ausdruck der vereinheitlichten Währung war die *Peseta* (ein doppelter Real Provincial), die im 19. Jahrhundert den Maravedí als Recheneinheit ablöste. Insgesamt fügt sich die Stabilisierung der Währung in das Bild der wirtschaftlichen Erholung Spaniens im 18. Jahrhundert, die sowohl durch eine Belebung der inneren Nachfrage und des Außenhandels als auch durch wachsende Edelmetallvorräte gekennzeichnet war – in der zweiten Hälfte des 18. Jahrhunderts blieben rund 30% des spanisch-amerikanischen Edelmetalls im Land.

Die Staaten des Heiligen Römischen Reiches nahmen im 18. Jahrhundert ebenfalls verschiedene Münz- und Währungsreformen in Angriff. Jedoch stand die Geldpolitik im Zeichen des säkularen Dualismus zwischen Österreich und Preußen. Der Österreichische Erbfolgekrieg stellte ebenso wie der Siebenjährige Krieg Anforderungen an die Staatsfinanzen, denen beide Staaten nicht gewachsen waren. Dennoch fanden Österreich und Preußen höchst unterschiedliche Lösungen für die auf monetärem und finanziellem Gebiet anstehenden Probleme. Österreich war schon nach Beendigung des Österreichischen Erbfolgekriegs von der Münzprägung nach dem Leipziger Fuß (à 18 fl.) abgegangen und führte offiziell 1750 einen 20-Gulden-Fuß ein, nach welchem aus der *Kölner Mark* 20 Gulden (= 10 Tlr.) zu prägen waren. Durch eine Münzkonvention mit Bayern 1753 suchte man diesem neuen Münzfuß auch in Süddeutschland Verbreitung zu schaffen: Es entstanden der *Konventionsgulden* und der *Konventionstaler* (zu 2 fl.). Aber die Verschlechterung des Kleingeldes, das in Süddeutschland – anders als in Österreich – nicht nach dem Konventionsfuß ausgebracht wurde, ließ die neue Regelung nicht lange Bestand haben. Obwohl Bayern deshalb aus dem Vertrag ausschied, behielt es für die Grobmünzenprägung den Konventionsfuß bei, wertete ihn aber um ein Fünftel auf. Der Konventionsfuß entsprach so in Bayern einem 24-Gulden-Fuß, und dieser wurde seit den 1760er Jahren von den süd- und westdeutschen Staaten als Grundlage ihrer Münzprägung übernommen.

Inzwischen war Österreich mit den hohen Kosten des Siebenjährigen Krieges von rund 260 Mill. fl. konfrontiert worden. Anders als Preußen verzichtete das Haus Habsburg aber darauf, diese Kosten maßgeblich mit der Münzprägung zu bestreiten. Einerseits wirkten die Erfahrungen der Kipperzeit noch nach; andererseits hatten sich die Habsburger Kaiser bei ihrer Wahl in den Wahlkapitulationen zur Erhaltung und Bewahrung der Reichsmünzordnungen verpflichtet. Rund 165 Mill. fl. wurden daher auf dem Kreditwege, in erster Linie durch freiwillige Anleihen und Zwangsanleihen in den Erblanden, Ungarn, Böhmen und den Habsburgischen Niederlanden, aufgebracht. Hinzu kamen für 18 Mill. fl. Zahlungsobligationen, die bei Zahlungen an den Staat verwendet werden konnten, sowie 1762 erstmals Banknoten im Wert von 12 Mill. fl. Daneben gab die Wiener Stadtbank immer wieder der Kaiserin mit Extrakrediten «Aushülf». Nach dem Hubertusburger Frieden (1763) war dann zwangsläufig der Abbau der Staats- und Bankschulden angesagt, der aber nur im Falle der Bankschulden im größeren Umfang gelang. Dennoch ließ Österreich auch weiterhin die Währung unangetastet. Der stabile Konventionstaler blieb zusammen mit dem französischen Laubtaler und dem Schild-Louis-d'or das dominierende Zahlungsmittel in Österreich und im deutschen Westen und Südwesten, bis diese nach 1790 durch den in den Habsburgischen Niederlanden geprägten *Kronentaler* ersetzt wurden.

Von zeitweiligen Versuchen der Währungsstabilisierung abgesehen, zeigt die Münzpolitik Preußens ein völlig anderes Gesicht. Wo man konnte, versuchte man, die österreichischen Maßnahmen zu konterkarieren, um jeglichem politisch-ökonomischen Einfluss Österreichs im Reich entgegenzuwirken. Dabei hatte sich die preußische Währungspolitik ehrgeizige Ziele gesteckt. Es sollte nicht nur eine international konkurrenzfähige Doppelwährung aus Gold und Silber etabliert und damit die preußische Wirtschaftsstruktur gefördert werden, sondern es war auch ein hoher Gewinn von 100 000–200 000 Tlr. für die Staatskasse angepeilt. Den für die Planung und Durchführung einer solchen Reform geeigneten Mann meinte Berlin in Johann Philipp Graumann gefunden zu haben. Er war Leiter der Handels-, Finanz- und Münzverwaltung des Herzogtums Braunschweig und wurde dort abgeworben. Graumann ging sofort ans Werk und führte 1750 in der nach ihm benannten Reform einen neuen Reichstaler genannten Kuranttaler mit einem Silbergehalt von 16,7 g ein, von dem 14 auf die Kölner Mark gingen und der damit leichter als der Konventionstaler war. Ergänzt wurde das Silbergeld durch den in Anlehnung an den französischen Louis-d'or geschaffenen *Friedrichsdor* und seine Teilstücke.

Aber die mit der Einführung des Graumann'schen Talers verbundenen Hoffnungen ließen sich nicht realisieren. Weder erfüllte der neue Taler seine Funktion als internationale Handelsmünze im Handel der preußischen Territorien, noch warf die Prägung den erwarteten Gewinn für die königliche Kammer ab. Vor allem litten die preußischen Münzstätten immer wieder unter Engpässen in der Versorgung mit Prägesilber, sodass 1754 mehrere Münzstätten mangels Edelmetall geschlossen werden mussten; an eine Aufbesserung der Staatsfinanzen aus der Münze war unter diesen Umständen natürlich nicht zu denken, und dies kostete Graumann schließlich 1755 sein Amt. Große Gewinne brachten erst die Münzmanipulationen Preußens während des Siebenjährigen Kriegs. Diese deckten 29 Mill. der auf 125–140 Mill. Rtl. geschätzten Kriegskosten ab. 27 Mill.

brachte der englische Alliierte als Subsidien auf. Mit 53 Mill. als Kontributionen wurden die besetzten Territorien Sachsen und Mecklenburg zur Kasse gebeten.

Insbesondere das silberreiche Sachsen, das Friedrich der Große 1756 überfallen und okkupiert hatte, diente in der Anfangsphase des Krieges als Objekt für eine profitable Münzverschlechterung. Dazu verpachtete Friedrich II. die Leipziger Münzstätte an den jüdischen Großunternehmer Veitel Ephraim, der dort unterwertige kursächsische *Dritteltaler* sowie polnische *Tympfe* (18 *Gröscher*) prägte. Die Dritteltaler wurden im Feingewicht von 5,4 g auf 1–2 g, die Tympfe von 3 g auf 1,5 g verschlechtert und dennoch zu ihrem Nennwert in Sachsen und dem in Personalunion mit Sachsen verbundenen Königreich Polen in Verkehr gebracht. Die hieraus fließenden Gewinne reichten aber zur Kriegsfinanzierung bei Weitem nicht aus, sodass 1758 alle sächsischen und preußischen Münzstätten an das Münzkonsortium Veitel Ephraim, Moses Isaak und Daniel Itzig verpachtet wurden, nachdem sie bereits seit 1755 die preußischen Münzstätten betrieben. Die Pächter machten dann auch vor der Verschlechterung der preußischen Dritteltaler nicht halt und prägten darüber hinaus einen *Sechsteltaler* (sog. *Kriegssechstel*), dessen Feingehalt nicht mehr dem 14-Taler-Fuß, sondern einem 20-Taler-Fuß, später sogar einem 30-Taler-Fuß entsprach. Außerdem wurden die Goldmünzen, der Friedrichsdor und vor allem der sächsische *Augustdor*, drastisch verschlechtert. Alle Kriegsmünzen hießen im Volksmund «Ephraimiten» und waren, da sie das gleiche Raugewicht wie die «Originale» besaßen, von diesen kaum zu unterscheiden: «Von außen gut, von innen schlimm – von außen Friedrich, von innen Ephraim». Aufgrund des fiskalischen Erfolgs der Kriegssechstel gingen auch andere Münzstände wie beispielsweise beide Mecklenburg, Schwedisch-Pommern, Anhalt, Brandenburg-Ansbach, Württemberg, Kurtrier etc. zur Prägung dieser Sorten über.

Mit der Münzverschlechterung wuchsen die ökonomischen Schwierigkeiten. Die Preise stiegen erheblich, denn es erwies sich als schwierig, das schlechte Geld allein dem Ausland und den besetzten Gebieten anzuhängen. Nach Hubertusburg verspürte die preußische Bevölkerung denn auch «weniger den Segen des Friedens als die

Folgen des Krieges». Die Berliner, wie der Bäckermeister Heyde in seiner Chronik klagte, litten noch im Mai 1763 an dem «‹böse[n]› Geld, [das] noch bis dato im Gange, wodurch die Lebens Mittel immer in höheren Preis steigen». Ein Währungsschnitt war notwendig, der von dem König, gestützt auf ausländische Berater und Finanzfachleute, energisch in Angriff genommen wurde. 1764 kehrte man zum 14-Taler-Fuß zurück, zog die Kriegsmünzen ein und tauschte sie nach ihrem Metallwert in neues Geld um. Die Besitzer der Münzen verloren oftmals über 50% ihres Geldvermögens. Um 1770 waren die Umprägungen der Kriegsmünzen abgeschlossen und so die monetären Hindernisse eines Wirtschaftsaufschwungs beseitigt, der dann im Rahmen der Weltkonjunktur auch nicht lange auf sich warten ließ.

Geldtheorien und Papiergeld

Im Zusammenhang mit den Münzreformen der europäischen Staaten erhebt sich die Frage nach dem Kenntnisstand des 18. Jahrhunderts auf dem Gebiet der Geldtheorie. Erkannte man die Zusammenhänge zwischen der Währung und der wirtschaftlichen Entwicklung?

Ein wichtiger Vertreter einer Geldwirkungstheorie war der Schotte John Law (1671–1729). Für ihn war die staatliche Geldpolitik zugleich auch Wirtschaftspolitik, da die Geldmenge die Handelsaktivitäten und damit den allgemeinen Wohlstand bedingte: «Der Handel und die Zahl der Menschen, die den Reichtum und die Macht eines Staates ausmachen, hängen von der Menge und der Ordnung der Münzen ab.» Danach beeinflusse die Geldmenge deutlich die Produktion. Denn durch die Vermehrung der Geldmenge würde das Geld billiger, der Kreditzins sänke, und das betreffende Land gewänne einen Vorsprung vor den konkurrierenden Ländern mit höherem Zins, die Investitionen würden stimuliert und letztlich mehr Menschen in den Produktionsprozess einbezogen. Für das zweckmäßigste Mittel zur Vermehrung der Geldmenge hielt Law eine Papiergeldwährung, da er eine Münzverschlechterung wegen des inflatorischen Effekts ablehnte und ihm eine Goldwährung aufgrund der Schwankungen der Goldproduktion nicht realisierbar schien. Was theoretisch gut durchdacht war, scheiterte aber, wie wir noch sehen werden, als Law die Möglichkeit zur praktischen Durchführung erhielt. Dies hat ihn in der Nachwelt auch als Geldtheoretiker diskreditiert.

Der gleichzeitig mit Law in Paris tätige irische Bankier und Theoretiker Richard Cantillon (1680–1734) wird dagegen dafür gerühmt, dass er als Vorläufer der klassischen englischen Geldtheorie den Gedanken der Neutralität des Geldes im Wirtschaftsablauf vorwegnahm. Nach Cantillons Meinung konnte eine Bank nicht Geld schaffen, indem sie die Geldmenge vergrößerte, sondern allein durch Kreditvergabe die Umlaufgeschwindigkeit des Geldes, d. h. die Häufigkeit, mit der das gleiche Geld zu Kaufaktionen verwendet wird, erhöhen. Die Umlaufgeschwindigkeit des Geldes wüchse in dem Maße, wie die Bargeldreserve, die der Bankier von seinen Einlagen hielt, abnähme. Dabei hätte die Beschleunigung der Umlaufgeschwindigkeit ähnlich wie das Wachstum der Geldmenge durch Edelmetallzustrom aus dem Ausland kurzfristig einen positiven Effekt auf die wirtschaftliche Konjunktur. Denn sie erhöhe die Beschäftigung in einer Volkswirtschaft, sie könne längerfristig aber zu Inflation und erhöhter Wareneinfuhr, d. h. zum Rückgang der einheimischen Produktion, führen.

Bei David Hume (1711–1776) war das Geld dann nicht mehr «das Getriebe des Handels», sondern nur noch «das Öl, das das Getriebe schmiert». Die Geldmenge besäße danach keine Bedeutung für die wirtschaftliche Entwicklung, zumal sich für jede Geldmenge ein entsprechendes Preisniveau von selbst einstelle. Auch Papiergeld wäre deshalb überflüssig, obgleich es, wie Hume meinte, praktische Vorzüge habe und seine Einführung wegen der großen Nachfrage kaum vermieden werden könne.

Endgültig betrachtete aber erst Adam Smith (1723–1790) in seinem *Wealth of Nations* (1776) die Geldseite und die Güterseite der Wirtschaft als zwei getrennte Sphären. So hat das Geld bei Smith keinen Einfluss auf die Güterproduktion, sondern es bilde allein den «Schleier über den eigentlichen Dingen». Dennoch wäre dieser

«Schleier» Geld äußerst nützlich, da seine Funktionsfähigkeit den reibungslosen Ablauf des güterwirtschaftlichen Geschehens erleichtere. Die Frage, wie man das Geldwesen einfacher und effizienter machen könnte, beschäftigte daher auch Smith. Papiergeld erschien ihm nützlich, weil es preiswerter und praktischer als Gold und Silber sei und ebenso wie übertragbare Kreditpapiere, Wechsel, Girokonten und Überziehungskredite einen rationellen Umgang mit dem vorhandenen Edelmetall ermögliche. Jedoch sollte das Papiergeld in Maßen emittiert werden, damit Preissteigerungen vermieden würden:

> Das in einem Land zirkulierende Gold- und Silbergeld kann sehr gut mit einer Straße verglichen werden, die zwar das gesamte Futter und Getreide des Landes in Umlauf und auf den Markt bringt, aber selbst keine einzige Ladung davon produziert. Wenn ich ein so extremes Bild gebrauchen darf, dann stellen kluge Bankoperationen eine Art Fuhrweg durch die Luft dar. Infolgedessen ermöglichen sie dem Land, sozusagen einen großen Teil seiner Straßen in gute Weideflächen und Kornfelder zu verwandeln und auf diese Weise das Jahresprodukt seines Bodens und seiner Arbeit ganz beträchtlich zu erhöhen. Man muss allerdings zugeben, dass Handel und Gewerbefleiß des Landes, obwohl sie sich etwas steigern mögen, sozusagen auf den Daedalus-Flügeln des Papiergeldes nicht ebenso sicher schweben, wie sie auf dem festen Grund von Gold und Silber laufen. Neben den Unglücksfällen, denen sie durch die Ungeschicklichkeit der Lenker dieses Papiergeldes ausgesetzt sind, können sie noch von verschiedenen anderen betroffen werden, vor denen sie weder Klugheit noch Geschicklichkeit jener Lenker bewahren können.

Damit waren im Verlaufe eines Jahrhunderts ein geldtheoretischer Erkenntnisfortschritt erzielt und die stärker am augenblicklichen Handeln orientierten Theorien des Geldpolitikers Law durch ein klassisches Theoriegebäude aus dem Kopfe des Adam Smith ersetzt worden. Dennoch sollten auch die künftigen geldtheoretischen Erörterungen meist durch aktuelle Fragen der Geldpolitik ausgelöst und bestimmt werden.

Die Währungspolitik des 18. Jahrhunderts wurde weitgehend durch Experimente im Stile eines John Law geprägt, obgleich dessen *Système Law* direkt auf die französische Situation des beginnenden 18. Jahrhunderts zugeschnitten war. Angesichts der durch die Kriege

Ludwigs XIV. aufgeblähten Geldmenge dauerte es immer länger, bis in regelmäßigen Abständen die alten Münzen durch neue ersetzt wurden. Zur Überbrückung dieser Zeiträume gaben die Münzpächter für die alten Münzen Quittungen aus, die sog. *Billets de monnaie*, deren Wert innerhalb eines Monats in neuer Münze zurückgezahlt werden sollte. Als sich in den Wirren des Spanischen Erbfolgekriegs die Emission neuer Münzen immer weiter verzögerte, wurden die Billets als Staatspapiere zu 4% Zins, später zu 8% Zins ausgegeben. Im Jahr 1703 waren dann Billets im Wert von 6,7 Mill. lt. im Umlauf, und bis Oktober 1706 stieg der Wert der ausgegebenen Billets auf 180 Mill. lt. Ein rapider Kurssturz und eine Entwertung der Billets waren die Folge. Die Regierung zog daraufhin Billets im Wert von 72 Mill. lt. aus dem Verkehr und ersetzte sie durch neue Münzen und Staatspapiere, ohne dadurch den Schuldenberg des französischen Staates abzubauen. 1715 beim Tod Ludwigs XIV. stand Frankreich mit 3 Mill. lt. in der Kreide und war trotz erheblicher Schuldenannullierung nicht in der Lage, die fälligen Zinsen zu zahlen.

In dieser Situation fanden die Vorschläge verschiedener Geldspezialisten Gehör. Der Regent für den unmündigen König Ludwig XV., Philipp von Orléans, entschied sich für John Law, der in seinem *Money and Trade Considered* bestimmte Lösungswege gewiesen hatte. 1716 gründete Law die Banque Générale mit einem Aktienkapital von 6 Mill. lt., das zu zwei Dritteln mit Staatspapieren und zu einem Drittel mit Bargeld gezeichnet werden konnte. Die Bank nahm Einlagen an, diskontierte Wechsel und gab bereits in den ersten anderthalb Jahren ihres Bestehens Banknoten im Wert von 61 Mill. lt. – bei einer Edelmetallreserve von 31 Mill. lt. – aus. 1717 gründete Law die Compagnie d'Occident als Handelskompanie für die französischen Kolonien in der Neuen Welt. Für ihr Handelsmonopol und die Eigentumsrechte an der französischen Kolonie Louisiana übernahm die Kompanie einen Teil der französischen Staatsschuld. Die Besitzer der Staatspapiere konnten diese gegen Aktien der Handelskompanie eintauschen und machten angesichts der von Law am «Mississippi» suggerierten Reichtümer davon regen Gebrauch. 1718 wurde die Banque Générale zur Banque Royale mit staatlich garantierter Banknotenausgabe und emittierte Banknoten im Wert von 950 Mill. lt. Die Compagnie d'Occident schluckte die konkurrierenden französischen Handelskompanien. 1719 entstand die Compagnie des Indes als alleinige Überseehandelskompanie, die sogleich 50 000 neue Aktien ausgab und außerdem die indirekten Steuern Frankreichs pachtete.

Im gleichen Jahr noch begann John Law mit einer neuen gigantischen Operation. Die Compagnie des Indes gewährte dem Staat eine neue Anleihe über 1 500 Mill. lt. und emittierte dafür 300 000 Aktien mit einem Nennbetrag von je 500 lt., die in Monatsraten gezahlt und gesplittet werden konnten, um auch für kleine Anleger interessant zu sein. Die Hoffnung auf Dividende und vor allem die steigenden Kurse der neuen Aktien setzten ein Spekulationsfieber in Gang, sodass die mit einem Ausgabekurs von 500 lt. emittierten Aktien bereits in kurzer Zeit die 10 000-lt.-Schwelle überschritten. Das Jahr 1720 sah einen massiven Zufluss ausländischen Kapitals, und das Ziel John Laws, einen Rückgang der Zinsen für den französischen Staat und die französische Wirtschaft zu bewirken, schien in greifbare Nähe gerückt. Für die ausländischen Anleger dagegen war die Senkung der Dividende auf 2% ein Warnzeichen. Sie stiegen aus der Compagnie des Indes aus und investierten die Spekulationsgewinne in London und Amsterdam. Die Gewinnmitnahmen häuften sich angesichts der Fehlschläge der Kompanie im Überseehandel; Law konnte nur durch eigene Aktienkäufe den Kurs halten, aber als im August 1720 die Kapitalflucht einsetzte, begann der große Crash. Die Kurse der Aktien fielen auf 200 lt. Das System Law brach wie ein Kartenhaus zusammen, sein Erfinder floh ins Ausland.

Im Dezember 1720 konstituierte sich ein Untersuchungskomitee, dem Banknoten und Staatspapiere im Wert von 2 450 Mill. lt. zur Einlösung präsentiert wurden. Man erkannte davon 1 640 Mill. lt. als Staatsschuld an, die mit 2–2,5% verzinst wurden, und kehrte zu einer Metallwährung zurück. Banknoten und Staatspapiergeld waren bis auf Weiteres diskreditiert. Ausländische Investoren scheuten sich, im späteren 18. Jahrhundert Geld in der französischen Staatsschuld anzulegen; denn die französische Panik hatte, indem sie einen Kapitalmarkt nach dem anderen ansteckte, den ersten Börsenkrach in der europäischen Geschichte ausgelöst.

Wie eng die europäischen Kapitalmärkte bereits in dieser Zeit integriert waren, hat Larry Neal (1990) nachgewiesen, als er die Kapitalbewegungen aus dem Ausland in das Frankreich John Laws und später den Kapitalabzug nach England und von dort nach Holland rekonstruierte. Der größte Teil der englischen Staatsschuld war in langfristigen Renten zu 6–7% Zins fundiert. Vor dem Hintergrund der Kurssprünge in Frankreich bot aber auch der englische Staat seinen Gläubigern die Umwandlung ihrer Renten in Aktien der South Sea Company an, und jene machten davon lebhaften Gebrauch. Innerhalb kurzer Zeit waren gut 80% der Renten und anderen Staatspapiere zu Aktien geworden, sodass sich der Kapitalstock der South Sea Company zwischen 1719 (£ 11,7 Mill.) und 1720 (£ 26 Mill.) mehr als verdoppelte. Die Spekulation blühte, und neue Aktiengesellschaften schossen aus dem Boden. In dieser Zeit genügten die Gewinnmitnahmen in Frankreich und der englische Bubble Act, mit dem die Regierung den spekulativen Aktienhandel einzudämmen versuchte, um auch die Kurse der South Sea Company in den Keller stürzen zu lassen. Die South Sea Company aber überlebte dank der Unterstützung der englischen Regierung und der Bank of England, die einen Teil der Aktien übernahmen, das Platzen der Spekulationsblase. Verloren hatten die Spekulanten, die erst während des Booms in die South Sea Company eingestiegen waren. Weniger, zwischen 25% und 50% ihres jährlichen Kapitalertrags, büßten die Gläubiger des Staates ein, wenn sie ihre Papiere gegen Aktien eingetauscht hatten. Der Gewinner war allein der englische Staat, dessen Schuld sich auf Kosten seiner Gläubiger deutlich verringert hatte.

Dennoch entstanden als Folge der Finanzkrise von 1720 mit den *Three Percent Bank Annuities* und später den *Three Percent Consols* (Rentenpapiere und Staatsanleihen zu 3%) attraktive Anlagepapiere, die unkompliziert erworben und wieder veräußert werden konnten; sie erfreuten sich aufgrund garantierter Zinszahlung hoher Reputation. Wenn der englische Staat neue Anleihen emittierte, wurden diese von niederländischen und sephardisch-portugiesischen Privatbankiers subskribiert und in Amsterdam platziert, wo private und institutionelle Anleger aufgrund der hohen niederländischen

Sparquote verzweifelt nach Investitionsmöglichkeiten suchten. Auf diese Weise entstand ein integrierter bzw. internationaler Kapitalmarkt, der in Amsterdam sein Zentrum hatte.

Zur schnellen Überwindung der Crashfolgen trug sicher auch die Währungspolitik der Bank of England bei, die als finanzielles Herz der Londoner City den institutionellen Rahmen für den Staatskredit bildete. Sie hatte den Notenumlauf nicht in einem der Banque Royale vergleichbaren Maße ausgeweitet. Banknoten waren nicht diskreditiert und nahmen einen immer wichtigeren Platz im Geldumlauf ein. Außerdem privilegierte der Staat die Bank of England. 1708 wurde z. B. festgelegt, dass fortan in England und Wales neben der Bank of England keine Bank mit mehr als sechs Teilhabern Banknoten emittieren durfte (Sechs-Partner-Regel), was der Bank in der Hauptstadt quasi ein Notenmonopol gab. Die Bank of England konzentrierte sich auf den Bankplatz London und überließ – das war das Innovative an der englischen Bankenstruktur – die Provinzen den Country Banks.

Die Country Banks oder Bankers nahmen die Einlagen der ländlichen Bevölkerung an und gaben dafür jederzeit einlösbare Bargeldquittungen oder Noten aus, die veräußerlich waren und schnell frei zirkulierten. Die Country Banks mobilisierten so die ländlichen Ersparnisse und machten sie, indem sie sie auf den Londoner Geldmarkt transferierten, produktiven Zwecken dienstbar. Denn mit den Geldern arbeiteten die Londoner Wechselmakler, die Bill Brokers, die die Wechsel aus den entstehenden Industrieregionen diskontierten und so den Unternehmern der englischen Industriellen Revolution Kredit verschafften.

Jedoch hatte die Gründungswelle von Country Banks in der zweiten Hälfte des 18. Jahrhunderts auch ihre deutlichen Schattenseiten. Da das Gesetz von 1708 die Country Banks hinsichtlich ihrer Teilhaberzahl und damit auch in ihrer Finanzkraft begrenzte, gaben viele Banken Noten in einem Volumen aus, das ihre Edelmetallreserven um ein Vielfaches überstieg. Wenn dann, wie im Jahre 1793, als Frankreich plötzlich England den Krieg erklärte, ein Run auf die Country Banks einsetzte, brachen viele zusammen, und die Erschütterungen waren selbst auf dem Finanzplatz London zu spüren. Die

Bank of England tat das Möglichste, um die Situation mit verstärkter Noteneinlösung und Wechseldiskontierung zu entschärfen. Sie übernahm damit erstmals im größeren Umfang die Rolle einer Bank der Banken (*lender of last resort*). Als jedoch aus Furcht vor einer drohenden französischen Invasion im Februar 1797 ein zweiter Run nach Bargeld einsetzte, musste auch die Bank of England die Zahlungen einstellen, zumal ihre Reserven durch Darlehen an die Krone zusammengeschmolzen waren. Die Bank of England ließ sich von der Einlösepflicht der Noten in Bargeld befreien, kurbelte aber dennoch die unter der panikbedingten Münzgeldknappheit – manche vergruben hastig ihr Bargeld – leidende Wirtschaft durch die Emission kleinerer Banknoten im Wert von weniger als £ 5 wieder an. Trotz kriegsbedingter Inflation und Ausweitung der Notenzirkulation kam es nicht zu einem Zusammenbruch der Staatsfinanzen, da das Parlament auch weiterhin für den Kredit des Staates bürgte.

In Frankreich hatte das Ancien Régime den Revolutionären rund 5 Mrd. lt. Schulden hinterlassen, und die politischen Aufgaben des ersten Revolutionsjahres verursachten neue Schulden. Man musste daher Geld aufbringen, ohne aber «die soziale Basis der neuen Ordnung, das Bürgertum und seine Klientel, zu schröpfen» (Furet/Richet, 1987). Als Abhilfe boten sich die Nationalisierung und der Verkauf der Kirchengüter an. Aus diesem Verkauf sollten die Haushaltslücken gedeckt und der Schuldenberg allmählich abgetragen werden. Damit der Staat bereits vor dem endgültigen Verkauf über Finanzmittel verfügte, gab er mit 5% zu verzinsende Zahlungsanweisungen, die sog. *Assignaten*, in einer Stückelung von 1 000 lt. aus, deren Besitzer aus dem Verkaufserlös der Güter befriedigt werden sollten. Die Gläubiger des Staates mussten die Assignaten anstelle von Bargeld annehmen. Indem man im Laufe des Jahres 1790 einen Zwangskurs festsetzte sowie die Verzinsung senkte und schließlich völlig strich, wurden die Assignaten zum Papiergeld. Statt sie wie versprochen mit Münzen zurückzukaufen, emittierte der Staat immer mehr davon – 1790 und 1791 Auflagen von 1,2 Mrd. lt. bzw. 900 Mill. lt. – und verringerte dabei den Nennwert von 200 über 50 auf 5 lt. Mit den wachsenden Emissionen verloren die Assignaten dramatisch an Wert. 1792 war dieses «Affengeld» nur noch gut die Hälfte (57%) des Nennbetrages wert, und der Wertverfall ging weiter. Bei einer Zunahme des Assignatenvolumens von 8 Mrd. lt. (1794) auf 11 Mrd. lt. (1795) fiel der Kurs von 31% (Juli 1794) auf 8% (März 1795) des Nennwerts, und 1796 waren die Assignaten überhaupt nichts mehr wert. Die Preise stiegen ins Unermessliche; die sozialen Gegensätze verschärften sich. Großkaufleute, Manufakturbesitzer, Schwarzhändler und Spekulanten profitierten von dieser Situation ebenso wie die Bauern, die Grund und Boden für Assignaten kauften und Steuern mit Assignaten bezahlten, ihre Produkte aber nur für harte Währung verkauften.

Es war nur ein kurzer Schritt von dem aufgeheizten Inflationsklima im Jahre 1795/96 bis zum deflationären Abschwung des Jahres 1797. Nach der Assignatenkatastrophe hielten die Sparer ihre Münzen zusammen und legten ihr Geld allenfalls in Immobilien an. Die fehlende Bankenstruktur bzw. das mangelnde Vertrauen in Banken blockierten die Kreditversorgung und hemmten den Aufschwung der Wirtschaft: Die Preise fielen, die Kreditzinsen stiegen auf 10%, das Steueraufkommen war rückläufig. So nimmt es nicht wunder, dass mit dem Staatsstreich Napoléon Bonapartes am 18. Brumaire (9. November) 1799 viele Hoffnungen auf wirtschaftliche Besserung verbunden waren. Eine der ersten Initiativen Napoléons war dann auch die Gründung der Banque de France, einer Notenbank auf Aktienbasis, die einerseits der stagnierenden französischen Wirtschaft Kredit gewähren und andererseits dem Staat Darlehen zur Verfügung stellen sollte. Als Kreditmittel gab die Bank Noten in der neuen Dezimalwährung des *Franc* aus, die aber nicht für den allgemeinen Geldverkehr bestimmt waren. Aufgrund ihres hohen Nennwertes von 500 fr. aufwärts fanden sie allenfalls im Großhandel als Zahlungsmittel Verwendung.

In der zweiten Hälfte des 18. Jahrhunderts gaben schließlich eine ganze Reihe europäischer Staaten Papiergeld aus. Zwar hatte die schwedische Reichsbank (Riksbank) schon einmal in den 1660er Jahren, d. h. noch vor der Bank of England, kurzfristig Banknoten ausgegeben und diese Tradition 1718 wieder aufgenommen, aber bei den Papiergeldemissionen der Mehrheit der europäischen Staaten handelte es sich um Staatspapiergeld, dessen Ausgabe in engem Zusammenhang mit der kriegsbedingten Verschlechterung der Staatsfinanzen stand. So brachte die spanische Krone beispielsweise seit 1780 4%ige Schuldverschreibungen, die sog. *Vales Reales*, in Umlauf, für die ein Annahmezwang der staatlichen Kassen und des Handels bestand. Durch die massive Emission fiel ihr Kurs schnell unter den Nennwert. Nachdem aber der zur Einlösung der Vales Reales gegründete Banco de San Carlos 1782 die Arbeit aufgenommen hatte und der Krieg beendet war, wurden die Scheine sogar mit einem Aufpreis gehandelt. Dies galt so lange, bis der spanische König die Edelmetallreserve der Bank zur Finanzierung seines Krieges gegen Frankreich verwendete und damit die Einlösung der nunmehr in großem Stil emittierten Vales unmöglich machte. Die Vales verloren fast die Hälfte (47%) ihres Wertes. 1799 wurden sie daher mit einem 6%igen Disagio zum Nennwert als gesetzliches Zahlungsmittel im privaten Geldverkehr eingeführt. Erst 1815 gelang es Spanien – wie so vielen anderen europäischen Staaten –, der Papiergeldflut allmählich Herr zu werden.

Österreich litt unter ähnlichen Problemen, denn es hatte – wie wir sahen – bei der Kriegsfinanzierung der Kreditaufnahme immer den Vorzug vor der Münzverschlechterung gegeben. Zu der Kreditfinanzierung gehörte die Ausgabe von Zahlungsobligationen des Staates, aus denen sich die Banknoten, die sog. *Bancozettel* der Wiener Stadtbank, entwickelten. 1762 emittierte die Wiener Stadtbank für 12 Mill. fl. Zettel in Stückelungen zwischen 5 fl. und 100 fl. Alle öffentlichen Kassen mussten die Bancozettel bis zur Hälfte der Zahlung anstelle barer Münzen annehmen, nicht aber Privatleute. Der Erfolg der Bancozettel hielt sich in Grenzen. Erst 1771 kam es zu einer zweiten Notenemission für nochmals 12 Mill. fl., bei der die Zettel nur bar bezahlt und nicht mehr, wie bei der ersten Emission, auch gegen Staatsobligationen eingetauscht werden konnten. Sie besaßen aber auch weiterhin keinen Zwangskurs oder Annahmezwang im privaten Geldverkehr und wurden von den Staatskassen problemlos in Münzgeld eingetauscht. Erst mit dem unbegrenzten Wachstum der Papiergeldmenge nach 1796 (von 46 Mill. fl. 1796 auf 450 Mill. fl. 1806) wuchsen die Schwierigkeiten der Einlösung; ein kontinuierlicher Wertverlust des Papiergeldes war die Folge, der letztlich im Staatsbankrott von 1811 gipfelte.

Im Vergleich zu Österreich blieb die Notenemission in Preußen bescheiden. Hier wurde 1765 der Königliche Giro- und Lehnbanco gegründet, der die Funktion einer Wechsel- und Zettelbank erfüllen, d. h. auch Noten ausgeben sollte. Zwischen 1766 und 1771 emittierte die Bank Noten im Wert von 800 000 Rtl.; danach ruhte die Notenausgabe über 20 Jahre bis 1793, als man nochmals Noten für 525 000 Rtl. in Verkehr brachte. Da ausreichend Münzgeld vorhanden war, blieb die Nachfrage nach Banknoten und deren Akzeptanz in Preußen ebenso gering wie in den meisten anderen deutschen Staaten. Daher wandelte sich der Banco von einer Giro- und Zettelbank in eine Depositenbank, deren wichtigstes Aktivgeschäft die Vergabe von Hypothekenkrediten zum Grunderwerb war.

Privatbankiers und Sparkassen

Eine der Krediterrungenschaften, die im 18. Jahrhundert von Amsterdam aus große Verbreitung in Nordwesteuropa fanden, war der Akzeptkredit oder das Bankakzept. Dabei bevollmächtigten Bankhäuser ihre Kunden, Wechsel auf sie zu ziehen. Nur musste der Kunde dafür sorgen, dass beim Fälligkeitstermin genügend Geld auf seinem Konto war. Den Wechsel konnte der Kaufmann – versehen mit der Unterschrift des akzeptierenden Bankhauses – als Zahlungsmittel verwenden oder gar bei einer auswärtigen Bank zur Diskontierung einreichen. Falls aber ein Bankhaus in der Überschätzung seiner Leistungsfähigkeit zu viele Akzepte gegeben hatte, führte das nicht selten zur Insolvenz. Die Krise des Jahres 1763, als der Friede von Hubertusburg der Kriegskonjunktur ein Ende setzte, zahlreiche Wechsel platzten und mehrere Handels- und Bankhäuser in Hamburg und Amsterdam «fallierten», ist dafür ein gutes Beispiel.

Mit dem Aufschwung der Privatbankiers im ausgehenden 18. Jahrhundert und der Vergrößerung ihrer Kapitaldecke erhielt der Akzeptkredit ebenso wie der Handelskredit überhaupt eine neue solide Grundlage. Das spezifische Dienstleistungsprofil der Privatbankiers entwickelte sich aus der traditionell gemischten Handels- und Bankierstätigkeit der Kaufleute-Bankiers. Wenn ein Kaufmanns-Bankier kapitalkräftig genug war, um sich auf das Bankgeschäft zu konzentrieren, entstand aus dem Handelsunternehmen mit Banktätigkeit ein Privatbankhaus. Beispielsweise nahm die Zahl der Londoner Privatbanken von 30 um die Mitte des 18. Jahrhunderts auf 70 im Jahre 1803/04 zu. Sie finanzierten mit Krediten den Außenhandel, und ihre führenden Vertreter wie die Baring und später die aus Amsterdam nach London übergesiedelten Hope emittierten internationale Staatsanleihen.

Wenn ein Staat zur Kriegsfinanzierung eine Anleihe «auflegte», wandte er sich zur Vermittlung an ein Bankhaus. Dieses übernahm zu einem bestimmten Kurs die Anleihe und schoss dem Staat den Betrag vor, um die Anleihe dann zu einem höheren Kurs international unter das Publikum zu bringen. Der Gewinn des Bankiers bestand sowohl im Kursgewinn als auch in einer Provision für die technische Abwicklung der Anleiheemission. Die Privatbanken machten auf diese Weise die europäischen Ersparnisse den Krieg führenden Staaten verfügbar. Sie zögerten dabei nicht, gleichzeitig oder nacheinander mehreren Kriegsparteien zu Diensten zu sein. So emittierte Henry Hope & Co. die spanische Anleihe während des Kriegs zwischen Spanien und Frankreich 1792/93 und ebenfalls 1807, als Spanien mit Frankreich verbündet war.

Die Anleihen des Staates und der internationale Großhandel standen auch im Mittelpunkt des Geschäftes der französischen Privatbanken. Diese wurden vor allem von Protestanten schweizerischer oder französischer Abkunft geführt und sind als Banque Protestante in die Geschichte eingegangen. Auch die deutschen Privatbankhäuser wurden von einer religiösen Minderheit, nämlich von den Juden, betrieben, denn hier war die Tätigkeit als jüdischer Hoffaktor neben Handel und Spedition die wichtigste Quelle des Privatbankgeschäftes. Die Hoffaktoren oder «Hofjuden» belieferten die Fürstenhöfe des Absolutismus mit Lebensmitteln, Schmuck und Juwelen, sie beschafften den Armeebedarf, sie besorgten den Kredit und übernahmen die Münzprägung. Das berühmteste Beispiel für den Aufstieg eines Hoffaktoren zum Privatbankier und weiter in die europäische Hochfinanz stellen die Rothschilds dar. Hier legte Meyer Amschel Rothschild den Grundstein für das internationale Bankgeschäft seines Hauses, als er während des amerikanischen Unabhängigkeitskrieges als Hoffaktor des Landgrafen von Hessen-Kassel die im «Soldatenverkauf» an England erlösten Gelder auf den Kontinent transferierte und mit Gewinn in in- und ausländischen Anleihen anlegte.

Die großen und kleinen Agrarproduzenten und die Handwerker in den Städten profitierten nicht von den finanziellen Dienstleistungen der Privatbankiers. Dennoch gab es auch im Agrarsektor europaweit eine Ausweitung und Verbilligung des Kredits, der zusammen mit dem Aufschwung der Agrarkonjunktur zur Modernisierung und Intensivierung der Landwirtschaft beitrug. In Frankreich lag der Kreditzins mit 3–3,5% deutlich unter der Zinshöhe des 17. Jahrhunderts, obwohl die Kreditnachfrage während dieser Depressionszeit erheblich geringer gewesen war. In den deutschen Territorien bekam man Kredit für 4% und 5% Zins, wenn auch der Siebenjährige Krieg eine schwere Kreditkrise verursachte. Entsprechend wurden nach dem Krieg vielfach Vorschläge gemacht, wie die Kreditsituation der Landwirtschaft zu verbessern sei. Aus einem Vorschlag des Berliner Kaufmanns Bühring, ein allgemeines Kreditinstitut für die preußischen Provinzen zu errichten, entstanden die preußischen Landschaften, deren erste 1770 in Schlesien errichtet wurde, das durch den Krieg besonders stark in Mitleidenschaft gezogen war. Weitere Gründungen für die Kur- und Neumark (1777), Pommern (1781), Westpreußen (1787) und Ostpreußen (1788) folgten. Der in Schlesien, aber auch in den übrigen Provinzen anstehende Wiederaufbau der Landwirtschaft konnte nur mithilfe günstiger langfristiger Kredite verwirklicht werden. Viele potenzielle Kreditgeber waren aber nicht bereit, ein vom Krieg in Mitleidenschaft gezogenes Gut zu beleihen. Deshalb sollte durch die Errichtung das verlorene Vertrauen in den ländlichen Kredit wiederhergestellt werden.

Die Landschaften waren ständische Zwangskreditgenossenschaften, wobei alle Rittergüter einer Provinz zusammen für den einzelnen an ein bestimmtes Gut gegebenen Kredit hafteten. Die Landschaften gewährten ihren kreditsuchenden Mitgliedern den Kredit aber nicht in Bargeld, sondern in Form von Schuldverschreibungen, den sog. Pfandbriefen, die die Kreditempfänger selbst bei kapitalkräftigen Leuten in Geld umtauschen mussten. Kredite wurden so zwischen den kreditsuchenden ländlichen Grundbesitzern und den eine Geldanlage suchenden städtischen Kapitalbesitzern vermittelt. Das Kreditangebot für die Adelsgüter vergrößerte sich ebenso, wie sich deren Verschuldungsspielraum erhöhte: Die Güterspekulation kam in Gang. Der Zinssatz für Pfandbriefzinsen fiel sukzessive: in Schlesien von 5% (1770) über 4,6% (1777) auf 4% (1788). Aufgrund der – von der Landschaft garantierten – Sicherheit des angelegten Kapitals und der prompten Zinszahlung wurden die Pfandbriefe zur wichtigsten Anlageform für privates Kapital und büßten selbst in der Phase der frühen Industrialisierung nichts von ihrer Beliebtheit ein. Nutznießer dieses wachsenden Kreditangebots waren aber nur selten die ostdeutschen Bauern, da ihre Kreditaufnahme bis ins 19. Jahrhundert durch das grundherrliche Konsensrecht (die Grundherren mussten um Erlaubnis gefragt werden) und durch das fehlende Besitzrecht am Boden eingeschränkt wurde. Die Bauern waren weiterhin auf die Darlehen in Geld und Naturalien als grundherrliche Unterstützung in der Not angewiesen, oder sie mussten die Hilfe von Gemeinde und Nachbarn in Anspruch nehmen.

Vereinzelt öffneten herrschaftliche Hilfskassen ihre Pforten, die wie die Depositenkasse in Hohenlohe oder die 1774 gegründete Gräflich-Castell-Remlingensche Land-Credit-Casse Einlagen der Fürsten- oder Grafenfamilie, ihrer Bediensteten und der Bevölkerung annahmen sowie mit 4–5% verzinsten. Dafür gaben die Kassen dann Investitions- und Konsumtivkredite für 5–5,5% Zinsen an kleine Gewerbetreibende, Handwerker und Bauern. Ebenfalls Konsumtivkredite auf Pfand gewährten die städtischen Pfandleihhäuser, die an die spätmittelalterliche und frühneuzeitliche Tradition der Monti di Pietà anknüpften und verhindern sollten, dass die Armen in einer Notlage in die Klauen der Wucherer gerieten.

Aus dem gleichen Geist heraus, aber mit einer leicht unterschiedlichen Zielsetzung entstanden im ausgehenden 18. Jahrhundert die Sparkassen. Zwar hatte es schon früher Projekte wie den Mont de

Piété des Hugues Delestre (1611) oder das Projekt des Pension Office von Daniel Defoe (1697) gegeben, die als Vorläufer der Sparkassen in Anspruch genommen werden; aber erst im letzten Viertel des 18. Jahrhunderts kam es zu einer regelrechten Gründungswelle von Sparkassen, die 1778 mit der Ersparungs-Classe in Hamburg begann und 1808 mit der Ersparungs-Casse in Darmstadt zu Ende ging. Dazwischen lagen die Gründungen in Oldenburg (1786), Kiel (1796), Altona (1801) und Göttingen (1801). Allen Gründungen war der sozialpolitische Auftrag gemein, die Lebensbedingungen der unteren Gesellschaftsschichten zu verbessern. Dieser leitete sich in manchen Fällen aus den sozialen und pädagogischen Programmen der im Geist der Aufklärung entstandenen Patriotischen Gesellschaften her, in anderen aus der Praxis täglicher Armenfürsorge. So heißt es in der Satzung der von der Hamburger Patriotischen Gesellschaft 1778 gegründeten Ersparungs-Classe:

> Die Ersparungs-Classe dieser Versorgungs=Anstalt ist zum Nutzen geringer fleissiger Personen beyderley Geschlechts, als Dienstboten, Tagelöhner, Handarbeiter, Seeleute etc. errichtet, um ihnen Gelegenheit zu geben, auch bey Kleinigkeiten etwas zurückzulegen, und ihnen sauer erworbenen Noth= oder Braut=Pfennig sicher zu einigen Zinsen belegen zu können, [...].

Alle Einlagen wurden mit 3% verzinst, jedoch war die Mindesteinlagensumme mit 15 Mark Banco relativ hoch angesetzt, wenn man bedenkt, dass ein Tagelöhner auf dem Bau bei voller Beschäftigung im Monat nur 17 1/2 Mark, ein Zimmergeselle 39 Mark verdiente. Entsprechend kamen die Armen selbst als Sparer wohl kaum in Betracht. Dennoch sind die Verbindungen zwischen den Sparkassengründungen und der ökonomischen Situation des ausgehenden 18. Jahrhunderts nicht zu übersehen. Diese war gekennzeichnet durch steigende Nahrungsmittelpreise und ein allgemeines demografisches Wachstum, das vor allem die städtischen und ländlichen Unterschichten überproportional vermehrte. Arbeitslosigkeit und Unterbeschäftigung nahmen zu, und so lag es nahe, in den Zeiten der Beschäftigung Beträge für Zeiten der Arbeitslosigkeit, Alter oder Invalidität zurückzulegen. Auf diese Weise könne man

> die gegenwaertigen Genossen des oeffentlichen Almosens zur Selbststaendigkeit zuruek [...] führen, und denjenigen, welche am haeufigsten der Verarmung ausgesezt sind, die Mittel und Wege zur unabhaengigen und selbsteigenen Versorgung [...] erleichtern.

Einem solchen Gründungsziel widerspricht auch nicht die scheinbar hohe Mindesteinlagenhöhe. Denn Josef Wysocki (1980) hat an den für die Mitte des 19. Jahrhunderts vorhandenen Quellen gezeigt, dass Dienstboten, Gesinde, Handwerksgesellen und Tagelöhner eher größere Beträge – oftmals sogar einen ganzen Jahreslohn – zur Sparkasse brachten. Die Sparkassen machten somit das Vergraben von Geldbeträgen in der Erde allmählich überflüssig, obwohl man immer noch vorübergehende Verstecke bis zum Gang zur Sparkasse, der ein- bis zweimal im Jahr stattfand, benötigte. Entsprechend werden die Münzfunde nach der napoleonischen Besatzungszeit immer seltener und verlieren als geldgeschichtliche Quelle zunehmend an Aussagekraft.

6

Internationaler Goldstandard und Entstehung des modernen Bankwesens

Nach den Napoleonischen Kriegen trat die europäische Wirtschaft in das Zeitalter der Industrialisierung und der weltwirtschaftlichen Integration ein. Diese Epoche brachte auf dem Gebiet der Geldgeschichte durch die Einführung des Goldstandards eine Vereinheitlichung der Währung, die endgültige Etablierung der Banknoten sowie mit der Ausbildung des modernen Bankwesens eine gewaltige Ausweitung des Kredits. Die Führungsrolle in der Weltwirtschaft übernahm Großbritannien, das durch sein einmaliges Warensortiment aus einheimischen industriellen Produkten und kolonialen Gütern sowie durch die Vormacht seiner Handelsflotte die dominierende Handelsnation im 19. Jahrhundert war. In engem Zusammenhang damit stand die Ausdehnung finanzieller Dienstleistungen. Einheimische und ausländische Kaufleute konnten jederzeit die Hilfe des Londoner Geld- und Kapitalmarktes für kurzfristigen oder langfristigen Kredit, Geldüberweisungen, Kapitalanlagen und Versicherungen in Anspruch nehmen. Frei von Restriktionen des Geld- und Kapitalverkehrs, wandelte sich das *Pfund Sterling* zu der wichtigsten Währung für internationale Transaktionen, mit der Ende des 19. Jahrhunderts gut zwei Drittel des Welthandels finanziert wurden. Es scheint daher nur natürlich, dass Großbritannien über die internationale Leitwährung des Pfund Sterling die europäische Währungsentwicklung beeinflusste.

Währungsharmonisierung und Goldstandard

England besaß bereits im 18. Jahrhundert de facto eine Goldwährung, da seit 1774 Goldmünzen gesetzliches Zahlungsmittel waren und Silbermünzen bei Zahlungen nur bis zu einer Höhe von £ 25 angenommen werden mussten. Einen Schritt weiter ging das im Zusammenhang mit der Währungskonsolidierung nach den Napoleonischen Kriegen verabschiedete Gesetz vom 22. Juni 1816, das allein Gold als gesetzliches Zahlungsmittel zuließ und den Annahmezwang von Silberscheidemünzen auf £2 beschränkte. 1821 wurde schließlich die 1797 aufgehobene Einlösepflicht der Noten der Bank of England in Gold wiederhergestellt, da die Goldreserven der Bank nun wieder ausreichten, um die Konvertibilität zu garantieren. Man zog damit spät die Konsequenz aus der im Krieg geführten sog. *Bullionisten*-Debatte, in der die Bullionisten mit ihren Gegnern darüber gestritten hatten, ob die Nichteinlösbarkeit der Noten und damit die ungebremste Notenausgabe den Geldwert beeinträchtige.

Mit seiner Goldwährung stand Großbritannien bis in die 1870er-Jahre in Europa einzigartig da. Die meisten Staaten besaßen Silberwährungen, einige wie Frankreich eine Doppelwährung aus Gold und Silber. Die französische Doppelwährung entstand in der napoleonischen Münzreform des Jahres 1803 und knüpfte an das 1795 eingeführte Dezimalsystem von Franc und *Centime* an. Einem Franc entsprachen 0,29 g Feingold oder 4,5 g Feinsilber. Dadurch wurde die alte Gold-Silber-Relation von 1:15,5 bestätigt, die in Frankreich bis 1928 galt. Man prägte Silbermünzen zu 5 fr., 2 fr., einem halben und einem Viertelfranc sowie Goldmünzen zu 20 fr. (der sog. *Napoléon*) und zu 40 fr. Das bimetallische Währungssystem wurde in den Folgejahrzehnten von Belgien, der Schweiz und Italien übernommen und fand in der späteren Lateinischen Münzunion seine weiteste Verbreitung.

In den Staaten des Deutschen Bundes regierte die Silberwährung, die jedoch ihre typischen regionalen Ausprägungen erfuhr. Dabei hatte sich die Zahl der deutschen Münzstände durch den Reichsdeputationshauptschluss und den Zusammenbruch des Alten Reiches von über 100 auf 34 Staaten und vier Freie Städte im Deutschen Bund reduziert. Dennoch wurde weiter fleißig nach unterschiedlichem Münzfuß geprägt, in Norddeutschland nach dem 14-Taler-Fuß (Preußen) und dem 34-Mark-Fuß (Hamburg, Lübeck, Schleswig-Holstein, Mecklenburg-Schwerin), in Süddeutschland weitgehend nach dem 24-1/2-Gulden-Fuß. Außerdem liefen in großer Zahl ausländische Kronentaler, goldene und silberne Napoléons (5 fr.) etc. um. Einen Impuls zur Vereinheitlichung dieser Münzsysteme brachte der Deutsche Zollverein, denn der Zollvereinsvertrag von 1833 verpflichtete seine Mitglieder zur Einführung eines gleichen Münz-, Maß- und Gewichtssystems. Daher vereinbarten die Vertragspartner des Zollvereins im Dresdner Münzvertrag des Jahres 1838 die Schaffung zweier Währungsgebiete, nämlich eines norddeutschen 14-Taler-Fuß-Gebietes und eines süddeutschen 24-1/2-Gulden-Fuß-Gebietes, sowie die Emission einer *Zollvereinsmünze*. Diese spöttisch «Champagnertaler» genannte Münze entsprach 2 Talern oder 3 1/2 Gulden (dem Preis einer Flasche Champagner), fand jedoch nur geringe Verbreitung, da die Münzherren der Produktion von Landesmünzen den Vorrang gaben.

Ein weiterer Schritt zur Angleichung der Währung im Deutschen Bund wurde mit dem Handelsvertrag zwischen Österreich und dem Deutschen Zollverein im Jahre 1853 vollzogen. Darin einigten sich Österreich und die Zollvereinsmitglieder auf das Zollpfund, das Warengewicht des Zollvereins, als Grundlage des neuen Münzfußes. Aus dem neuen Pfund zu 500 g, das die alten traditionellen Münzgrundgewichte der Kölner und der Wiener Mark ersetzte, sollten 30 preußische Taler bzw. 52 1/2 süddeutsche oder 45 österreichische Gulden geprägt werden. Neben der Bekräftigung des Grundsatzes der Dresdner Münzkonvention, dass jeder Staat seine eigenen abgenutzten Münzen zum Nennwert einlösen müsse, brachte der Wiener Vertrag als wesentliche Neuerung den *Vereinstaler*, d.h. eine einheitliche Münz- und Recheneinheit für das Zollvereinsgebiet und Österreich, obgleich die Münzsysteme und Scheidemünzen weiterhin regional differenziert blieben. Nicht durchsetzen konnte sich Österreich mit seinem Wunsch nach Einführung einer Goldwährung, da Preußen fest auf seiner Silberwährung beharrte. Dabei hätte die Einführung einer Goldwährung durchaus nahegelegen, da sich das Gold durch die neuen Goldfunde in Kalifornien und Australien weltweit verbilligte.

Am 24. Januar 1848 hatte man in den Sandbänken des Sacramento Gold entdeckt, was ein weltweites Goldfieber auslöste. Die Einwohnerzahl Kaliforniens nahm in dem Maße zu, in dem sich die Schürfzone auf einer Fläche von 1200 km Länge und 115 km Breite über die Sierra Nevada ausdehnte. In den Jahren 1851–1853 wurden die Goldsucher auch in Australien fündig, zunächst im Norden, später im Süden. Obgleich die Goldförderung hier größere Investitionen als in Kalifornien erforderte, blieb die Ausbeute nur unwesentlich hinter der amerikanischen zurück und übertraf diese sogar in den Jahren 1855–1863. Den dramatischen Aufschwung der Goldproduktion um die Mitte des 19. Jahrhunderts verdeutlicht Diagramm 3. In den folgenden Jahrzehnten pendelte sich die weltweite Goldförderung mit durchschnittlich 161 t im Jahr auf einem niedrigeren Niveau ein, um mit dem Beginn der kanadischen und vor allem der südafrikanischen Goldproduktion seit den 90er Jahren wieder stark zuzunehmen.

Mit dem gewaltigen Produktionsausstoß der Goldminen geriet das lange Zeit stabile Gold-Silber-Verhältnis ins Wanken. Das Silber verteuerte sich relativ zum Gold, und dies beeinflusste wiederum die Verwendung der beiden Metalle in den nationalen Währungen und im internationalen Handel. Durch die neue Preissituation gerieten die Länder unter Druck, in denen wie in Frankreich die alte gesetzlich festgelegte Gold-Silber-Relation von 1:15,5 weiter galt. Da das Gold dort überbewertet war, wurde das Edelmetall in Massen nach Frankreich eingeführt, preiswert gegen Silber getauscht und anschließend dieses auf die asiatischen Märkte, vor allem nach Indien, gebracht. Denn die Nachfrage nach indischen Waren wie Seide, Tee, Indigo oder Zucker nahm stärker zu als die europäischen Warenexporte nach Indien. In den 1860er Jahren ließ dann die Baumwollknappheit infolge des amerikanischen Bürgerkrieges die Nachfrage nach indischer und ägyptischer Baumwolle wachsen sowie den Silberstrom nach Indien anschwellen.

Man musste aber nicht bis nach Indien fahren, um mit Silber günstig einzukaufen oder im Edelmetallhandel Kursgewinne zu erzielen. Ähnlich profitabel war es aufgrund des steigenden Silberpreises, abgenutzte und minderwertige französische Silbermünzen nach Belgien einzuführen, damit die vollwertigen belgischen Münzen aufzukaufen und diese wiederum zu exportieren. So fielen 85%

Diagramm 3: Jährliche Goldförderung der Welt 1800–1910 (in t)

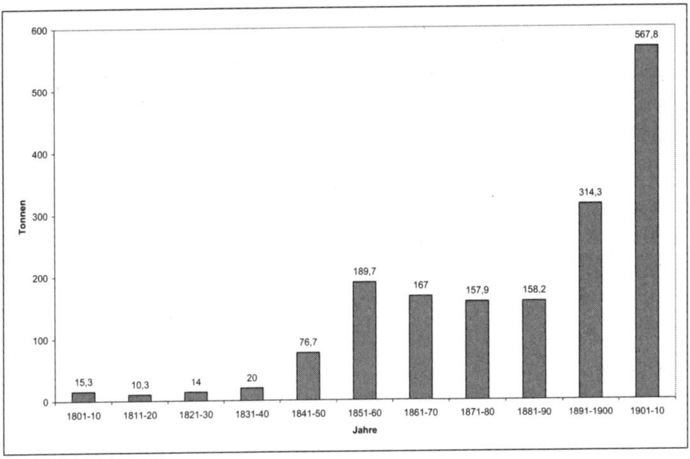

Quelle: Schmutz, Metal Production, S. 79–84

der belgischen Silberprägung dem Export zum Opfer. Die französischen Münzen fanden ihren Weg ebenfalls in die Schweiz, während Frankreich selbst von den noch schlechteren italienischen Münzen bedroht wurde.

Der kontinuierliche Silberabfluss aus den vier Frankenländern, Frankreich, Belgien, Schweiz und Italien, ließ an eine koordinierte Bekämpfung der gemeinsamen Währungsprobleme denken. Als sich die vier Partner 1865 zur sog. *Lateinischen Münzkonvention* versammelten, hatten sie alle, bis auf Frankreich, die Einführung der Goldwährung im Kopf. Das relativ knappe Silber sollte durch das reichlich vorhandene Gold als Währungsmetall ersetzt werden, zumal der Geldumlauf durch den jahrelangen Silberabfluss ohnehin einen beträchtlichen Anteil an Goldmünzen aufwies. Dennoch setzte sich Frankreich schließlich durch und machte für die Mitgliedstaaten der aus der Münzkonvention entstandenen Lateinischen Münzunion seine Doppelwährung verbindlich: Die Gold-Silber-Relation von 1:15,5 wurde ebenso festgelegt wie ein gemeinsamer Münzfuß, der zusammen mit der Kontingentierung der Annahmepflicht für Scheidemünzen die Überschwemmung eines Landes mit den Münzen seines Partnerlandes verhindern sollte. Mit der Doppelwährung wollte Frankreich eine Mittlerrolle zwischen den Gold- und Silberwährungsländern spielen. Deshalb versuchte es, nach den Partnern der Lateinischen Münzunion auch andere Länder von den Vorteilen der Doppelwährung zu überzeugen.

Diesem Zweck diente die anlässlich der Pariser Weltausstellung von 1867 einberufene internationale Währungskonferenz. Sie nahm jedoch einen anderen Verlauf als von Frankreich beabsichtigt, da nicht der Doppelwährung, sondern der Goldwährung größere Chancen für die weltweite Währungsharmonisierung eingeräumt wurden. Den letzten Ausschlag zur Einführung der Goldwährung in den verschiedenen europäischen Staaten gab dann der zu Beginn der 1870er Jahre einsetzende drastische Verfall des Silberpreises. Bedingt durch eine Ausweitung der Silberproduktion fiel der Silberpreis auf dem Londoner Edelmetallmarkt je Unze von 60 p (1870) über 52 p (1880), 47 p (1890), 28 p (1900) auf 24 p (1910).

Auf der Suche nach Gold hatte man nämlich in den Rocky Mountains neue ertragreiche Silberadern entdeckt und in kurzer Zeit mehr Silber als Gold gefördert. Die Silbervorkommen in Nevada, wie z. B. der berühmte Comstock-Gang, waren ertragreicher als die bisher ausgebeuteten Lager. Außerdem sanken durch die Verbesserung der Scheideverfahren und die Erschließung der Rocky Mountains für den Eisenbahnverkehr die Produktions- und Transportkosten des Silbers. Hinzu kam eine weltweit rückläufige Silbernachfrage, da sich einerseits die Silberausfuhren nach Indien verringerten und andererseits die Staaten, die zur Goldwährung übergingen, ihre Silberbestände um jeden Preis loszuwerden versuchten.

Das erste Land, das offiziell die Goldwährung übernahm, war Deutschland. Die Reichsgründung, die seit Jahren positive Zahlungsbilanz und die französischen Reparationszahlungen schufen günstige Bedingungen zur Umstellung der Währung. Vor allem die «goldenen» Reparationsleistungen Frankreichs werden immer wieder mit der Einführung der Goldwährung in Verbindung gebracht. In der Realität aber zahlte Frankreich die im Frankfurter Frieden festgesetzte Entschädigung von 5 Mrd. fr. nur zu 273 Mill. fr. in

Goldmünzen, zu 239,2 Mill. fr. aber in Silbermünzen und den weitaus größten Teil (4,248 Mrd. fr.) in Wechseln, die auf Pfund Sterling lauteten und in London in Gold eingelöst wurden. 1871 beschloss das Reich, in Anlehnung an den englischen Sovereign, eine *20-Mark-Goldmünze* auszuprägen. Diese wurde die wichtigste Münze, als das Reich 1873 die Reichsgoldwährung einführte und die alten Landeswährungen mit Wirkung zum 1. Januar 1876 außer Kraft setzte. Da die im Umlauf befindlichen Silbermünzen bis zu diesem Zeitpunkt nicht alle umgetauscht werden konnten, behielten sie ihren Wert. Die deutsche Goldwährung «hinkte» also bis zur Außerkurssetzung der restlichen Münzen im Jahre 1907.

Nahezu gleichzeitig mit Deutschland gingen die Niederlande und die skandinavischen Länder zur Goldwährung über. 1873 einigten sich Dänemark und Schweden auf die *Goldkrone* (zu 100 *Öre*) als Währungseinheit und begründeten so die *Skandinavische Münzunion*, der sich Norwegen zwei Jahre später anschloss. Durch die Verbreitung der Goldwährung in Deutschland und Nordwesteuropa gerieten die Länder der Lateinischen Münzunion angesichts der unverändert festgelegten Gold-Silber-Relation von 1:15,5 verstärkt unter Druck. War es früher bei sinkendem Goldpreis lukrativ gewesen, in Frankreich mit Gold zu bezahlen, so begünstigte nun die vergleichsweise hohe Gold-Silber-Relation – auf dem Weltmarkt lag sie zwischen 1:17 und 1:18 – den massenhaften Silberimport in die lateinischen Länder. Jährlich setzten die Vertragsstaaten daher ihre Silberprägekontingente neu fest, ohne aber den notwendigen deflatorischen Effekt zu erzielen. Schließlich vereinbarte man 1878, die Silberprägung gänzlich einzustellen. Als auch dies nicht half, unternahm Frankreich 1881 mit der Pariser Währungskonferenz einen letzten groß angelegten Versuch, die Doppelwährung zu stabilisieren und in weltweiter Zusammenarbeit den Abfluss seiner Goldreserven zu bremsen. Dieser Rettungsversuch fand aber nicht die aktive Unterstützung der anderen europäischen Großmächte, sodass sich die französische Währung in den 1880er Jahren de facto zu einer hinkenden Goldwährung entwickelte, während allein Italien, der schwächste Partner der Münzunion, in der Praxis an seiner Doppelwährung festhielt.

Mindestens ebenso interessant wie der Gegensatz zwischen den Ländern der Lateinischen Münzunion und den Goldwährungsländern waren die Auseinandersetzungen innerhalb jedes Landes um die richtige Währungspolitik. Denn in den meisten Ländern, unabhängig davon, ob sie über die Goldwährung oder über eine Doppelwährung verfügten, standen sich die Anhänger und Gegner der Goldwährung unversöhnlich gegenüber. Jede Gruppe repräsentierte verschiedene Interessen, die wir als industrielle und agrarische Interessen beschreiben können. Die Vertreter der Industrie wollten mit der Goldwährung die nationale Währung stabilisieren und so den Zufluss ausländischen Kapitals stimulieren; dagegen fürchteten die Agrarier, durch eine harte Währung als Anbieter auf dem Weltmarkt den Preisvorteil einzubüßen, den ihnen eine schwache Silberwährung versprach. Mit der endgültigen Einführung der Goldwährung, zu der sich in den 1890er Jahren ebenfalls Österreich-Ungarn und Russland durchrangen, setzten sich national wie international die Industriellen und die Gläubiger, die an einer festen Verzinsung ihres Kapitals Interesse hatten, gegenüber den auf Inflation hoffenden Agrariern und Schuldnern durch.

Die reichen Industrieländer, die über transparente Kapitalmärkte und effektive Zentralbanken verfügten, führten erfolgreich die Goldwährung ein. Weniger entwickelte Länder in Asien und Lateinamerika hielten an der Silberwährung fest, was aber generell ihrer Exportwirtschaft zugute kam, da sich die Ausfuhren in die Goldwährungsländer verbilligten. Der Übergang zur Goldwährung auf nationaler Ebene führte international zur Etablierung des sog. Goldstandards, der nach Barry Eichengreens (1985) Definition nur existierte, wenn sich eine Reihe von Staaten an die folgenden Regeln hielt:

- ungehinderte Konvertibilität von Geld in Gold und umgekehrt;
- ungehinderte Ein- und Ausfuhr von Gold;
- feste Regelungen, die die Geldmenge eines Landes an die Goldreserven banden.

In den meisten europäischen Ländern nahm der Goldstandard die Form einer Goldkernwährung an, in der – bei einer weitgehenden

«Abwesenheit eines Goldumlaufs» – die umlaufenden Banknoten durch den Goldbestand der Notenbank gedeckt waren. Damit verbunden war die Einlösepflicht, die jedoch nicht in Gold erfolgen musste. Den Luxus einer Goldumlaufwährung, d. h. einen Goldmünzenumlauf mit Notenanteil, leisteten sich nur wenige Länder wie das Deutsche Reich oder Frankreich, die über große Goldreserven verfügten bzw. zu diesem Zweck ansammelten.

Was waren die Vorteile des Goldstandards? Nach der klassischen erstmals von David Hume formulierten und später von David Ricardo (1809) verbreiteten Theorie bestand der Vorteil des Goldstandards in dem Goldautomatismus, der die internationalen Wechselkurse stabil hielt. Sobald der Kurs einer Währung im Vergleich zu einer anderen über die mit der Goldversendung verbundenen Kosten (Transport und Versicherung) hinaus anstieg, floss Gold aus dem Land der schwächeren Währung in das der stärkeren. Der Goldabfluss, d. h. die Verringerung der Reserven, führte zur Einschränkung des Notenumlaufs, zum Anstieg der Zinsen und letztlich zu Preissenkungen in dem einen Land, während der Goldzufluss in dem anderen Land den Notenumlauf ausweitete, die Zinsen senkte und damit den Preisanstieg begünstigte. Wenn dieser Punkt erreicht war, drehte sich der Goldstrom um, das Gold floss in das Land mit den höheren Zinsen und der größeren Goldnachfrage. Die Zahlungsbilanz wurde ausgeglichen, der Wechselkurs stabilisiert.

In der Praxis funktionierte dieser Goldautomatismus aber nur bedingt, denn anders als lange behauptet wurde, hielten sich die Zentralbanken nicht an die vom J. M. Keynes später (1925) so benannten «Rules of the Game». Weder verknappten sie das Geld durch Diskontsatzerhöhungen in Zeiten des Zahlungsbilanzdefizits und Goldabflusses, noch weiteten sie die Notenemission im umgekehrten Falle aus. Der Bank of England reichten sogar geringe Goldreserven aus, da die Bank aufgrund des überlegenen englischen Bankensystems jederzeit darauf vertraute, dass durch Diskontsatzerhöhungen der für die Stabilisierung des Sterling-Wechselkurses notwendige Gold- oder Kapitalstrom mobilisiert werden konnte.

Wenn man dennoch dem Goldstandard einen Erfolg bei der Währungs- und Wechselkursstabilität in der Zeit vor dem Ersten Weltkrieg zusprechen kann, dann lag das in erster Linie daran, dass das Vertrauen in die Konvertibilität Geld gegen Gold nie ernsthaft infrage gestellt wurde. In den führenden Ländern des Goldstandards England, Frankreich, Deutschland bestand nie ein Zweifel daran, dass Regierung und Zentralbank die Goldreserven und damit die Konvertibilität der Währung verteidigen würden. Die Währungsstabilität hatte Priorität. Einen Druck auf die Zentralbank (wie im 20. Jh.) zur Ankurbelung der Konjunktur oder zur Beseitigung der Arbeitslosigkeit gab es noch nicht. Entsprechend war das Währungsrisiko, insbesondere für ausländische Investoren, gering.

Wesentlich zur Stabilität trug Großbritannien durch seine führende Rolle in der Weltwirtschaft bei. Denn seine Kapital- und Warenexporte halfen ebenso wie die ungehinderte Partizipation der Rohstoffproduzenten am Welthandel, Zahlungsbilanzschocks zu verhindern. Entsprechend wurde das Pfund Sterling zur Ankerwährung des Goldstandards. Die Bank of England gab die Zinspolitik vor und «dirigierte das internationale Orchester der Zentralbanken» (Keynes).

Gleichzeitig war die Bank of England auf internationale Solidarität angewiesen, wenn sie wie in der sog. *Baring-Krise* (1890) sowohl als *lender of last resort* die einheimischen Banken stützen als auch das Pfund verteidigen musste. Beides gelang durch Darlehen der Banque de France und die Hilfe Russlands. 1898 erhielten die Reichsbank und andere deutsche Geschäftsbanken Unterstützung durch die Bank of England und die Banque de France, während Letztere und die Reichsbank 1906 und 1907 wiederum der Bank of England aus momentanen Schwierigkeiten halfen.

Weniger stabil war die Situation außerhalb Europas, wo in zahlreichen Staaten – wie in den USA bis 1913 – eine Zentralbank fehlte und Interessengruppen (Landbesitzer mit festen Hypotheken sowie Exportunternehmer) von der Aufgabe der Goldkonvertibilität ebenso zu profitieren meinten wie die Bergbaugesellschaften, die für eine Silberwährung plädierten. Hier zeichneten sich schon Spannungen ab, die auch langfristig das System des Goldstandards gefährdet hätten, wenn nicht der Erste Weltkrieg diesen Gefahren zuvorgekommen wäre. Als im Jahre 1914 der allgemeine Run auf das

Gold die Goldreserven weit überschritt und die Forderungen auf ausländische Guthaben nicht mehr realisiert werden konnten, brach der internationale Goldstandard zusammen.

Die Banknote als gesetzliches Zahlungsmittel

Neben der weltweiten Währungsharmonisierung gelangte bis zum Ersten Weltkrieg auch die Entwicklung der Banknote zum gesetzlichen Zahlungsmittel zu ihrem Abschluss. Den Anfang machte wie immer England. Hier war während der Napoleonischen Kriege der Notenumlauf in einem solchen Maße ausgeweitet worden, dass die Jahre 1816/17 zum Ruin vieler privater Notenbanken wurden. Dennoch stellte die Bank of England 1821 die Einlösepflicht der Banknoten in Gold, die 24 Jahre lang suspendiert war, wieder her und löste als Bank der Banken (*lender of last resort*) während der Handels- und Bankenkrise 1825/26 unter großen Verlusten für die eigenen Goldbestände sogar die fälligen Noten der insolvent gewordenen privaten Notenbanken ein. Die Banknote hatte ihre erste große Bewährungsprobe überstanden.

Dennoch waren zwei Dinge deutlich geworden: Zum einen hatte es sich gezeigt, dass die Flut der von den Country Banks ausgegebenen und zur Lohnzahlung verwendeten 1-Pfund-Noten nicht mehr zu überblicken, geschweige denn einzulösen war. Zum anderen stand die ursprünglich zum Schutz der Bank of England getroffene Regelung, nach der eine Notenbank nicht mehr als sechs Teilhaber haben durfte, einer soliden Banknotenemission im Wege. Zur Stärkung der Kapitaldecke erlaubte deshalb das Gesetz von 1826 die Gründung von Notenbanken auf Aktienbasis, die jedoch außerhalb einer 65-Meilen-Zone um London angesiedelt sein mussten, um den Vorrang der Bank of England nicht zu gefährden. Außerdem wurde das Problem der kleinen Noten dadurch gelöst, dass in England und Wales in Zukunft keine Noten mehr im Wert von weniger als £ 5 ausgegeben werden durften.

1833 schließlich bei der Erneuerung der Bank-Charter wurden die Noten der Bank of England zum gesetzlichen Zahlungsmittel in

England und Wales erklärt (in Schottland 1845); die Noten mussten fortan für Beträge von über £ 5 angenommen und bei Bedarf von der Bank in Gold eingelöst werden. Jedoch wurde die Wirkung des neuen Gesetzes dadurch eingeschränkt, dass sich die Verantwortlichen lange Zeit nicht auf ein Verhältnis zwischen dem Edelmetallbestand und der Notenemission einigen konnten. Bereits während der Suspension der Goldeinlösung im ersten Jahrzehnt des 19. Jahrhunderts hatte sich eine parlamentarische Debatte über den hohen Preis des Goldes («on the high price of gold bullion») entzündet, die als Bullionistenstreit in die Geschichte eingegangen ist.

Es ging dabei um die Frage, ob von uneinlösbaren Banknoten Gefahren für den inneren und für den äußeren Geldwert ausgingen. Diese Diskussion leitete über in die seit 1825 stattfindende, länger anhaltende Auseinandersetzung zwischen der sog. *Currency School* und der *Banking School.* Die zentrale Frage dabei war, ob Banknoten Geld darstellten oder ob sie als Kreditzahlungsmittel wie Wechsel, Scheck, Bankdepositen anzusehen seien. Für die Anhänger der Currency-Theorie (Samuel Jones Loyd, George Ward Norman, Robert Torrens) waren Banknoten Geld (*currency*). Sie beriefen sich dabei auf David Ricardo, der 1809 in seiner Schrift *The High Price of Bullion, a Proof of the Depreciation of Bank Notes* festgestellt hatte, dass der Reichtum an umlaufenden Zahlungsmitteln diese entwertete. Nach Ricardo sollten die umlaufenden Banknoten grundsätzlich zu 100% in Gold gedeckt sein. Die Currency-Theoretiker modifizierten dies für die Praxis und forderten später, dass die umlaufenden Banknoten zu zwei Dritteln in Gold gedeckt sein müssten. Dieser Forderung wurde dann 1844 in der sog. Peel'schen Bankakte (Peel's Act) entsprochen.

Ihre Gegner, die Banking School (Thomas Tooke, John Fullarton, James Wilson), hielten dagegen einen solchen hohen Deckungsgrad für falsch, da für sie die Banknoten kein Geld waren, sondern Kreditinstrumente. Deshalb reiche nach der Meinung von Tooke eine Deckung der Banknotenemission zu einem Drittel in Edelmetall und zu zwei Dritteln in Handwechseln aus, wodurch die Banknotenemission jederzeit dem Bedarf der Wirtschaft elastisch angepasst werden könne. Eine Gefahr der Überemission von Banknoten bestand nach Meinung der Banking-Theoretiker nicht, da bei der Einlösung der Wechsel nach drei Monaten die Banknoten zur Bank zurückflössen.

Scheinbar bestätigt durch die Bankenkrise des Jahres 1839, in der die Bank of England ihrer Einlösepflicht nur durch Kreditaufnahme im Ausland genügen konnte, setzte sich aber die Currency-Richtung in der Bankreform des Jahres 1844 durch und drückte der weiteren Entwicklung der Banknote in England ihren Stempel auf. Im Peel's Act, benannt nach dem Premierminister Robert Peel, wurde nämlich nicht nur die Notenabteilung von der Geschäftsabteilung der Bank of England getrennt, sondern auch die Deckungsvorschriften sanktioniert. Der Notenabteilung übertrug man die Goldbestände der Bank of England im Wert von ca. £ 38 Mill. als Deckungsreserve für die Notenemission. Hinzu kam ein Vertrauenskontingent von £ 14 Mill. in alten Staatsschuldtiteln (£ 11 Mill.) und anderen Staatspapieren (£ 3 Mill.), um welches die Banknotenemission die Goldreserven übersteigen durfte. Man hatte damit de facto eine Zwei-Drittel-Golddeckung der Banknoten und musste nach der «reinen Lehre» des Goldstandards den Banknotenumlauf den Bewegungen der Goldreserve anpassen. Durch die rigiden Deckungsvorschriften des Peel's Act – das Vertrauenskontingent wuchs zwischen 1844 und 1914 nur um £ 4,5 Mill. – war ein Zahlungsmittelmangel programmiert. Dass sich dieser in der Praxis nicht allzu dramatisch auswirkte, lag an dem leistungsfähigen Kreditsystem. Dabei stimulierte die allgemein restriktive Notenemission die Entwicklung des bargeldlosen Zahlungsverkehrs mithilfe des Wechsels und vor allem des Schecks.

Die Reform der Bank of England im Jahre 1844 war auch ein wichtiger Schritt hin zur Zentralnotenbank mit Notenausgabemonopol. Indem man den Notenumlauf der privaten Notenbanken kontingentierte und künftig keine weiteren Banken mehr konzessionierte, wurde der Umlauf der Bank-of-England-Noten privilegiert. Mit der Zeit erbte die Bank of England die Emissionskontingente der Banken, die ihre Konzessionen zurückgaben oder die Notenausgabe einstellten, sodass um die Mitte des 19. Jahrhunderts bereits 75 % des englischen Banknotenumlaufs aus Noten der Bank of England bestanden. Es dauerte aber noch einige Zeit, bis die letzte private Notenbank im Jahre 1921, als sie von der Lloyds Bank geschluckt wurde, die Notenemission aufgab.

In Schottland, für das – wie für Irland – ein entsprechendes Gesetz im Jahr 1845 verabschiedet wurde, waren die Restriktionen gegen die Zettelbanken nicht ganz so streng. Dort hatte sich im 18. Jahrhundert und im frühen 19. Jahrhundert im Gegensatz zu England keine Zentralnotenbank herausbilden können. Hier herrschte «Bankfreiheit», d. h., die Zettelbanken konnten weitgehend frei von staatlichen Restriktionen und ohne die überlegene Konkurrenz einer staatlich privilegierten Zentralnotenbank Zettel ausgeben und über sog. *Cash-Credits* in Umlauf bringen. Daneben erlaubten die niedrigeren Nennwerte der schottischen Banknoten ein Eindringen der Banknote in den Kleinverkehr und damit eine schnelle Gewöhnung des Publikums an das papierene Zahlungsmittel.

In Frankreich nahm die Durchsetzung des Notenmonopols der Banque de France einen anderen Verlauf. Hier hatte der Privatbankier und Direktor der Banque de France, Jacques Lafitte, während der Reorganisation der französischen Staatsfinanzen nach 1815 auf das Monopol der Notenausgabe verzichtet, da er die Banque de France in eine Geschäftsbank umwandeln wollte. Die französische Regierung konzessionierte daraufhin lokale Notenbanken in den Hafenstädten Rouen, Nantes und Bordeaux, zu denen in den 1830er Jahren weitere, u. a. in Lyon, Marseille und Toulouse, kamen. Die meisten dieser Banken fielen jedoch der ökonomischen und politischen Krise der Jahre 1846–1848 zum Opfer, in der die Banque de France die zahlungsunfähig gewordenen Notenbanken durch eigene Comptoirs d'escompte ersetzte. Dabei handelte es sich um Diskontierungsbüros ohne Notenemission, die allein der Diskontierung von Wechseln aus der Provinz in Paris dienten. Auf diese Weise erhielt die Banque de France ein Emissionsrecht für ganz Frankreich, obgleich die Durchdringung der Provinz mit Banknoten in den 1860er Jahren noch sehr gering war. Bis zum Jahre 1847 lautete der Nennwert der kleinsten Note der Banque de France auf 500 Francs und lag damit weit über dem jährlichen Pro-Kopf-Einkommen der Franzosen. Entsprechend zirkulierten die Noten nur unter Bankiers und Großkaufleuten, und der Mehrheit der Bevölkerung waren Banknoten völlig unbekannt.

Die Ausgabe einer 200-Francs-Note (1857) und einer 50-Francs-Note in den 1860er Jahren änderte nichts an dieser Tatsache. 1867 überwogen die 1000-Francs-Noten im Banknotenumlauf und wurden folglich in kleinen Städten nicht akzeptiert. Erst nachdem die Banknote im Jahre 1870 zum gesetzlichen Zahlungsmittel erklärt und die zeitweilig suspendierte Goldeinlösepflicht nach dem Ende des Deutsch-Französischen Krieges (1873) wiederhergestellt worden war, stieg die Akzeptanz der Noten in den letzten drei Jahrzehnten des 19. Jahrhunderts deutlich an. Dabei hinderten keinerlei Deckungsvorschriften die Ausweitung des Notenumlaufs durch die Banque de France. Dennoch wies die für das Horten von Goldreserven berühmte französische Zentralbank mit einer Golddeckung zwischen 75% und 90% den höchsten Deckungsgrad aller europäischen Notenbanken auf.

Im Deutschen Bund gründete zuerst Österreich im Jahre 1816 eine eigene Zentralnotenbank. Während der Napoleonischen Kriege hatte auch Österreich versucht, seinen Finanzbedarf durch die massive Emission von Staatspapiergeld zu decken; trotzdem musste es 1811 den Bankrott erklären. Ein Währungsschnitt war notwendig. Die im Umlauf befindlichen *Bancozettel* im Wert von 1 061 Mill. fl. wurden auf ein Fünftel abgewertet und in sog. *Einlösungsscheine* gewechselt, was den Papiergeldumlauf auf 212 Mill. fl. «Wiener Währung» reduzierte. Dennoch gab der Staat in der Folgezeit neues Staatspapiergeld aus, die sog. *Antizipationsscheine* im Wert von 470 Mill. fl. Nach dem Friedensschluss erhielt daher die Privilegierte Österreichische Nationalbank die Aufgabe, das Staatspapiergeld sukzessive einzuziehen und in Banknoten umzutauschen, die wiederum in Silbergeld einlösbar waren. Die Noten der privilegierten Notenbank waren zwar gesetzliche Zahlungsmittel, unterlagen aber anders als heute keinem Annahmezwang im privaten Geldverkehr. Der österreichische Gebietsgewinn 1815 sowie die von Frankreich gezahlten Kriegsentschädigungen schufen günstige Bedingungen für die Sanierung der österreichischen Währung und der Finanzen, sodass die Einlösung des Papiergeldes rasch voranschritt; der Kurs des Papiergeldes stieg. Ende 1847 kursierten von ursprünglich 682 Mill. fl. Wiener Währung nur noch 7,5 Mill. fl. Jedoch brachten der Ungarische Aufstand (1848/49), der Italienische Krieg (1859) und der Deutsche Krieg (1866) Rückschläge für die Konsolidierungsbemühungen.

Immer wieder mussten Staatspapiergeld zur Kriegsfinanzierung emittiert und die Bareinlösung für den expandierenden Notenumlauf außer Kraft gesetzt werden. Erst in Zusammenhang mit dem neuen Privileg der Notenbank wurden 1862 nach dem Vorbild des Peel's Act striktere Deckungsvorschriften für die Notenemission erlassen. Danach sollte die Bank ein solches Verhältnis zwischen Notenausgabe und Edelmetallreserven wahren, das jederzeit eine Bareinlösung garantierte. Jeglicher Notenumlauf, der einen Betrag von 200 Mill. fl. überschritt, musste durch Edelmetall gedeckt sein. Mit steigender Notenemission erhöhte sich auch die Deckungsquote der Banknoten, die sich nach dem Übergang zum Goldstandard (1892) zunächst zwischen 60 % und 70 %, später sogar zwischen 70 % und 80 % bewegte. Die Einführung der auf Gold basierenden *Kronen*-Währung (1 fl. = 2 Kro.) bedeutete dann auch die endgültige Konsolidierung von Finanzen und Währung. Ein Teil des Staatspapiergeldes wurde eingezogen, ein anderer Teil durch die Ausgabe von 5-Kronen-Stücken und 10-Kronen-Banknoten bis 1907 eingelöst. Die Banknoten entwickelten sich auch im alltäglichen Geldverkehr zum beliebtesten Zahlungsmittel, wogegen die von der Zentralbank nun in den Verkehr gebrachten goldenen Kronenmünzen allgemein auf Ablehnung stießen und in die Kasse der Bank zurückströmten. Damit war Österreich-Ungarn vor dem Ersten Weltkrieg das einzige europäische Land, in dem Banknoten im Geldumlauf weit überwogen.

In den anderen Mitgliedsstaaten des Deutschen Bundes kam die Banknotenentwicklung nur langsam voran. Es entstanden private und öffentliche Notenbanken, die sog. Zettelbanken. Diese betrieben die Notenausgabe neben Edelmetallhandel, Pfanddarlehen und Depositengeschäft und machten somit die Einlagen ihrer Kunden als Kredit der Wirtschaft verfügbar. Außerdem gaben Staaten zur Schuldendeckung Staatspapiergeld aus. Beispielswiese emittierte

Preußen nach der militärischen Niederlage von 1806 für 4 Mill. Taler *Tresorscheine*, die 1824 durch staatliche *Kassenanweisungen* ersetzt wurden. In den 1820er Jahren gab dann die Königliche Bank in Preußen ebenfalls *Kassenscheine* aus, und die ersten Privatnotenbanken, wie die Ritterschaftliche Privatbank zu Stettin, brachten Noten in Umlauf. Jedoch wurde die Entwicklung der privaten Notenemission zehn Jahre später von der preußischen Regierung abrupt beendet, da die Banknoten dem Staatspapiergeld im Wege standen.

Spätestens im industriellen Take-off der 1840er Jahre war nicht mehr zu übersehen, dass die mit dem Eisenbahnbau wachsende Geldnachfrage das Angebot deutlich übertraf. Die Versuche der preußischen Regierung, das «Eisenbahnfieber» dadurch zu beseitigen, dass man alle Zeitgeschäfte mit inländischen Aktien sowie den Handel mit ausländischen Aktien verbot und damit die wirtschaftliche Entwicklung an das Geldangebot anpasste, scheiterten. Nicht nur die Eisenbahnkonjunktur brach zusammen, auch die gewerbliche Wirtschaft geriet in die Krise. Entsprechend wurde seit 1844, dem Jahr der Börsenverordnung, die preußische Regierung mit Projekten bestürmt, den Kredit von Handel, Industrie und Gewerbe zu verbessern und dazu Privatbanken mit Notenemissionsrecht neben den bestehenden staatlichen Bankenanstalten zu errichten. Dabei wurde entweder eine private Zentralnotenbank auf Aktien (Beispiel: Bank of England) gefordert oder mehrere frei organisierte Zettelbanken.

Die preußische Regierung in der Gestalt ihres Ministers Rother konnte sich für keine der beiden Formen erwärmen. Sowohl die Zersplitterung des Notenumlaufs in einem Zettelbanksystem als auch die Möglichkeit einer von Privaten mit dem Ziel der Gewinnmaximierung unterhaltenen Notenbank riefen Misstrauen hervor. Darüber hinaus hielt Rother die Ausgabe von Banknoten für einen Eingriff in das staatliche Münzregal. Auch der Justizminister wandte sich gegen die Gründung einer Privatnotenbank, weil er die bei der Königlichen Bank angelegten Mündel- und Stiftungsgelder nicht einer Privatanstalt anvertrauen wollte. Da die geringe Kapitalausstattung der Königlichen Bank aber weiterhin ein Problem darstellte, einigte man sich auf eine Mischform, in der Privatkapital als Mitaktionär in eine staatlich dotierte und beeinflusste Bank eintreten konnte.

Das Grundkapital der Bankanteilseigner von 10 Mill. Reichstalern wurde in 10 000 Anteile zu 1 000 Reichstalern zerlegt, wodurch die Kleinaktionäre ferngehalten wurden. Zu dem Stammkapital der Privataktionäre brachte der preußische Staat gut 3 Mill. Taler als Staatseinschuss ein. An der Geschäftsleitung wurden die Vertreter der Aktionäre nur beratend beteiligt. Immerhin wurden ihnen ihre Investitionen durch jährliche garantierte Dividenden von 3,5 % schmackhaft gemacht.

Gleichfalls pragmatisch verfuhr man bei den Deckungsvorschriften für die Notenemission. So kontingentierte der preußische Staat die gesamte Notenemission auf 15 Mill. Taler plus 6 Mill. Taler als Vertrauenskontingent für eingezogene Kassenanweisungen nach dem Vorbild der Peel'schen Bankakte, aber innerhalb dieser Emission reichte die Dritteldeckung nach dem Banking-Prinzip aus. Dies sollte den Aufgaben der nun Preußische Bank genannten Institution dienen. Die Preußische Bank war nämlich dazu bestimmt, «den Geldumlauf zu fördern, Kapitalien nutzbar zu machen, Handel und Gewerbe zu unterstützen und einer übermäßigen Steigerung des Zinsfußes vorzubeugen». Von der Frage der Notendeckung abgesehen, hatte die englische Bankgesetzgebung des Peel's Act die preußische Gesetzgebung beeinflusst, da sich das englische System für die preußische Regierung als Alternative zur schottischen «Bankfreiheit» anbot, die von den rheinischen liberalen Industriellen immer wieder gefordert wurde. Dieser Wunsch nach der Konzessionierung privater Zettelbanken blieb aber auch weiterhin aktuell, da die Preußische Bank die von Regierung, Aktionären und Wirtschaft gehegten Erwartungen nicht erfüllen konnte.

In der Take-off-Phase der preußischen Industrialisierung erschien die Notenemission der Preußischen Bank als ein Tropfen auf dem heißen Stein. Da die Notendeckung – im Gegensatz zu den liberalen Deckungsvorschriften – in der Realität meist 100 % und mehr betrug, war die Geldmenge nicht gewachsen, sondern es hatte allein ein Austausch Metall gegen Papier stattgefunden. Preußische Kaufleute behalfen sich daher mit den Noten anderer nord- und mitteldeutscher Zettelbanken, die sich in den 1850er Jahren stark vermehrten. Erst als die preußische Regierung 1856 die Kontingentierung der preußischen Notenemission aufhob, eine kleinere 10-Taler-Note in Verkehr brachte und schließlich 1858 die Zirkulation ausländischer Noten verbot, wurden «dem preußischen Handelsstande die lang ersehnte Erleichterung des Geldverkehrs» gewährt und gleichzeitig den kleinstaatlichen Notenbanken ihre Existenzgrundlage genommen. Der Notenumlauf stieg von 60 Mill. Taler (1857) auf 163 Mill. Taler (1870), was eine deutliche «Entsilberung» des Geldumlaufs mit sich brachte.

Eine regelrechte Explosion des Notenumlaufs auf 290 Mill. Taler sahen die Gründerjahre, in denen alle Notenbanken, um sich für die erwartete reichseinheitliche Reform günstige Ausgangsbedingungen zu verschaffen, die eigenen Notenpressen noch einmal kräftig betätigten. Im Jahr 1875 besaß das Kaiserreich 33 Notenbanken, aber drei Viertel der umlaufenden Banknoten waren bereits von der Preußischen Bank emittiert worden. Es erforderte jedoch noch einige Zeit und unzählige Diskussionen, bis sich die preußisch-deutsche Lösung auch im Notenbankwesen durchsetzte. Hier war die Reform schwieriger als bei der vorangegangenen Einführung der Reichsgoldmünzen, da sowohl die Einzelstaaten als auch die Privatnotenbanken gegen die Einrichtung einer zentralen Notenbank opponierten. Während die Zettelbanken um ihr Emissionsgeschäft fürchteten, sahen die Staaten mit dem Staatspapiergeld eine günstige Möglichkeit der Haushaltsfinanzierung dahinschwinden. Bevor Reichstag und Bundesrat der Gründung der Reichsbank im Bankgesetz von 14. März 1875 zustimmten, musste daher ein Kompromiss gefunden werden.

Dieser bestand darin, dass das im Umlauf befindliche Staatspapiergeld durch einheitliche *Reichskassenscheine* ersetzt und die bestehenden Emissionsrechte der Zettelbanken weiter beachtet werden sollten. Die Reichsbank, die die Rechtsnachfolge der Preußischen Bank antrat, erreichte ihr Notenemissionsmonopol nur mittelbar, indem sie ähnlich wie die Bank of England die aufgegebenen oder erloschenen Notenkontingente der Zettelbanken übernahm. Dennoch wurde die Reichsbank in mehrfacher Hinsicht gegenüber den übrigen Notenbanken privilegiert. Sie durfte überall im Reichsgebiet Filialen errichten und erhielt zwei Drittel des ungedeckten Vertrauenskontingents (250 Mill. Mark) zugewiesen. Für dieses konnte sie, ohne dass die übliche Notensteuer fällig wurde, zusätzlich zu der gedeckten Emission Banknoten ausgeben. Die übrigen 32 Notenbanken mussten sich das restliche Drittel des Vertrauenskontingents teilen. Mit der Zeit gaben die meisten Notenbanken auf, sodass 1914 neben der Reichsbank nur noch die Sächsische Bank, die Badische Bank, die Württembergische Bank und die Bayerische Bank Banknoten emittierten.

Was die Deckungsvorschriften betrifft, folgte die Reichsbank dem Banking-Prinzip und legte eine Dritteldeckung in Gold und kursfähigen Münzen fest. Die restlichen beiden Drittel mussten mit diskontierten, in zwei bis drei Monaten fälligen Wechseln gedeckt sein. Hinzu kam das oben erwähnte Vertrauenskontingent. Falls die Emission dieses überschritt, war dafür eine Notensteuer von 5 % fällig. Durch die so drohenden Verluste sollte die Bank abgeschreckt werden, den Notenumlauf zu weit auszudehnen. Jedoch stellte diese indirekte Kontingentierung keine unüberwindliche Barriere dar, um die Notenemission der Zahlungsmittelnachfrage anzupassen; und davon machte die Reichsbank trotz der Kosten um die Jahrhundertwende immer häufiger Gebrauch. Insgesamt war die Banknotenzirkulation weitgehend auf den Geschäftsverkehr zugeschnitten. Um die Akzeptanz der neuen 20-Mark-Goldmünzen in der Bevölkerung nicht zu gefährden, wurden bis zum Jahre 1906 nur Banknoten von einem Wert von 100 Mark aufwärts ausgegeben, die relativ schnell ihren Weg zurück zur Bank fanden. Sie erfüllten damit im Handel eine ähnliche Funktion wie Wechsel oder Bankakzepte, die aber «im Einzelfall durch weit mehr Hände gingen als etwa eine Banknote über 1.000 Mark».

Das Papiergeldvolumen (Banknoten und Staatspapiergeld) des Deutschen Reiches wuchs zwar von 1 027 Mill. Mark (1875) auf 1 640 Mill. Mark (1910), aber im gleichen Maße vergrößerte sich auch die Metallgeldmenge (von 1 913 Mill. Mark auf 3 118 Mill. Mark), sodass das Verhältnis von 2:1 durchweg erhalten blieb.

Zu Beginn des 20. Jahrhunderts unternahm die Reichsbank dann größere Anstrengungen zur Förderung der Akzeptanz der Banknoten in der Bevölkerung. Diese Versuche sind vor dem Hintergrund der wachsenden deutschen Auslandsverschuldung und der zurückgehenden Goldreserven der Reichsbank zu sehen. Da der Goldzustrom nach Deutschland nur in begrenztem Maße zu stimulieren war, versucht man den inländischen Geldumlauf zugunsten der Reichsbankreserve zu entgolden. Zu den getroffenen Maßnahmen gehörten die Einführung von Reichsbanknoten zu 20 und 50 Mark im Jahre 1906, die Propagierung der Lohnzahlung in kleinen Scheinen sowie die Prägung neuer Silbermünzen 1908. Der Erfolg war gering, sodass der Bankdirektor Moritz von Stroell 1907 resignierend feststellte: «Dem goldgewöhnten deutschen Staatsbürger wird man den Scheck und die kleineren Papiergeldzeichen mit gelinder Gewalt aufdrängen müssen.» Selbst die Erhebung der Reichsbanknote zum gesetzlichen Zahlungsmittel im Jahre 1909 konnte an dieser Tatsache nichts ändern.

Entstehung des modernen Bankwesens

Für die Geldversorgung im Zeitalter der Industrialisierung war die Ausweitung des bargeldlosen Zahlungsverkehrs und des Kredits von essenzieller Bedeutung. Keine Komponente der Geldmenge wuchs schneller als die Bankeinlagen. Sowohl auf institutionellem als auch instrumentellem Gebiet setzten sich Innovationen durch, die bis heute die Struktur des modernen Bankwesens prägen. Die wichtigste institutionelle Neuerung war sicherlich der Aufschwung der Aktienbanken. 1826 fiel in England und Wales das diskriminierende Gesetz, das zugunsten der Bank of England die Teilhaberzahl der Privatbanken auf sechs begrenzte. Damit war der Weg frei zur Gründung von Kapitalgesellschaften nach schottischem Vorbild. In Schottland, wo die englischen Gesetze nicht galten, hatten sich nämlich verschiedene große Bankgesellschaften mit bis zu 200 Partnern gebildet, die den Stürmen der rauen wirtschaftlichen Konjunktur des frühen 19. Jahrhunderts besser standhielten als ihre kleinen englischen Vettern. Indem eine Bankgesellschaft Anteile oder Aktien ausgab, konnte sie ihr Arbeitskapital und damit die finanzielle Grundlage für Notenemission und Wechselverkehr deutlich ausweiten. Dies erhöhte ihr Vertrauen bei der Bankkundschaft im Vergleich zu den kleinen Privatbanken, wo der Tod oder das Missmanagement eines Partners schnell zur Insolvenz führte.

Die Zukunft gehörte daher den Aktienbanken, die von den 1830er Jahren an allmählich die Privatbanken aus dem Geschäft verdrängten. Zwar hielten sich die auf den Außenhandel spezialisierten Londoner Merchant Banks noch ebenso lange wie die privaten Country Banks, deren persönliche Dienste auf dem Lande stets gefragt waren, aber bereits im Jahre 1850 betrieben die 99 Bankgesellschaften 576 Niederlassungen in London und in den englischen Provinzen, während die 327 Privatbanken nur auf 518 kamen. Viel krasser waren die Gegensätze im Jahre 1913, als die 41 englischen Aktienbanken 6426 Filialen, die 29 Privatbanken nur noch 147 Zweigstellen unterhielten. Dies war eine Folge des Expansions- und Konzentrationsprozesses, der das englische Bankwesen in der zweiten Hälfte des 19. Jahrhunderts erfasst hatte. Zur Erleichterung der Depositenakquisition und des Überweisungsverkehrs im ganzen Land bauten die Londoner Banken Filialnetze (*branches*) in der Provinz auf, wogegen die Provinzbanken sowohl auf dem Lande als auch in London Filialen eröffneten, um ihren Kunden ähnliche Möglichkeiten wie die City Banks zu bieten.

Mindestens ebenso bedeutsam wie die Ausdehnung der Branches waren jedoch die Übernahme und die Fusion von Banken. Dabei schluckten nicht nur größere Aktienbanken kleinere Privatbanken, sondern auch mittlere Banken und selbst Großbanken fusionierten miteinander. 1913 hatte sich die Zahl der englischen Banken so von über 600 im Jahre 1825 auf nur mehr 70 verringert, und am Ende des Ersten Weltkriegs kontrollierten die Londoner «Big Five» (Barclays, Lloyds, Midland, National Provincial, Westminster) vier Fünftel der englischen Bankeinlagen und damit das englische Bankgeschäft. Verglichen damit waren die englischen Sparkassen und die Bausparkassen (Building Societies) nur eine *quantité négligeable*. Sie verzichteten ohnehin aufgrund ihrer Gemeinnützigkeit auf eine aktive

Betätigung auf dem Geld- oder Kapitalmarkt und legten die Einlagen ihrer Kleinsparer lieber sicher in der Staatsschuld an.

Mit dem Aufschwung der englischen Aktienbanken änderte sich auch ihr Dienstleistungsprofil im Geld- und Kreditverkehr. Hatte in der ersten Gründungswelle der 1830er Jahre die Notenemission noch eine wichtige Rolle gespielt, so besaß dieser Betriebszweig mit der Bevorzugung der Bank of England im Peel's Act keine Zukunft mehr. Stattdessen trat die kurzfristige Kreditgewährung mittels Wechsel und später mittels Scheck und Kontokorrentkredit in den Vordergrund. Grundlage für all diese Aktivitäten war die Akquisition von Einlagen in großem Stil, die den Aktienbanken u. a. dadurch gelang, dass sie im Gegensatz zu den Londoner Privatbankiers die Einlagen ihrer Kunden verzinsten. Die Banken ließen die Einlagen arbeiten, indem sie Wechsel vor der Fälligkeit kauften, d. h. diskontierten, und so wiederum anderen Kunden Kredit gewährten. Für die Diskontierung verlangten sie eine Gebühr, den Diskontsatz; dennoch ging eine Bank mit der Diskontierung kein großes Risiko ein, da sie nur, wenn der Wechsel platzte, diesen selbst einlösen musste. Darüber hinaus konnte die Bank, falls sie selbst Bargeld benötigte, den Wechsel bei der Bank of England rediskontieren lassen.

Jedoch verlor die Wechseldiskontierung spätestens in den 1870er Jahren erheblich an Bedeutung, als Scheck und Kontokorrentkredit den Wechsel als Zahlungsmittel für den inländischen Handel und die Industrie ersetzten, obgleich der Wechsel ebenso wie das Bankakzept der Londoner Merchant Banks im internationalen Kapitalverkehr weiterhin wichtig blieb. Durch die Kombination der Zahlungsanweisung des Schecks mit dem Kredit auf laufendem Konto ergab sich eine erhebliche Vereinfachung des Zahlungsverkehrs, zumal die Banken über die zentrale Verrechnungsstelle des London Bankers' Clearing House ihre aufgelaufenen Scheckanweisungen, wie einst auf der Wechselmesse, miteinander verrechnen konnten. Von den Möglichkeiten des Scheck- bzw. Überweisungsverkehrs wurde schnell Gebrauch gemacht – am Ende des 19. Jahrhunderts sollen 99% der inländischen Handelsumsätze mit Scheck bezahlt worden sein. So kompensierten letztlich die wachsenden Bankeinlagen die aus der rückläufigen Banknotenemission eventuell entstehenden Zahlungsengpässe bei Weitem.

In Frankreich veränderte sich ebenfalls unter dem Einfluss der Aktienbanken die institutionelle Struktur des Geld- und Kapitalmarktes. Als Vorbild für die Gründung französischer Aktienbanken dienten einerseits die englischen Aktiengesellschaften, andererseits aber im besonderen Maße die belgische Société Générale. Sie war 1822 (als Belgien und die Niederlande vereinigt waren) von dem niederländischen König Wilhelm I. gegründet und mit einem Aktienkapital von 50 Mill. fl. – 30 Mill. aus Aktien, 20 Mill. aus den königlichen Domänen – ausgestattet worden. Sie sollte in erster Linie der Finanzierung der neuen Industrie dienen und vereinigte zum ersten Mal alle Charakteristika einer Banque Mixte oder Universalbank: das Depositen-, Diskont-, Kontokorrent-, Darlehens- und Notenemissionsgeschäft.

Trotz des belgischen Modells kam es in Frankreich erst in den 1850er Jahren zur Gründung von Aktienbanken, von denen der Crédit Mobilier (1852) der Brüder Péreire zumindest hinsichtlich seiner Ausstrahlung auf Europa die bedeutendste war. Emile und Isaac Péreire, die dem jüdisch-portugiesischen Milieu der Hafenstadt Bordeaux entstammten und von den sozialtheoretischen Ideen der Saint-Simonisten beeinflusst waren, entwarfen ein neues Wirtschafts- und Kreditsystem. In seinem Mittelpunkt sollte eine Aktienbank stehen, die die industrielle Entwicklung durch Depositenakquisition, kurzfristige Kredite und Aktienemission finanzierte und lenkte. Das Programm war vielversprechend, und die 120 000 Aktien der Bank (à 500 fr.) fanden reißenden Absatz, aber nur 14 Jahre später wurde der Crédit Mobilier in der Krise des Jahres 1866/67 illiquide. Die Bank hatte nicht nur das Depositengeschäft vernachlässigt, sondern auch ihr Kapital in Aktien und Obligationen angelegt und damit längerfristig gebunden. Als man es in der Krise zu mobilisieren versuchte, war ein Teil im Kurswert stark gesunken, ein anderer durch Unternehmenszusammenbrüche unwiederbringlich verloren. Das Geschäft des Crédit Mobilier übernahmen andere Aktienbanken wie das Comptoir National d'Escompte, die französische Société Générale oder der Crédit Lyonnais, die im Laufe der

Zeit ihre Filialnetze über Frankreich ausdehnten. Jede dieser drei Banken besaß mehr Depositen und vergab mehr kurzfristige und Kontokorrentkredite als die 17 nächstgrößeren französischen Aktienbanken zusammen.

Ähnlich wie in England leisteten auch die französischen Sparkassen nur einen geringen Beitrag zur Befriedung der Kreditnachfrage. Zum einen legten sie ihre Depositen in der französischen Staatsschuld an, zum anderen erreichten die Sparkassen, wie alle französischen Finanzinstitutionen, nur schwer das flache Land, wo die überwiegende Mehrheit der Bevölkerung lebte. Letzteres traf selbst für den Crédit Foncier, die 1852 gegründete erste große Hypothekenbank, zu. Sie finanzierte ebenso wie ihre spätere Tochtergesellschaft Crédit Agricole bevorzugt den städtischen Wohnungsbau der Hauptstadt Paris, anstatt die ländliche Kreditversorgung zu verbessern.

Trotz der neuen Kreditinstitutionen blieb der Kredit- und Zahlungsverkehr in Frankreich unterentwickelt. Dies lag in erster Linie an der Banque de France, die die Wechseldiskontierung restriktiv handhabte. Bevor ein Bankier oder Kaufmann einen Wechsel diskontieren lassen konnte, musste er ein laufendes Konto bei der Bank eröffnen und wurde zu diesem Zweck hinsichtlich seiner Kreditwürdigkeit regelrecht durchleuchtet. Damit nicht genug: Jeder zum Diskont eingereichte Wechsel musste die Unterschriften von drei solventen Kaufleuten tragen und in Paris zahlbar sein; und selbst wenn all diese Bedingungen erfüllt waren, garantierte dies nicht automatisch die Diskontierung. Es versteht sich von selbst, dass von diesem umständlichen Mittel der Kreditbeschaffung nur eine kleine Gruppe von Kaufleuten und Bankiers Gebrauch machte und der Wert der diskontierten Wechsel selten unter 1 000 fr. sank. In der Krise des Revolutionsjahres 1848, als der Absatz der gewerblichen Produktion stagnierte, machte sich der fehlende Wechselkredit spürbar bemerkbar. Daraufhin richtete der französische Finanzminister in der Provinz Diskontkontore ein, die den Händlern und Gewerbetreibenden Warenkredite gewährten bzw. mit einer dritten Unterschrift für den Wechseldiskont geradestanden. Nach Überwindung der Krise ging die Nachfrage nach Wechselkredit und Diskont in der

Provinz zurück. Die Kontore wurden geschlossen oder in Aktiengesellschaften (wie das Comptoir d'Escompte in Paris) umgewandelt, und die Barzahlung gewann auf dem flachen Land wieder die Oberhand. Münzen waren in genügender Menge vorhanden, sodass sich die Nachfrage nach zirkulierenden Noten oder Kreditpapieren in Grenzen hielt. Neben der ausreichenden Metallgeldversorgung war aber noch eine zweite Ursache dafür verantwortlich, dass es in Frankreich nur sehr langsam zu einer Ausbildung des bargeldlosen Zahlungsverkehrs kam, nämlich die unzureichende Mobilisierung von Bankeinlagen in Stadt und Land. Da die breite Masse der städtischen Bevölkerung ihre Ersparnisse – wenn überhaupt – den Sparkassen oder der Staatsschuld anvertraute und die Bauern ihr Geld oft noch in Münzen horteten, fehlte lange Zeit der Unterbau an Bankkonten für einen landesweiten Zahlungsverkehr per Scheck oder Wechsel.

In den deutschen Staaten wurden der Kredit- und Zahlungsverkehr bis zur Reichsgründung durch die Privatbankiers bestimmt. Sie nahmen Einlagen an, gewährten Handelskredite, finanzierten auf regionaler Ebene die frühe Industrie und platzierten Staatsanleihen. Bis in die 30er Jahre des 19. Jahrhunderts suchten die deutschen Privatbankiers in erster Linie nach Anlagemöglichkeiten für die bei Kaufleuten und Rentiers vorhandenen Überschüsse. Spätestens mit dem Beginn des Eisenbahnbaus in den 1840er Jahren reichten aber die Mittel der Privatbankiers zur Finanzierung der Transportrevolution und der damit verbundenen Industrieproduktion nicht länger aus.

Folglich mussten neue Wege der Kapitalaktivierung beschritten werden. Dazu gehörten die Aktiengesellschaft im Allgemeinen und die Aktienbank im Besonderen. Die erste Aktienbank war der sog. Schaaffhausensche Bankverein in Köln, den die Gläubiger des Bankhauses Schaaffhausen nach dessen Schließung in der Krise 1848 mit Erlaubnis der preußischen Regierung gründeten, um ihre Forderungen nicht einzubüßen. Von dem Aktienkapital des Schaaffhausenschen Bankvereins in Höhe von 5,187 Mill. Taler erhielten die Gläubiger 4,3 Mill. Taler je zur Hälfte in Aktien A und Aktien B. Für die Aktien A garantierte der Staat jährlich eine Dividende von 4,5 %

sowie die Einlösung eines Zehntels der Aktien. Die Aktien B wurden geringer (mit maximal 4%) verzinst. Jedoch war der Schaaffhausensche Bankverein in Preußen ein Einzelfall, da die Regierung, um den Kredit für Staat und adligen Grundbesitz nicht zu gefährden, bis 1870 keine weitere Aktienbank konzessionierte. Interessenten an solchen Kapitalgesellschaften mussten wie David Hansemann 1851 bei der Gründung der Disconto-Gesellschaft den Weg über die Handelsgesellschaft wählen.

Außerhalb Preußens aber entstanden andere Aktienbanken, wie beispielsweise die auf Initiative der Rothschilds 1855 in Wien gegründete Creditanstalt. Die bedeutendste dieser Banken war die unter der Beteiligung des Crédit Mobilier 1853 gegründete Darmstädter Bank für Handel und Industrie. Sie emittierte Eisenbahnaktien und legte Staatsanleihen auf. Die Aktienbanken waren, um mit Gustav Mevissen zu sprechen, gleichsam «Privatbankiers erhöhter Potenz». Dennoch verlagerte sich das deutsche Kreditgeschäft erst in den Gründerjahren, als mit der Liberalisierung des preußischen Aktiengesetzes (1870) Aktienbanken und Industrieaktiengesellschaften wie Pilze aus dem Boden schossen, von den Privatbankiers zu den Aktienbanken. Grundlage hierfür war die Entwicklung der Aktienbanken zu Universalbanken, die in Deutschland in den 1870er und 1880er Jahren, in Österreich erst in der zweiten Gründerära zu Beginn des 20. Jahrhunderts stattfand. Die Universalbanken betrieben – von der Notenausgabe abgesehen – alle Zweige des Bankgeschäftes: kurzfristigen Kredit für den Handel, mittel- und längerfristigen Kredit für die Industrie, Kontokorrent- und Diskontkredit; sie emittierten Aktien und Obligationen des In- und Auslands und nahmen erstmals in größerem Umfang wie die Deutsche Bank Einlagen herein.

Durch die Emissionstätigkeit, das Depotstimmrecht und zahlreiche Aufsichtsratsmandate entwickelten sich hier engste Verbindungen zwischen den Universalbanken und der Industrie, die in Europa ihresgleichen suchten. Vor diesem Hintergrund ist denn auch das Schlagwort Rudolf Hilferdings von der «Herrschaft der Banken über die Industrie» zu verstehen. Hilferding hatte dabei die deutsche Bankenkonzentration vor dem Ersten Weltkrieg im

Blick, die durch die von den drei Großbanken Deutsche Bank, Disconto-Gesellschaft und Dresdner Bank geführten Bankengruppen geprägt war. Er übersah jedoch, dass die Großbanken «gesamtwirtschaftlich gesehen [...] nur einen kleinen, wahrscheinlich sogar tendenziell schrumpfenden Teil des Finanzierungsgeschäftes der deutschen Wirtschaft» (Tilly 1990) bildeten oder, genauer gesagt, sich dieses mit Sparkassen, Hypothekenbanken und Kreditgenossenschaften teilten. Insbesondere die Sparkassen und die – nach französischem Vorbild auch in Deutschland entstehenden – Hypothekenbanken finanzierten mit Hypothekarkrediten, die durch Eintragung einer Hypothek im Grundbuch gesichert wurden, den städtischen Wohnungsbau. Auf diesen fiel im Jahrhundert des Bevölkerungswachstums und der Urbanisierung ein erheblicher Anteil der gesamtwirtschaftlichen Investitionstätigkeit. Der Landwirtschaft kam dagegen nur ein geringer Prozentsatz (11% 1900, 6,6% 1912) der Hypothekarkredite zugute.

Dennoch verbesserte sich die Kreditversorgung der ländlichen Bevölkerung in der zweiten Hälfte des 19. Jahrhunderts zunehmend, was die zeitweilige große Abhängigkeit von ländlichen «Wucherern» verringerte. Dies war sowohl das Verdienst der Kreissparkassen, die die Bauern als Klientel entdeckten, als auch eine Folge der sich ausbreitenden ländlichen Genossenschaftsbewegungen. So wurden bis zum Ersten Weltkrieg rund 17000 landwirtschaftliche Kreditgenossenschaften gegründet, die nach ihrem Erfinder benannten Raiffeisenkassen. Neben diesen existierten noch fast 1500 der Schulze-Delitzschen «Volksbanken», die als Einlage und Finanzierungsinstitute für Handwerker und kleine Gewerbetreibende dienten. Einen regelrechten Bankbetrieb, der dann auch die Landbevölkerung an den Innovationen des Kredit- und Zahlungsverkehrs teilhaben ließ, nahmen die genannten Institutionen jedoch erst nach dem Ersten Weltkrieg auf.

Bis dahin waren die Segnungen des bargeldlosen Zahlungsverkehrs in erster Linie den Kaufleuten und gegen Ende des 19. Jahrhunderts auch den Einwohnern der größeren Städte zugute gekommen. Lange Zeit lief der Kredit- und Zahlungsverkehr über Privatbankhäuser, die mithilfe des Wechsels, des Bankakzepts und durch Überziehungskredite dem Mangel an Banknoten abhalfen. Keine Bedeutung besaß dagegen der Wechseldiskont, da die Rediskontierungsmöglichkeiten fehlten. Die Königliche Bank verlangte für die Diskontierung wie die Banque de France drei «gute» Unterschriften, sodass sie nur für wenige Großkunden als Kreditgeber infrage kam. Mit der Gründung der Reichsbank, die die Wechseldiskontierung zu einem wichtigen Tätigkeitsfeld erhob, änderte sich die Situation vollständig. Über ihre Filialen kaufte die Reichsbank direkt Wechsel des Handels und der Industrie mit nur zwei Unterschriften an und refinanzierte durch Wechsel- und Lombardkredite die übrigen Kreditinstitute. Dabei nahmen die Banken bei der Reichsbank kurzfristige Kredite auf, um damit selbst Kredite zu gewähren, indem sie Wertpapiere verpfändeten (Lombard) oder Wechsel zum Diskont einreichten. Pro Jahr diskontierte die Reichsbank so 30–40% der umlaufenden Wechsel, die sie dann zur Deckung ihrer Notenemission und damit zur Geldmengensteuerung verwenden konnte. Seit den 1880er Jahren räumten auch die Universalbanken der Wechseldiskontierung ebenso wie der Depositenakquisition größeren Raum ein, da sie – als Folge der Gründerkrise – das Kreditgeschäft anstelle der Aktienemission ausweiteten.

Einen weiteren Schub für den bargeldlosen Zahlungsverkehr bedeutete der Aufbau eines deutschen Überweisungs- oder Gironetzes durch die Reichsbank in den beiden letzten Jahrzehnten des 19. Jahrhunderts. Da der Giroverkehr bei der Reichsbank zentralisiert war, war die Überweisung schneller und einfacher als beim Scheckverkehr, der sich in erster Linie auf Grundlage der Depositen bei den Aktienbanken entwickelte. Dennoch war zu Anfang des 20. Jahrhunderts der Scheckgebrauch nach zeitgenössischem Urteil «fast ganz auf die größeren Gewerbetreibenden» begrenzt. Selbst das Scheckgesetz von 1908 und die darauffolgende Einführung des Giro- und Scheckverkehrs bei den Sparkassen sowie die Aufnahme des Postscheckverkehrs 1909 machten sich in den Jahren bis zum Ersten Weltkrieg nicht mehr im Zahlungsverkehr der Bevölkerung bemerkbar.

Für das 19. Jahrhundert – insbesondere für die Zeit ab 1870 – liegen erstmals genauere Schätzungen vor, die eine quantitative Analyse der Geldmenge nach ihren Bestandteilen ermöglichen. Dennoch darf das vorhandene Datenmaterial nicht darüber hinwegtäuschen, dass wir uns auch im 19. Jahrhundert mit Aussagen zur Geldmenge noch auf schwankendem Boden befinden und keinesfalls die Anforderungen heutiger Geldmengenberechnungen erfüllen können. Zum einen sind im 19. Jahrhundert Sicht-, Termin- und Spareinlagen, wie in der modernen Geldmengendefinition von M_1, M_2, M_3 gefordert, nicht getrennt zu erfassen. Zum anderen ist die Vergleichbarkeit der für England, Frankreich und Deutschland erhobenen Daten nicht in jedem Fall gegeben. Trotz dieser Vorbehalte vermittelt Tabelle 5 ein anschauliches Bild über das Wachstum der Geldmenge und ihrer Komponenten von der Mitte des 19. Jahrhunderts bis zum Ersten Weltkrieg. In allen drei Ländern nahm die Geldmenge sehr stark zu, in England und Frankreich ungefähr um das Fünffache, in Deutschland, einem Land mit großem Nachholbedarf, vermutlich sogar um das Zehnfache. Jedoch setzte sich dieses Wachstum in England, Frankreich und Deutschland aus unterschiedlichen Komponenten zusammen. Zwar nahmen in jedem Land die Münzgeldmenge und die Papiergeldmenge zu, aber die höchsten Steigerungsraten verzeichneten der Banknotenumlauf in Frankreich bzw. die Papiergeldmenge in Deutschland erst zu Beginn des 20. Jahrhunderts, als in England Emission und Umlauf der Banknoten schon lange stagnierten.

Einen ähnlichen Trend zeigen die Bankeinlagen, der insgesamt dynamischste Bereich der Geldmenge. Sie erreichten in England, bedingt durch den Aufschwung der Aktienbanken und ihre Filialbildung, bereits 1875 ein so hohes Niveau, dass sie in den Folgejahrzehnten nur noch gering ausgeweitet werden konnten. Dies war einzigartig im damaligen Europa. Selbst im Deutschen Kaiserreich, wo die Bankeinlagen zwischen 1875 und 1913 um das Achtfache (von 1,533 Mrd. M auf 12,486 Mrd. M) wuchsen, erreichte der Pro-

Tabelle 5: Entwicklung und Zusammensetzung der Geldmenge in Großbritannien, Frankreich und Deutschland 1850–1913

Großbritannien

Jahr	Mill. £	Münzen	Banknoten	Einlagen
1850	255,4	23,9%	12,9%	63,2%
1875	638,7	16,5%	6,8%	76,7%
1900	1.002,5	12%	4,4%	83,6%
1913	11.203,6	12%	3,8%	84,2%

Frankreich

Jahr	Mill. fr.	Münzen	Banknoten	Einlagen
1850/54	4,58	77,2%	12,6%	10,2%
1875/79	8,2	53,1%	28,8%	18,1%
1900	15,4	40%	27%	33%
1910	23,4	33%	23%	44%

Deutschland

Jahr	Mill. M	Münzen	Banknoten	Einlagen
1850	1,379	–	–	–
1875	4,481	42,4%	23,4%	34,2%
1900	9,114	25,4%	16,5%	58,1%
1913	18,308	18,3%	13,5%	68,2%

Quelle: Tilly, Geldumlauf, S. 346, 359

zentanteil der Bankeinlagen an der Geldmenge 1913 nur den englischen Wert der 1860er Jahre, während die Bedeutung der französischen Bankeinlagen 1910 sogar nur dem englischen Stand der 1830er Jahre entsprach. Dennoch waren sowohl Deutschland als auch Frankreich für ihre Verhältnisse schon ziemlich weit auf dem Weg zu einer modernen von den Bankeinlagen geprägten Geldmengenstruktur vorangeschritten.

Diagramm 4: Großhandelspreise in Großbritannien, Frankreich, dem Deutschen Reich bzw. der Bundesrepublik Deutschland und den Vereinigten Staaten 1750–1977 (semilog. Skala)

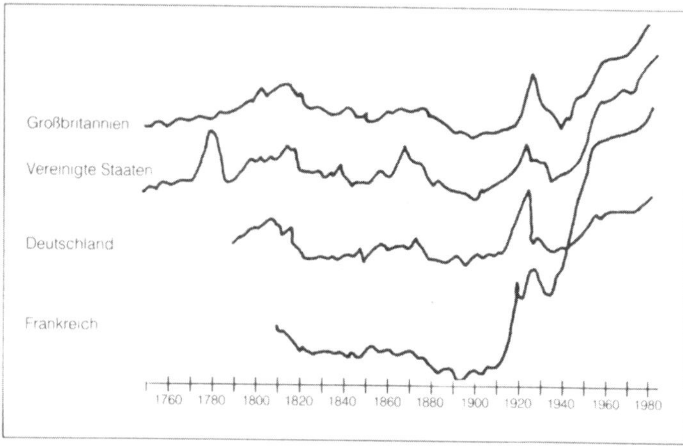

Quelle: Pohl, Aufbruch der Weltwirtschaft, S. 343

In diesem Zusammenhang ist auch nach dem Einfluss der wachsenden Geldmenge auf Preise und Konjunktur zu fragen. Diagramm 4 zeigt, dass die Preisentwicklung in den führenden europäischen Industrieländern und in den USA ziemlich übereinstimmte: Von den 1830er Jahren bis 1873 ist ein – zwar in Schwankungen – verlaufender Anstieg der Großhandelspreise zu konstatieren, der von dem Preisverfall in der großen Depression und der anschließenden Stockungsspanne abgelöst wurde. Um die Mitte der 90er Jahre kehrte sich der Trend um, und es setzte wieder eine kontinuierliche Aufwärtsbewegung der Preise ein. Die Ursachen für diese Preisentwicklung werden, wie nicht anders zu erwarten, je nach der Zugehörigkeit zu den verschiedenen ökonomischen Schulen unterschiedlich beurteilt.

So haben bereits deutsche Ökonomen wie Adolph Wagner und Erwin Nasse in den 1850er Jahren und amerikanische Theoretiker wie J. Laurence Laughlin und Harold G. Moulton in der Zeit um den Ersten Weltkrieg auf die Güterseite und damit auf die Produktionskosten als Inflationsfaktor hingewiesen. Laughlin erklärt die Preissteigerungen zwischen 1895 und 1915 damit, dass die Verteuerung der Rohstoffe, die Steigerung der Löhne sowie die Erhöhung von Zöllen und Steuern ein solches Ausmaß annahmen, dass sie die durch Erfindungen und verbessertes Management erreichten Kostensenkungen bei Weitem übertrafen. Dagegen machen die reinen Quantitätstheoretiker den ungeheuren Aufschwung der Goldproduktion am Ende des 19. Jahrhunderts für die Aufwärtsbewegung der Preise ab 1895 verantwortlich, während sie den Preisrückgang der 1870er und 1880er Jahre mit einem verringerten Geldangebot erklären und dabei auf den Rückgang der kalifornischen Goldförderung in dieser Zeit verweisen.

Ein genauerer Blick auf die Geldmengenveränderungen im Deutschen Kaiserreich zeigt jedoch, dass von einer Verringerung der Geldmenge nach 1873 nur gesprochen werden kann, wenn man diese mit dem Geldvolumen vergleicht, welches in den Gründerjahren 1871–1873 explodierte. Ansonsten lag die Geldmenge im Jahre 1881 deutlich über dem Niveau des Jahres 1871, sodass wir im Zeitraum 1870–1895 mit einer langsam zunehmenden Geldmenge rechnen müssen, die aber von sinkenden Preisen begleitet war. Auch bei der Untersuchung kurzfristiger Geldmengenveränderungen im Vergleich zu Wirtschaftswachstum und Preisentwicklung ist für den Zeitraum 1870–1913 festzustellen, dass die Fluktuationen der Geldmenge jeweils der realwirtschaftlichen Entwicklung und den Preisänderungen mit einem gewissen zeitlichen Abstand folgten und nicht umgekehrt.

Für den weltweiten Preisrückgang nach 1873 sind daher vermutlich andere Ursachen verantwortlich zu machen. Hierzu gehörte die Transportrevolution durch Dampfschiff und Eisenbahn, die die Transportkosten und damit die Preise für Rohstoffe und Fertigprodukte senkte. Getreide und Rohstoffe aus der Neuen Welt überschwemmten die europäischen Agrar- und Rohstoffmärkte und drückten auf den Preis. Zwischen 1871/75 und 1894/98 verbilligten sich beispielsweise Weizen, Zucker, Tee, Baumwolle, Seide, Wolle, Petroleum, Soda und Roheisen um rund die Hälfte. Dagegen zogen von 1895 bis zum Ersten Weltkrieg die Preise bei wachsender Geldmenge und – zumindest in Deutschland steigendem Volkseinkommen – stark an. Zwar gab es zwischenzeitlich immer wieder Konjunktureinbrüche, wie in den Jahren 1900/01 oder 1907/08, ohne dass sich diese aber deutlich in einem Rückgang der Geldmenge widerspiegelten. Denn die stetige Zunahme der Sichteinlagen glich eventuelle Einbußen bei Münz- oder Papiergeld mehr als aus. Außerdem bemühte sich die Reichsbank durch kräftige Rediskontierung, den Kreditspielraum der Banken und damit der Wirtschaft zu vergrößern.

Geprägt wurde das Wirtschaftswachstum im beginnenden 20. Jahrhundert einerseits durch die Schwerindustrie und andererseits durch die neuen Wachstumsindustrien der Chemie- und Elektroindustrie. Nicht unterschätzt werden dürfen auch der Wohnungsbau und die Infrastrukturverbesserungen, die durch das überproportionale Bevölkerungswachstum angeregt wurden und dem Wirtschaftswachstum eine gewisse Stabilität verliehen. Engpässe auf dem Geldsektor, die wie in den Gründerjahren eine ökonomische Expansion gebremst hätten, wiederholten sich nicht.

Zum Abschluss dieses Kapitels muss nach der Bedeutung des Faktors Geld für den Industrialisierungsprozess gefragt werden. Die Historiker diskutieren seit Alexander Gerschenkrons Aufsatz *Economical Backwardness in Historical Perspective* aus dem Jahre 1952 darüber, ob eine rückständige Entwicklung auf dem Geld- und Finanzsektor die Industrialisierung eines Landes verzögerte bzw. ob die im Vergleich zu England verspätete Industrialisierung eines Landes durch die Entwicklung bestimmter finanzieller Institutionen wie z. B. der Universalbank wettgemacht werden konnte.

In Großbritannien, dem Pionierland der finanziellen und der Industriellen Revolution, war die Sache verhältnismäßig einfach. Hier verschaffte das Zusammenwirken der Country Banks mit den Londoner Wechselmaklern durch die Wechseldiskontierung das in der frühen Industrialisierung im Textilbereich benötigte Umlaufkapital. Aus den mit der Industrialisierung wachsenden Gewinnen wurden drei Viertel der Investitionen getätigt, während das eine Anlagemöglichkeit suchende private Kapital seit den 1830er Jahren im Eisenbahnbau und später im englischen Kapitalexport ins Ausland eine Rendite fand. Was Frankreich betrifft, so nahm man lange Zeit an, dass Frankreichs industrielle Entwicklung bis zur Gründung des Crédit Mobilier unter dem Mangel an finanziellen Institutionen litt. Inzwischen sind Zweifel an dieser These aufgekommen. Zum einen erscheint die Bedeutung des Crédit Mobilier für die Industriefinanzierung als überschätzt – sie war in Frankreich erheblich geringer als im Ausland. Zum anderen gab es selbst in der zweiten Hälfte des 19. Jahrhunderts keine Anzeichen dafür, dass die Industrialisierung Frankreichs durch das in dieser Zeit noch immer nicht voll entwickelte Bankensystem gebremst worden wäre. Frankreich war mit Kapital überversorgt, von dem die eigene Industrie nur wenig nachfragte. Entsprechend floss ein Großteil des französischen Kapitals ins Ausland, z. B. nach Russland, und finanzierte dort die entstehenden Industrien, während die Vorliebe der französischen Unternehmer für Selbstfinanzierung und Unabhängigkeit von Krediten langfristig die altertümliche Struktur der französischen Industrie konservierte.

Auch in Deutschland finanzierte sich die werdende Industrie weitgehend selbst, sodass die Kapitalnachfrage in der ersten Hälfte des 19. Jahrhunderts deutlich unter dem Angebot lag. Wenn es dennoch zeitweise zu Geld- oder Kapitalengpässen kam, lag das an der restriktiven Geldpolitik der preußischen Regierung. Zwar konnten die entstehenden Zahlungsmittellücken durch Münz- und Banknotenimporte aus dem Ausland sowie durch den Wechselverkehr geschlossen werden, aber spätestens in der Take-off-Phase des Eisenbahnbaus reichten die Mittel der Privatbankiers und ihrer Anleger nicht länger zur Finanzierung des anstehenden Investitionsbedarfs aus. Neue Wege der Kapitalmobilisierung waren gefordert. Das preußische Aktiengesetz von 1843, das die Konzessionierung der Aktiengesellschaften vereinfachte, sowie vor allem die Aufhebung der Konzessionspflicht für Aktiengesellschaften im Jahre 1870 lenkten erstmals in größerem Umfang privates Kapital in die Industrieunternehmen. Während im Jahre 1851 den angesparten privaten Guthaben von 533 Mill. Mark Investitionen von 570 Mill. Mark gegenüberstanden, übertrafen die Sparguthaben 1871 mit 2465 Mill.

Mark bereits die Investitionen von 1 480 Mill. Mark und ließen diese im Jahre 1913 (38 420 Mill. Mark : 8 170 Mill. Mark) weit hinter sich. Spätestens in den 1870er Jahren reichten die Bank- und Sparkassenguthaben also bei Weitem aus, den Kapitalbedarf der Industrie und aller anderen Investoren zu decken. Die Industrie machte davon in der Wachstumsphase seit der Mitte der 90er Jahre zunehmend Gebrauch, obwohl die Selbstfinanzierung der Unternehmen aus den Unternehmensgewinnen weiterhin überwog und die Unternehmen selbst noch Überschüsse auf dem Kapitalmarkt anlegten.

7

Krisen und Stabilisierung des Weltwährungssystems

Europa wurde im 20. Jahrhundert von zwei großen Währungskrisen heimgesucht. Sie waren die unmittelbare Folge der beiden Weltkriege, die nicht nur das europäische Währungsgefüge zusammenbrechen ließen, sondern auch alle unternommenen Stabilisierungsbemühungen zunichte machten. Auf Initiative der Vereinigten Staaten, die Großbritannien in der Führung der Weltwirtschaft abgelöst hatten, versuchten die europäischen Staaten nach dem Ersten Weltkrieg eine neue internationale Währungsordnung in Anlehnung an den Goldstandard aufzubauen, aber diese überlebte ihre erste Bewährungsprobe in der Weltwirtschaftskrise nicht. Vergleichsweise gut funktionierte dagegen die in der Zeit nach dem Zweiten Weltkrieg auf der Grundlage eines freien Welthandels und fester Wechselkurse errichtete internationale Währungsordnung, die eng an die wirtschaftliche Vormachtstellung der USA geknüpft war. Als Amerika diese Rolle nicht mehr ausfüllen konnte, brach das sog. *Bretton-Woods-System* zusammen. Seit Anfang der 1970er Jahre arbeiteten die Europäer daher an einem europäischen Währungssystem, das in der Etablierung der Gemeinschaftswährung des *Euro* gipfelte.

Kriegsfinanzen und Inflation

Bereits in der Anfangsphase des Ersten Weltkrieges wurden die Grundlagen für die monetäre Entwicklung in der Kriegs- und Nachkriegszeit gelegt. Keiner hat dies genauer erkannt als John Maynard Keynes, der 25 Jahre später (zu Beginn des Zweiten Weltkriegs) in zwei Kolumnen für *The Times* die verschiedenen Möglichkeiten der Kriegsfinanzierung erörterte. Danach gab es drei Wege der Kriegsfinanzierung: Steuern, Inflation und Staatsverschuldung. Im Ersten

Weltkrieg wählte allein Großbritannien das Mittel der Besteuerung, während sich Frankreich und Deutschland verschuldeten und Letzteres zusätzlich die Notenpresse in Gang setzte.

Großbritannien hatte eine lange Tradition in der Finanzierung seines Haushalts und seiner Kriege aus den Steuern seiner Bürger. Da diese bereit waren, im nationalen Interesse höhere Steuern zu zahlen, sah Großbritannien keine ernsthaften Finanzierungsprobleme auf sich zukommen. Jedoch übertraf der Weltkrieg mit seinen Material- und Abnutzungsschlachten alles bisher Dagewesene, und bereits im Jahr 1915 sank die Deckung des Staatshaushaltes durch Steuereinnahmen auf ein Drittel. Der Notenumlauf der Bank of England wurde erheblich ausgeweitet (von ca. £ 28 Mill. 1913 auf £ 127 Mill. 1921), und das Schatzamt gab als zusätzliches Zahlungsmittel für die Banken *Schatzscheine* (*Currency Notes*) aus, um einem Run der Depositeninhaber auf die Banken vorzubeugen. Als der erwartete Ansturm ausblieb, brachte das Schatzamt die Currency Notes über die Bank of England in Umlauf. Auch England musste sich verschulden und platzierte mithilfe des amerikanischen Bankhauses J. P. Morgan & Co. Anleihen auf dem amerikanischen Markt. Die Zunahme der Staatsverschuldung und der Geldmenge einerseits und der Zusammenbruch des britischen Außenhandels andererseits drückten auf die Kaufkraft und den Wechselkurs des Pfundes. Die Preise im Inland stiegen, und das Pfund verlor gegenüber dem *Dollar* an Wert. Dennoch gelang es durch Goldverkäufe auf dem amerikanischen Markt und durch Stützungskäufe der Firma Morgan, den Kurs des Pfund Sterling zu stabilisieren, sodass sich Geldwert und Kaufkraftverlust im internationalen Vergleich in Grenzen hielten.

Nach dem Krieg präsentierte Morgan Großbritannien dafür die Rechnung in Höhe von 2 Mrd. $ und trat seine Forderungen an die amerikanische Regierung ab, die weitere 2,1 Mrd. $ für Kriegslieferungen und englische Einkäufe in den USA in Rechnung stellte. Dabei stand Großbritannien angesichts der gesamten alliierten Schulden noch verhältnismäßig gut dar. Es war zwar bei den USA verschuldet, aber es hatte ähnlich wie diese erhebliche Forderungen an Frankreich, Belgien, Italien und weitere Länder. In dieser Situation schlug John Maynard Keynes vor, die gesamten Kriegsschulden abzuschreiben und zum Wiederaufbau überzugehen. Er stieß aber auf schroffe Ablehnung der amerikanischen Regierung, die für die gesamten Schulden auf Zins und Tilgung bestand. Da Deutschland nicht in der Lage war, die geforderten Reparationen in einer Höhe von 33 Mrd. $ an die Alliierten zu erbringen, erhielten diese nicht die erhofften Mittel, um ihre Schulden fristgerecht zurückzahlen zu können.

Krieg und Reparationen schufen also ein internationales Schuldenproblem. Dieses sollte bis zur Weltwirtschaftskrise, als die Schuldnerländer den Schuldendienst einstellten, den internationalen Kapitalverkehr und die Währungspolitik stark belasten. Großbritannien als Handelsnation war davon besonders betroffen. Die traditionellen Abnehmer der Exportwaren waren nicht länger zahlungsfähig, und der einheimische Binnenmarkt konnte dafür keinen Ersatz bieten. Von einem kurzen Nachkriegsboom abgesehen, erlebte Großbritannien in den 1920er Jahren eine Stagnation der traditionellen Branchen der Textilindustrie, des Kohlebergbaus oder des Schiffsbaus. Regierung und Bank of England sannen auf Abhilfe und sahen diese in der Wiederbelebung des Außenhandels und des dafür notwendigen internationalen Währungssystems. Bereits vor Ende des Weltkriegs hatte ein Komitee unter dem Vorsitz von Lord Cunliffe, damals Gouverneur der Bank of England, in verklärender Sicht auf die Vorkriegszeit die Wiedereinführung des internationalen Goldstandards empfohlen, und die Brüsseler Finanzkonferenz hatte im Sommer 1920 ebenfalls dafür plädiert.

Die Konferenz von Genua 1922 ging einen Schritt weiter und schlug als Neuerung den Gold-Devisen-Standard vor. Nur Dollar und Pfund Sterling sollten reine Goldwährungen sein; für die übrigen Staaten reichte es dagegen aus, über Reserven in Form von Devisen dieser Goldzentren zu verfügen. Jedoch waren sich alle Beteiligten darüber einig, dass zuvor die Inflation bekämpft und die öffentlichen Haushalte saniert werden müssten. Im April 1925 war es dann so weit. Der damalige Schatzkanzler Winston Churchill kündigte in seiner Budgetrede die Rückkehr zum Goldstandard mit der Vorkriegsparität von 1:4,86 zwischen Pfund und Dollar an. Regierung, Bank of England und Londoner City glaubten, man müsse nur das internationale Währungssystem wiederherstellen, unter dem die britischen Exporte und das Pfund Sterling die Weltwirtschaft beherrscht hatten, und schon würde das Vertrauen im internationalen Handel zurückkehren. Kritiker wie Keynes wiesen dagegen mit Nachdruck darauf hin, dass die Vorkriegsparität nicht mehr dem realen Kräfteverhältnis zwischen der amerikanischen und der britischen Währung in den 20er Jahren entsprach, die englische Währung somit überbewertet sei. Die britischen Exporte würden sich verteuern und die britische Wirtschaft weiter an Konkurrenzfähigkeit auf dem Weltmarkt verlieren. Keynes sollte recht behalten. Zwar wurde die Inflation durch die Einführung des Goldstandards erfolgreich bekämpft, aber die *terms of trade* der Industrie verschlechterten sich, und die Arbeitslosenzahlen stiegen an. Man hat daher der Londoner City vorgeworfen, sie habe bei der Propagierung des Goldstandards allein die Interessen des Finanzplatzes London im Auge gehabt und diese auch auf Kosten von Industrie und Handel durchgesetzt. In diesen Zusammenhang passt ebenfalls der Versuch der britischen Regierung, die Konkurrenzfähigkeit der britischen Industrie durch einen Lohnverzicht der Arbeiterschaft zu verbessern. Sie provozierte damit den ersten Generalstreik in der englischen Geschichte. Zwar ist nicht sicher, ob eine realistischere Bewertung der britischen Währung die Absatzprobleme der Industrie beseitigt hätte, aber die ausschließliche Fixierung der Währungspolitik auf die alte Parität zum Dollar ließ andere Optionen in der Wirtschaftspolitik gar nicht erst zum Tragen kommen.

Frankreich stand von den Siegermächten des Ersten Weltkriegs finanziell am schlechtesten da, denn es hatte, ähnlich wie Deutschland, bei der Kriegsfinanzierung auf die Staatsverschuldung gesetzt und nur 2 % der Kriegskosten aus Steuereinnahmen bestritten. Der Notenumlauf wurde gewaltig von 5,665 Mrd. fr. (1913) auf 37,352 Mrd. fr. (1921) ausgeweitet, und der Staat verschuldete sich bei seinen Bürgern und dem Ausland. Da die ersten als ewige Rente (*Rente perpétuelle*) aufgelegten Kriegsanleihen bei Weitem nicht ausreichten, griff man zu kurz- und mittelfristigen Schuldtiteln. Die Regierung nahm gegen Schatzanweisungen (*Bons du trésor*) bei der Banque de France Kredite auf und mobilisierte die Ersparnisse der Bevölkerung durch die Emission der sog. *Bons de la défense nationale*. So wuchs der französische Schuldenberg von 32,974 Mrd. fr. (1913) auf 297,368 Mrd. fr. (1921). Hinzu kamen Verbindlichkeiten gegenüber Großbritannien und den USA in Höhe von 7 Mrd. $, denen eigene Forderungen in Höhe von 3,5 Mrd. $ gegenüberstanden.

An eine Haushaltssanierung war angesichts der erheblichen Kriegszerstörungen – auf französischem Territorium hatte vier Jahre lang der Abnutzungskrieg getobt – nicht zu denken, zumal die deutschen Reparationen kaum mehr als ein Drittel der französischen Wiederaufbaukosten deckten. Mindestens ebenso schwer wog, dass die französische Staatsschuld überwiegend aus kurzfristigen Schuldtiteln bestand, die schnell zur Rückzahlung anstanden und so immer wieder Lücken in den Etat rissen. Die desolate Haushaltssituation der Nachkriegszeit drückte auf den Kurs des Franc, den die Regierung im Krieg durch Goldtransfers noch einigermaßen stabil gehalten hatte. Spekulanten hofften lange, dass die alte Franc-Dollar-Parität wiederhergestellt würde, und deckten sich mit der französischen Währung ein; aber spätestens im Laufe des Jahres 1923, als die französische Besetzung des Ruhrgebiets keine neuen Reparationserfolge zeitigte, verabschiedeten sich die Anleger massenhaft vom Franc. Statt auf einen Kursanstieg zu hoffen, spekulierte man nun auf einen weiteren Kursverlust der Währung. Statt 5,4 fr. bei Kriegsende und 11 fr. im Jahr 1919 musste man Ende 1923 bereits 19 fr. für den Dollar zahlen, und die Talfahrt ging weiter. Zwar brachte eine kurzfristige Stützungsaktion im März 1924 den Franc-Kurs noch einmal auf 15 fr. zum Dollar, aber Ende 1924 stand er wieder bei 18:1, fiel im Laufe des Jahres 1925 auf 27:1 und erreichte im Juli 1926 mit 49:1 seinen tiefsten Stand; die Preise stiegen unaufhörlich. Zwischen März 1924 und Juli 1926 beschäftigten sich elf Regierungen mit dem Verschuldungs- und dem Francproblem, aber keine fand eine Lösung.

Erst die konservative Regierung unter Poincaré handelte im Juli 1926 entschlossen. Es gelang, durch Steuererhöhungen, Haushaltseinsparungen und die Fundierung der schwebenden Staatsschuld das Vertrauen in die Währung wiederherzustellen. Ende des Jahres war der Dollar für 25 fr. zu haben. Das Fluchtkapital kehrte aus dem Ausland nach Frankreich zurück, und die Banque de France nutzte den Devisenstrom dazu, um Gold zu kaufen. 1928 kehrte Frankreich zum Goldstandard zurück, ohne aber die Vorkriegsparität wieder zu erreichen. Poincaré selbst hatte noch an eine Stabilisierung des Franc auf dem Vorkriegsniveau geglaubt, aber die wirtschaftlichen Verhältnisse sprachen dagegen. So besaß der neue Franc, der *Poincaré-Franc* des Jahres 1928, nur noch ein Fünftel des Wertes von 1913 und war damit sicherlich unterbewertet. Dies kam der Exportwirtschaft zugute und entsprach sowohl den Wünschen der Unternehmer als auch den Forderungen der Gewerkschaften.

Im Deutschen Kaiserreich verhinderte die föderale Finanzverfassung, in der den Bundesstaaten die Erträge aus der Einkommen- und Vermögensteuer zustanden, eine Finanzierung des Krieges aus dem Steueraufkommen. Die Kreditaufnahme war unausweichlich, ohne dass diese die politisch Verantwortlichen merklich beunruhigte, rechnete man doch mit einem schnellen Sieg und wie 1871/72 mit der Erstattung der Kriegskosten durch den Feind. Da das Reich keinen direkten Zugang zu den ausländischen Kapitalmärkten hatte, wurde der Kreditbedarf weitgehend im Inland gedeckt. Aus den neun zwischen 1914 und 1918 aufgelegten Kriegsanleihen kamen 96,9 Mrd. M zusammen; zusätzlich gab das Reich *Schatzanweisungen* für 51,2 Mrd. M aus. Diese Schatzanweisungen dienten, soweit sie sich im Besitz der Reichsbank befanden, als Deckungsreserve der Notenemission und begünstigten so die Aufblähung des Notenumlaufs. Zwar hatten sich die Goldbestände der Reichsbank durch die Aufhebung der Einlösepflicht und durch die propagandistisch begleitete Goldsammelaktion «Gold gab ich für Eisen» deutlich erhöht, aber spätestens seit 1916 lief die Banknotenemission den Goldreserven davon. 1918 waren Reichsbanknoten im Wert von 22,188 Mrd. M im Umlauf; der Banknotenumlauf hatte sich also, verglichen mit 1914, mehr als vervierfacht. Hinzu kamen die ebenfalls umlaufenden *Darlehnskassenscheine* der mit den Reichsbankfilialen verbundenen Reichsdarlehnskassen im Wert von 10,109 Mrd. M. Jedoch war dies erst der Anfang einer Papiergeldexpansion, die mit der Hyperinflation 1922/23 ihren Gipfel erreichen sollte. Leider lassen sich die Geldmenge (M_1) und ihre Veränderungen für den Zeitraum vom Weltkrieg bis zur Inflation nicht genau ermitteln. Dennoch verdeutlichen die von Carl-Ludwig Holtfrerich errechneten Zahlen der Geldbasis aus Bargeldumlauf und Einlagen des privaten Sektors bei der Reichsbank die rapide Zunahme des Geldvolumens und des Papiergeldumlaufs (Tabelle 6).

Tabelle 6: Entwicklung und Zusammensetzung der Geldbasis 1914–1922

	Geldbasis (in Mrd.)	Münzen (in %)	Reichsbanknoten (in %)	Darlehnskassen (in %)	Einlagen d. priv. Sektor bei der Reichsbank (in %)
1914	10,157	28,0	49,7	4,4	13,4
1915	11,918	14,2	58	8,2	15,4
1916	15,912	5,5	50,6	18	22,3
1917	24,789	0,9	46,3	25,3	25,2
1918	43,608	0,4	50,9	23,2	23,7
1919	63,632	0,2	56,1	21,5	21
1920	99,252	0,2	76,3	12,1	17,5
1921	148,853	0,3	76,3	5,6	17
1922	1.678,778	–	76,3	0,8	22,5

Quelle: Holtfrerich, Inflation, S. 48 f., 61

Gleichzeitig mit der Explosion der Geldmenge stiegen die Großhandelspreise, und der Wechselkurs der Mark verschlechterte sich im Vergleich zum Dollar. Beide Entwicklungen kulminierten in der Hyperinflation 1922/23, in der die Parallelen zwischen Geldmengenwachstum einerseits sowie Preisanstieg und Kursverfall andererseits stark ausgeprägt waren. Für die Kriegs- und ersten Nachkriegsjahre ist der Zusammenhang dagegen weniger deutlich, da hier die Preis- und die Kursentwicklung der Geldmengenentwicklung hinterherhinkte (s. Diagramm 5); demnach müssen in dieser Zeit auch andere Kräfte wirksam gewesen sein, die sich einer traditionellen quantitätstheoretischen Deutung der Inflation entziehen.

Diagramm 5: Monatliche Durchschnittsnotierungen europäischer Währungen in US-Dollar 1919–1922 (log. Maßstab)

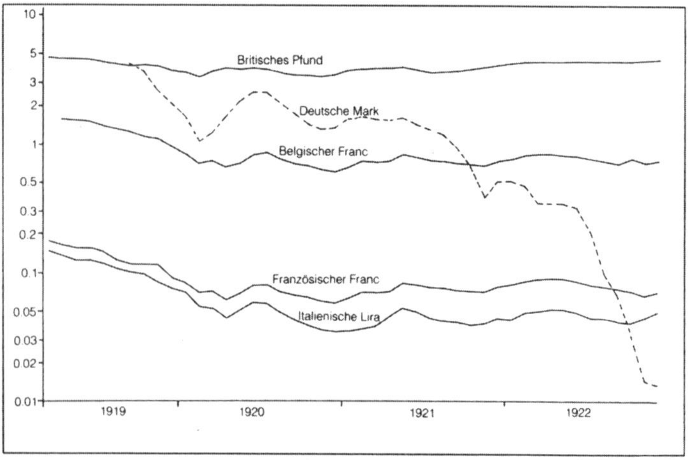

Quelle: Holtfrerich, Inflation, S. 19

In der zeitgenössischen deutschen Diskussion hat daher auch die politisch favorisierte zahlungsbilanztheoretische Erklärung der Inflation viele Anhänger gefunden. Sie sah die Hauptursache der Inflation in dem Zahlungsbilanzdefizit Deutschlands und dem sich daraus ergebenden Kursverfall der Mark, der die Importe verteuerte und so die Preise in die Höhe trieb. Für das Außenhandelsdefizit machte man in erster Linie die von den Siegern des Weltkriegs diktierten Reparationen verantwortlich, die zu einem Zusammenbruch des Außenhandels und einer Kapitalflucht ins Ausland geführt hätten. Eine solche Erklärung der Inflation besaß den auch politisch gewünschten Nebeneffekt, dem Ausland zu zeigen, dass die Reparationsleistungen für Deutschland nicht tragbar waren. Beispielsweise vertrat Karl Helfferich, der seit 1920 als Wortführer der Rechtsopposition die «Erfüllungspolitik» des Reichsfinanzministers Matthias Erzberger aufs Heftigste kritisierte, die Zahlungsbilanztheorie vehement in der Öffentlichkeit.

Welche Rolle spielten die Reparationen aber wirklich im Inflationsprozess? Anders als Deutschland zu Beginn des Weltkriegs gehofft hatte, konnte es sich nicht an den Besiegten schadlos halten, sondern wurde seinerseits mit Forderungen der Sieger konfrontiert, die nach dem Motto «Le boche payera tout!» versuchten, ihre Kriegskosten weitgehend dem Besiegten aufzuerlegen. Dabei waren es nicht so sehr die erbrachten Reparationsleistungen in einem Wert von ca. 10% des Volkseinkommens, sondern «die Ungewißheit über das zukünftige Ausmaß der Zahlungsverpflichtungen» (Holtfrerich 1980), die zusammen mit den Kriegsschulden den Reichshaushalt und die finanzielle Situation im Nachkriegsdeutschland destabilisierte. Unter dem Damoklesschwert drohender Reparationsleistungen an das Ausland war der Anreiz für eine Haushaltssanierung gering. Die Verschuldung mithilfe von Schatzanweisungen wuchs unaufhörlich, die Notenpresse lief auf vollen Touren. Dass ein großer Teil der Verkehrsmittel (Schiffe, Eisenbahnwaggons, Lastwagen) an die Siegermächte abgeliefert werden musste, schwächte die Rohstoffversorgung der ohnehin durch Streiks und politische Kämpfe in Mitleidenschaft gezogenen deutschen Wirtschaft. Die Produktion ging zurück; die Diskrepanz zwischen Warenangebot und Geldangebot vergrößerte sich und beschleunigte die Geldentwertung. Nach dem Wegfall der Preisfestsetzungen und der Nahrungsmittelbewirtschaftung konnte die Inflation nicht länger wie im Weltkrieg «zurückgestaut» werden.

Den Wert der Mark im konkreten Fall bestimmte die aktuelle Nachfrage nach Geld. Sie war in erster Linie von dem Vertrauen abhängig, das der Einzelne in die Währung hatte. Vor allem das Ausland setzte lange Zeit auf die Mark und kaufte spekulativ Papiermark auf. Dies ging so weit, dass manche Familien der Besatzungssoldaten ihre Ersparnisse in Mark anlegten, weil sie mit einer Erholung der Mark und einem Kursgewinn rechneten. Jedoch verflogen diese Hoffnungen im Laufe des Jahres 1922. Sowohl der Bericht des internationalen Bankierskomitees, das langfristige Anleihen an Deutschland von der Lösung der Reparationsfrage abhängig machte, als auch die Ermordung Walther Rathenaus ließen das Ausland nicht länger an die innere Stabilität der jungen Republik glauben. Die einsetzende Kapitalflucht leitete die Phase der Hyperinflation ein. Bis dahin hatten das Vertrauen in die Mark und die daraus resultierende Nachfrage nach dieser Währung trotz wachsender Geldmenge den Preisanstieg und den Wechselkursverfall gebremst. Spätestens im Herbst 1922 aber war klar, dass die Mark nicht länger die grundlegenden Geldfunktionen des Wertaufbewahrungsmittels, der Recheneinheit und des Tauschmittels erfüllen konnte. Die Reichsbank emittierte Banknoten zu 10 000 M und 50 000 M, im Februar 1923 wurden erstmals Notenwerte von 1 Mill. Mark in Verkehr gebracht, und im September überschritt man die Milliarden-, Anfang November sogar die Billionenschwelle. Das Geld wurde so schnell ausgegeben, wie man es erhielt. Wenn die Betriebe nicht eigenes Notgeld ausgaben, entlohnten sie ihre Arbeiter und Angestellten am Morgen und gaben ihnen anschließend Gelegenheit, ihre Löhne in Nahrungsmittel umzusetzen, da diese nach Feierabend bereits an Wert verloren hatten. Das Kilogramm Brot kostete Ende Oktober 680 Mill. Mark. Eine Sanierung der Währung war unausweichlich.

Karl Helfferich, zu dessen Zeit als Finanzstaatssekretär im Ersten Weltkrieg die Entwertung der Mark begonnen hatte, schlug eine auf Getreide basierende Roggenmark im Wert von 5 kg Roggen als neue Währungseinheit vor. Zur Ausführung kam aber die *Rentenmark*, eine durch den gewerblich genutzten Boden gedeckte Übergangswährung, die die Rückkehr zur Goldwährung vorbereiten sollte. Dazu wurde am 15. Oktober 1923 die Deutsche Rentenbank gegründet, deren Grundkapital von 3,2 Mrd. Rentenmark Land- und Forstwirtschaft sowie Industrie, Handel und Gewerbe aufbrachten. Dafür gab die Bank *Rentenbankscheine* mit Nennwerten bis zu 1 000 Rentenmark aus, in die die entwertete Papiermark im Verhältnis von 1 Bill. M zu 1 Rentenmark eingetauscht werden konnte. Da der Umlauf auf 3,2 Mrd. Rentenmark begrenzt war, blieb die Rentenmark erstaunlich stabil. Unterstützt wurde dieser Stabilitätskurs durch Reichsregierung und Reichsbank, die den Reichshaushalt drastisch beschnitten bzw. den Kreditspielraum der Wirtschaft einschränkten.

Den weiteren Fortgang der Währungsreform diktierte das Ausland mit dem sog. *Dawes-Plan*, der nach dem Scheitern der französischen Ruhrbesetzungspolitik die deutschen Reparationen neu festlegte und der Republik für die Anfangszahlungen ein Darlehen gewährte. Der Plan forderte nämlich im Rahmen der amerikanischen Politik der Währungsstabilisierung die Rückkehr zum Goldstandard oder besser zum Gold-Devisen-Standard. Dieser wurde mit der *Reichsmark* als neuer Währungseinheit anstelle der Rentenmark am 30. August 1924 eingeführt. Für den Banknotenumlauf galt eine Deckungsvorschrift von 40 % in Gold oder Devisen, während für den Rest erstklassige Handelswechsel gefordert wurden. Die Zeiten der Reichsschatzanweisungen waren endgültig vorbei. Obwohl man auf die Emission von Goldmünzen verzichtete, wuchs das Vertrauen des In- und Auslands in die deutsche Währung. Die goldenen «Zwanziger» mit stabilen Preisen und steigendem Volkseinkommen begannen.

Was blieb, war das Trauma der Inflation. Besonders die vermeintliche Enteignung des «Mittelstandes» blieb tief in der deutschen Psyche verwurzelt. Systematische Untersuchungen der sozialen Auswirkungen der Inflation haben aber in jüngster Zeit die «Proletarisierung des Mittelstandes» ebenso in Zweifel gezogen wie die von der Linken in der Weimarer Zeit behauptete «Bereicherung der Kapitalisten» auf Kosten der übrigen Bevölkerung. So kann beispielsweise Holtfrerich (1980) nachweisen, dass die Inflation zwar einen «Prozeß der Vermögensumverteilung» in Gang setzte, dass an dessen Ende aber die deutschen Einkommen viel gleichmäßiger verteilt waren als am Vorabend des Ersten Weltkriegs: «Nicht die mittleren oder kleineren Einkommen und Vermögen waren durch die Inflation vernichtet worden, sondern die ganz großen.» So zeigt beispielsweise ein Vergleich der Einkommen 1913 und 1928, dass sich 1928 alle Einkommensbezieher mit einem Jahreseinkommen unter 16 000 RM besserstanden als 1913, während die Einkommen darüber deutliche Verluste hinnehmen mussten. Denn bei diesen war der Anteil der Kapitalerträge am Einkommen erheblich größer als beim Mittelstand oder der Arbeiterschaft.

Aber selbst innerhalb des Mittelstandes machten sich die Auswirkungen der Inflation unterschiedlich bemerkbar. Ein Vergleich der Reallöhne von Hamburger Beamten und Arbeitern zeigt beispielsweise, dass die Beamten den größten Teil ihrer Realgehälter bereits in der Kriegszeit eingebüßt hatten, während von 1920 an eine relative Stabilisierung festzustellen ist. In der Zeit der Hyperinflation profitierten dann die Beamten im Gegensatz zu den meisten übrigen Berufsgruppen von ihrer vierteljährlichen Vorauszahlung des Gehalts, die dieses von der rapiden Papiergeldverschlechterung weitgehend unabhängig machte. So konnte ein Beamter sein Gehalt in Sachwerten anlegen und diese mit der Zeit in Nahrungsmittel und andere Güter des täglichen Bedarfs umtauschen. Nach der Stabilisierung der Währung erreichten die Beamten im Laufe des Jahres 1924 wieder das Vorkriegsniveau ihrer Gehälter, wobei sich die Unterschiede zwischen höheren, mittleren und unteren Gehaltsgruppen aber deutlich verringert hatten.

Bei der Arbeiterschaft, die in der Nachkriegszeit aufgrund ihrer politischen Macht mehrfach Lohnerhöhungen durchsetzen konnte, blieb das Reallohnniveau der Vorkriegszeit auch in den Inflationsjahren weitgehend erhalten; nur in der Zeit der Hyperinflation wurden die Arbeitereinkommen stärker als die der Beamten dezimiert, sodass diese am Ende der Inflation materiell wieder besser dastanden als die Arbeiterschaft. Mindestens ebenso wichtig wie ein eventueller Inflationsausgleich war für den Lohn- und Gehaltsempfänger die Frage, ob er seinen Arbeitsplatz behielt oder nicht; und dabei war das Risiko des Arbeitsplatzverlustes für Beamte und Angestellte erheblich geringer als für die Arbeiterschaft. Dennoch war der Begriff Inflation in den Köpfen des Mittelstandes «zum Synonym für Zerrüttungen aller geordneten Verhältnisse, für Erschütterungen des Staatswesens, für Existenzangst geworden» (Witt 1985), und sechs Jahre später in der Weltwirtschaftskrise kamen «tiefverwurzelte Ängste vor dem erneuten Verlust einer relativen ökonomischen Sicherheit» wieder hervor.

England, Frankreich und Deutschland sind nur die herausragenden Beispiele für Währungsverfall und Währungsstabilisierung in der Kriegs- und Nachkriegszeit. Die Entwicklungen in den meisten europäischen Ländern verliefen ähnlich und folgten – mal mehr, mal weniger – dem Beispiel der genannten Staaten: Belgien dem französischen Beispiel, Österreich dem deutschen und Italien mit der harten Deflationspolitik Mussolinis sogar dem englischen. Allein die Vereinigten Staaten von Amerika spielten in dieser Hinsicht eine Sonderrolle. Amerika war erst 1917 in den Weltkrieg eingetreten und konnte knapp ein Viertel der in den letzten beiden Kriegsjahren anfallenden Kosten aus laufenden Einnahmen decken. Über die restlichen Beiträge wurden Kriegsanleihen aufgelegt, die auch die zu Beginn des Krieges ausgegebenen kurzfristigen Schuldverschreibungen konsolidierten. Daneben gaben amerikanische Banken Barkredite im Wert von fast 10 Mrd. $ an die alliierten Parteien, zu denen noch Material- und Lebensmittellieferungen in der Kriegs- und Nachkriegszeit kamen. Bei Kriegsende beliefen sich die amerikanischen Forderungen auf rund die Hälfte der alliierten Schulden von 26,5 Mrd. $. Damit war Amerika vom größten Schuldner der Vorkriegszeit zum Hauptgläubiger der Nachkriegszeit geworden. Die in der Kriegszeit leicht angestiegenen Preise blieben in den 1920er Jahren stabil, gingen sogar zeitweilig leicht zurück. Dies war nicht eine Folge des Goldstandards, den die USA im Jahre 1919 wieder eingeführt hatten, sondern das Resultat der restriktiven Geldpolitik der Zentralbank (Federal Reserve System), mit der diese die Wirkung des Gold-Automatismus abzumildern versuchte. Denn nach der Lehre des klassischen Goldstandards hätte der durch den amerikanischen Zahlungsbilanzüberschuss zunehmende Goldzustrom die Geldmenge wachsen und die Preise steigen lassen müssen. Ein Ventil boten umfangreiche Kapitalexporte nach Europa, für die wiederum stabile monetäre Verhältnisse Voraussetzung waren. Die USA wurden daher zum wichtigsten Anwalt der Stabilisierung des internationalen Währungssystems mithilfe des zweiten Goldstandards.

Die mit der Wiedereinführung des Goldstandards eingeleitete Stabilisierung von Währung und Wirtschaft barg viele Risiken in sich. Durch die Überbewertung des Pfundes und die Unterbewertung des Franc entstanden Wechselkursdisparitäten, die spekulative Goldströme in Gang setzten. Gold wurde von Ländern akkumuliert, die es nicht benötigten, während andere Länder trotz internationaler Zahlungsverpflichtungen mit Gold unterversorgt waren. Mindestens ebenso schwer wog das internationale Schuldenproblem. Dabei ging es nicht nur um Kriegsschulden und Reparationen, sondern vor allem um die wachsende Schuldenaufnahme der Länder Südamerikas und Ostmitteleuropas, die auf diese Weise ihre Zahlungsbilanzdefizite deckten. Die Zinsen für die meist in Großbritannien und den USA aufgenommenen Kredite zahlten diese Länder aus ihren Rohstoff- und Nahrungsmittelexporten, sodass etwaige Exporteinbußen das Schuldengebäude ins Wanken bringen mussten. Ein weiterer Faktor der Destabilisierung, der sich vor allem im Falle Deutschlands bemerkbar machte, war der hohe Anteil kurzfristiger Verbindlichkeiten. Deutsche Banken hatten in Überschätzung ihrer Möglichkeiten einen erheblichen Teil ihrer langfristigen Darlehen an die Industrie durch kurzfristige Kreditaufnahme in Großbritannien oder den USA gedeckt. Beim Abzug dieses Kapitals war daher die Krise vorprogrammiert.

Das Krisenszenario aber bestimmte die ökonomische Entwicklung in Amerika. Die Vereinigten Staaten stellten gut 40% der weltweiten Industrieproduktion her und verarbeiteten ebenfalls gut 40% der in den Industrienationen verbrauchten Rohstoffe. Entsprechend gaben sie ihre Konjunkturzyklen über Preistrends, Kapitalströme und internationale Investitionen an die europäischen Volkswirtschaften weiter. Seit dem Frühjahr 1928 war der amerikanische Aktienmarkt in einem beispiellosen Aufschwung begriffen, der sich im weiteren Verlauf zum Boom auswuchs. Die Hausse an der Wall Street band Gelder, die am internationalen Geld- und Kapitalmarkt fehlten. Da durch die Spekulation die Zinsen für kurzfristige Kredite wie für Termineinlagen stark stiegen, wurde Kapital aus Amerika und aus Europa geradezu nach New York gesogen. Die amerikanischen Auslandsinvestitionen verringerten sich im Laufe des Jahres 1928 fast um die Hälfte, was in den Schuldnerländern zu Zahlungsbilanzdefiziten führte.

Am 7. Februar 1929 erhöhte die Bank of England ihren Diskontsatz von 4,5 auf 5,5 %, um dem Druck auf das britische Pfund durch die hohe Kreditnachfrage und dem Kapitalsog der Wall Street zu begegnen. Als dann am 20. September 1929 der unsolide finanzierte Hatry-Konzern zusammenbrach, wurde der Diskont am 26. September 1929 nochmals auf dann 6,5 % erhöht. Die Diskontsatzerhöhung hatte den Abzug englischer Gelder aus New York zur Folge. Die Nervosität an der Wall Street stieg.

Große Spekulanten aus den Vereinigten Staaten und Europa begannen, die Gefahren voraussehend, zu verkaufen, und Anfang Oktober folgten einige Insider ihrem Beispiel. Am Sonntag, dem 20. Oktober 1929 berichtet die Times: «Eine Verkaufswelle sinkender Aktien überschwemmt den Markt.» Am Montag, dem 21. Oktober 1929 fielen die Kurse bei einem Umsatz von 6 Mill. Aktien weiter. Am 24. Oktober, dem sog. *Black Thursday* (in Europa *Schwarzer Freitag* genannt), platzte die Spekulationsblase, die Kurse stürzten ins Bodenlose, und am 28. und 29. Oktober, dem *Black Monday* und *Black Tuesday*, folgten weitere schwarze Tage mit schweren Kursverlusten für die Wall Street. Kaufkraft, Konsum und vor allem das Vertrauen in eine weitere, kontinuierlich positive Entwicklung der amerikanischen Wirtschaft waren erschüttert. Die amerikanische Nachfrage nach Importen ging zurück. Die Schuldnerländer wussten nicht mehr, wie sie ihre Zahlungsbilanzdefizite begleichen sollten, und ihre Probleme verschärften sich mit der einsetzenden Rezession der amerikanischen Wirtschaft weiter. Die Kapitalexporte versiegten, und die amerikanische Nachfrage nach Importen schrumpfte. Der Preisverfall für Agrarprodukte beschleunigte sich. Für die Schuldnerländer öffnete sich die Schere zwischen sinkenden Exporterlösen und steigenden Kreditzinsen, sodass viele Länder nur die Wahl zwischen der Abwertung ihrer Währung und der Zahlungsunfähigkeit hatten. Ende 1929 und Anfang 1930 gaben

Australien und Neuseeland, Argentinien und Uruguay sowie eine Reihe weiterer südamerikanischer Länder den Goldstandard auf und werteten ab. Gleichzeitig intensivierten sie ihre Nahrungsmittel- und Rohstoffexporte. Dies drückte nicht nur weiter auf die Agrarpreise, sondern verschlechterte auch die *terms of trade* der Staaten, die noch am Goldstandard festhielten.

Die USA griffen auf Druck ihrer Farmerlobby zu protektionistischen Maßnahmen und erhöhten im sog. Hawley-Smoot-Tariff Act drastisch die Einfuhrzölle für sämtliche Agrarprodukte einschließlich der Baumwolle. Eine Welle des Protektionismus wurde ausgelöst, da die nun benachteiligten Länder ihrerseits mit Einfuhrbeschränkungen antworteten. Der Welthandel brach zusammen, und die Schuldnerländer waren nicht länger in der Lage, ihre Schulden in den USA zu tilgen. Die amerikanischen Banken taten das in einer Zeit knappen Geldes einzig Verkehrte und forderten die Rückzahlung ihrer Darlehen. Französische und englische Banken folgten und leiteten einen Run auf die südamerikanischen und die mitteleuropäischen Schuldnerländer ein, der dort zu zahlreichen Bankenzusammenbrüchen führte.

Die Bankenkrise in Mitteleuropa setzte den Londoner Geldmarkt unter Druck, der ohnehin schon durch den Abzug amerikanischer Gelder stark in Mitleidenschaft gezogen war. Im Laufe des Spätsommers 1931 verlor das Pfund Sterling rund ein Drittel seines Wertes im Vergleich zum Gold. Zwar halfen die Federal Reserve Bank in New York und die Banque de France mit Krediten von einigen hundert Millionen zur Stützung der Sterling-Konvertibilität aus, und weitere Darlehen wurden verhandelt. Vor weiteren Krediten forderten ausländische Gläubiger aber den Abbau der Staatsverschuldung und Einschnitte in das soziale Netz, z. B. bei der Arbeitslosenunterstützung. Gefangen zwischen einem wachsenden Zahlungsbilanzdefizit aufgrund der rückläufigen Exporte und einer auf über 20% anwachsenden Arbeitslosenquote, scheuten Regierung und Bank of England sowohl den Tritt auf die Kreditbremse als auch einschneidende Kürzungen im Budget. Das Vertrauen in das Pfund Sterling, die Ankerwährung des Goldstandards, schwand. Im September nahm dann die ausländische Kapitalflucht solche Ausmaße an, dass die englische Regierung und die Bank of England zum Handeln gezwungen waren. Sie suspendierten den Goldstandard und werteten das Pfund ab. Dennoch blieb das Vertrauen der Briten in ihr Bankensystem intakt. Darüber hinaus eröffnete die Abkehr von der starren Bindung ans Gold die Option einer nationalen Wirtschaftspolitik.

Dazu gehörte vom Frühjahr 1932 an eine Politik billigen Geldes, die durch die Herabsetzung des Diskontsatzes und die Senkung der Zinsen für britische Staatsanleihen ermöglicht wurde. Die Geldmenge wuchs, die Wirtschaft belebte sich, die Preise aber blieben niedrig oder fielen sogar. Andere Länder wie Schweden, Portugal und die meisten Commonwealth-Staaten koppelten ihre Währungen an die englische an und bildeten den sog. *Sterling-Block*. Jedoch ist die Bedeutung der monetären Faktoren für die Erholung der britischen Wirtschaft umstritten. So konnten die preiswerten Kredite nur dann Investitionen stimulieren, wenn sie mit den Gewinnerwartungen der Unternehmen korrespondierten. Außerdem wurde die wirtschaftliche Belebung in erster Linie durch den Hausbauboom, d. h. durch die private Nachfrage, getragen. Dabei förderten die sinkenden Hypothekenzinsen zwar die Nachfrage nach Krediten, aber der private Eigenheimbau konnte nur aufgrund der gestiegenen Einkommen und der fallenden Baupreise realisiert werden.

Durch die Abwertung des britischen Pfundes gerieten die Länder, die wie die USA, Frankreich, Belgien, die Niederlande, die Schweiz oder Italien am Goldstandard festhielten, ebenfalls unter Abwertungsdruck. Andere Zentralbanken verabschiedeten sich vom Dollar und flüchteten in das Gold, da sie einen Wertverlust ihrer Dollarreserven fürchteten. Die Geldmärkte taten es ihnen gleich, sodass sich die Federal Reserve zur Erhöhung der Geldmarktzinsen gezwungen sah. Im Frühjahr 1933, nach der Übernahme des Präsidentenamtes durch Franklin Delano Roosevelt, trennten sich die USA vom Goldstandard und werteten den Dollar ab – der Wert der Feinunze Gold stieg von 20,67 $ bis auf 35 $ im Jahre 1934. Gleichzeitig kurbelte der Präsident mit einem Arbeitsbeschaffungsprogramm, dem sog. *New Deal*, die amerikanische Wirtschaft an. Dabei war die Wiederherstellung von Optimismus und Vertrauen in die

Wirtschaftsentwicklung wichtiger als die heterogenen, zum Teil überstürzt in die Wege geleiteten Maßnahmen.

Für die übrigen Länder des sog. *Goldblocks* (Frankreich, Belgien, Niederlande, Schweiz, Italien), die nicht dem amerikanischen Beispiel einer Abwertung folgen wollten, gab es nur die Alternative einer Deflation, d. h. eine Senkung der Preise im Innern zur Wiederherstellung der Konkurrenzfähigkeit der Wirtschaft. Mit einer solchen Politik des knappen Geldes erreichte man in der Regel aber eher das Gegenteil. Die Investitionen gingen zurück, Depression war die Folge. In Frankreich verschaffte dann auch erst die Abwertung des Franc durch die neue Volksfrontregierung unter Léon Blum im Jahre 1936 der Wirtschaft eine kurze Erholungsphase, ohne dass zu Beginn des Zweiten Weltkrieges hier und in den anderen Goldblockstaaten die industrielle Produktion des Jahres 1929 wieder erreicht worden wäre.

Ebenfalls negativ wurde im Nachhinein das lange Festhalten der Niederlande am Goldstandard beurteilt. Hier zeichnete sich eine konjunkturelle Wende erst im Jahre 1936 nach der Abkehr der Niederlande vom Goldstandard und einem Kursverfall des Guldens um 20 % ab. Dennoch muss man ebenfalls die strukturellen Faktoren der Depression wie die übermäßig große Bedeutung des niederländischen Agrarsektors und die Abhängigkeit der kleinen offenen Ökonomie vom freien Welthandel erwähnen. Weder die Niederlande noch Belgien mit ihren vergleichsweise harten Währungen hielten es 1931 für attraktiv, geschweige denn für richtig, den Kursverfall des Pfundes um ein Drittel seines Wertes (im Vergleich zum Dollar) zu imitieren. Es ist jedenfalls nicht sicher, ob sich das Risiko angesichts der strukturellen Schwächen der niederländischen Wirtschaft gelohnt hätte.

Deutschland war von der Krise auf dem amerikanischen Geldmarkt am heftigsten getroffen worden, hatte es doch seine Reparationsleistungen, den Aufschwung seiner Industrieproduktion und selbst Verbesserungen der kommunalen Infrastruktur in der zweiten Hälfte der 20er Jahre mit amerikanischen Krediten finanziert. Zwar gelang es der Reichsbank, die Folgen des Kreditabzugs nach dem Schwarzen Freitag und die Kapitalflucht nach dem Erfolg der Nationalsozialisten bei der Reichstagswahl 1930 durch Kooperation mit anderen Zentralbanken und durch ein Darlehen des Bostoner Bankhauses Lee Higginson & Co. gering zu halten, aber durch die mitteleuropäische Bankenkrise des Jahres 1931 wurde das deutsche Währungs- und Bankensystem stark getroffen. Auslöser hierfür war die Veröffentlichung der Bilanz der Österreichischen Creditanstalt; denn die Bank musste erklären, dass sie durch den Wertverlust ihres Industrieaktienbesitzes mehr als die Hälfte ihres Eigenkapitals verloren hatte. Zwar konnte die Insolvenz zunächst noch durch einen Kredit der Rothschild-Gruppe vermieden werden, aber der

> Zusammenbruch des größten österreichischen Kreditinstituts gab dann im Mai den äußeren Anstoß zu einer Verschärfung der Entwicklung, die sich, gefördert durch eine Reihe von weiteren Umständen und Vorkommnissen, in wenigen Wochen zu einer Vertrauenskrise bisher noch nicht erlebter Art und Größe auswuchs. Die Abziehungen der ausländischen Gläubiger steigerten sich zu einem regelrechten Run auf Deutschland, der im weiteren Verlaufe auch auf das Inland übergriff und im Juli zu einer völligen Stockung im Kredit- und Zahlungsverkehr führte.

So weit der Verwaltungsbericht der Reichsbank für das Jahr 1931. Dahinter verbirgt sich eine Kette von Zusammenbrüchen, die in der Industrie begann und bei den Banken aufhörte und daher als die Deutsche Bankenkrise in die Geschichte eingegangen ist.

Bereits im Mai gerieten das Warenhaus Karstadt und der Versicherungskonzern Nordstern in eine Schieflage, der im Juni der Konkurs des Nordwell-Konzerns folgte. Dieser riss die Darmstädter- und Nationalbank (Danat-Bank) und die Dresdner Bank mit in den Strudel des Bankrotts, da beide Banken sich mit Krediten an den Konzern verausgabt hatten. Die Danat-Bank war nicht mehr zu retten, und die Dresdner Bank erklärte ihre Zahlungsunfähigkeit. Auch die größte der deutschen Landesbanken, die Landesbank der Rheinprovinz, stand vor dem Zusammenbruch. Das Vertrauen des In- und Auslandes in die deutsche Wirtschaft war endgültig erschüttert. Denn bereits einen Monat zuvor hatte die für die innenpolitische Diskussion gedachte Verlautbarung, Deutschland könne keine weiteren Reparationen zahlen, die ausländischen Gläubiger aufgeschreckt. Zwar konnte das von dem amerikanischen Präsidenten

Hoover vorgeschlagene einjährige Schuldenmoratorium den Geldabzug aus Deutschland noch bremsen, mit dem Fall der Danat-Bank aber setzte der Run auf die Banken und Sparkassen ein. Die Geldinstitute zahlten nur noch 20% der verlangten Beträge aus. Daraufhin verkündete die Reichsregierung zwei Bankfeiertage. Erst nach drei Wochen, am 5. August 1931, nahmen die Banken den Zahlungsverkehr wieder auf. Die Börsen wurden sogar erst wieder am 3. September geöffnet.

Die Reichsbank nutzte diese Galgenfrist zur Wiederherstellung des deutschen Zahlungsverkehrs. Zu den getroffenen Maßnahmen gehörten die Einführung der Devisenbewirtschaftung, die Verteuerung der Kredite durch Anhebung des Diskontsatzes auf 15% und des Lombardsatzes auf 25%, die Errichtung einer Akzept- und Garantiebank zur Refinanzierung der Kreditinstitute sowie die Aushandlung eines Stillhalteabkommens mit den ausländischen Gläubigerbanken. Gleichzeitig wurden in einer Notverordnung des Reichspräsidenten, die Grundlage für das spätere Kreditwesengesetz, die Bankenaufsicht und die Liquiditätsvorschriften neu geregelt und so die Lehren aus der geringen Eigenkapitalbasis der Banken gezogen. Angesichts der hohen Verluste konnte die Mehrheit der Banken nur überleben, weil Reich und Reichsbank einen Teil der Verluste trugen und erhebliche Mittel zur Kapitalaufstockung bereitstellten.

Insgesamt hatte die Bankenkrise das Kreditangebot für Wirtschaft und Kommunen verringert und die schon länger anhaltende Rezession der Wirtschaft verschärft. International völlig ins Hintertreffen geriet die deutsche Wirtschaft nach der Abwertung des britischen Pfundes im September, da das Festhalten des Reiches an der alten Goldparität die Reichsmark aufwertete. Das Rezept der Regierung Brüning dagegen war eine kompromisslose Deflationspolitik. Sie sollte durch Preissenkungen im Innern einerseits die internationale Konkurrenzfähigkeit der deutschen Industrie wiederherstellen und andererseits zur Konsolidierung der öffentlichen Haushalte im Reich beitragen. Mit dieser Rosskur wollte Brüning den ausländischen Reparationsgläubigern demonstrieren, dass Deutschland die äußersten Anstrengungen unternahm, seinen Reparationsverpflichtungen nachzukommen, und so die alliierten Sieger zur Streichung der Reparationsforderungen bewegen. Dieses Ziel wurde im Juli 1932 auf der Lausanner Konferenz erreicht, die die Reparationsleistungen endgültig vertagte. Jedoch war Brüning zu diesem Zeitpunkt nicht mehr im Amt, da ihn Hindenburg am 30. Mai 1932 «100 Meter vor dem Ziel» entlassen hatte.

Die Opfer dieser Deflationspolitik in der deutschen Bevölkerung und der Wirtschaft waren erheblich. Die Arbeitslosenzahl stieg von 4,4 Mill. im Sommer 1931 auf 5,1 Mill. im Sommer 1932, die Industrieproduktion fiel um ein Drittel; und ein halbes Jahr später war Hitler Reichskanzler.

Die Wirtschafts- und Währungspolitik der Regierung Brüning ist aus diesem Grunde von den Historikern scharf kritisiert und als maßgebliche Ursache für das Scheitern der Weimarer Republik angesehen worden. Ende der 1970er Jahre hat aber Knut Borchardt die *communis opinio* der Historiker in mehreren Aufsätzen infrage gestellt und eine Debatte um die Handlungsspielräume der Brüningschen Politik ausgelöst. Dabei geht es um etwaige Alternativen zur Brüningschen Deflationspolitik, d. h. um die Frage, ob anstelle der Devisenbewirtschaftung eine Abwertung der Reichsmark nach englischem Vorbild möglich gewesen wäre und diese einen positiven beschäftigungspolitischen Effekt gehabt hätte. Eine solche Frage ist natürlich nicht eindeutig mit Ja oder Nein zu beantworten. Einer Abwertung der Mark und dem Verlassen des Goldstandards standen national wie international erhebliche Hindernisse entgegen. Zum einen hatte sich das Reich in den internationalen Reparationsabkommen zur Einführung des Goldstandards (*Dawes-Plan*) und zur Stabilität der Währung (*Young-Plan*) verpflichtet. Zum anderen war bereits der Gedanke an eine Abwertung durch die Erinnerung an die nur kurze Zeit zurückliegende Hyperinflation diskreditiert. Aus dem gleichen Grund stieß eine Defizitfinanzierung (*deficit spending* nach keynesianischem Muster) von Arbeitsbeschaffungsmaßnahmen auf Schwierigkeiten. Darüber hinaus erscheint es überhaupt fraglich, ob eine Abwertung der Mark einen deutlichen beschäftigungspolitischen Effekt gehabt hätte. Außerdem ist zu bedenken, dass eine Abwertung und die Lockerung der Kreditschraube nur dann die

Investitionstätigkeit ankurbeln, wenn begründete Erwartungen auf ein Ende der Depression bestehen. Dies war in der Brüning-Zeit, als man die Unternehmer beneidete, die ihren «Betrieb noch rechtzeitig vor der Krise liquidiert oder verkauft» hatten, mit Sicherheit nicht der Fall.

Allein Arbeitsbeschaffungsprogramme, wie sie seit dem Frühjahr 1933 initiiert wurden, wären geeignet gewesen, einen Teil der Arbeitslosen von der Straße zu holen. Zur Finanzierung dieser Maßnahmen hätten aber vermutlich das Einvernehmen mit den Gläubigerstaaten und damit die Hoffnung auf Annullierung der Reparationen geopfert werden müssen. Wenn Brüning – wie die Mehrheit seiner Berater – dem Abbau der Reparationen oberste Priorität einräumte, war demnach der wirtschaftspolitische Spielraum denkbar gering. Nach dem Lausanne-Abkommen versuchte dann die Regierung Papen, vorsichtig die Wirtschaft wieder anzukurbeln, eine Aufgabe, die sich auch Brüning nach der Beseitigung der Reparationen vorgenommen hatte. Beschäftigungswirksam wurden die konjunkturpolitischen Ideen der Regierungen Papen und Schleicher aber erst im Frühjahr 1933, nachdem die Nationalsozialisten die Macht übernommen hatten. Diese machten nicht, wie Großbritannien, von dem geldpolitischen Instrumentarium Gebrauch, sondern sie setzten auf erhöhte Staatsausgaben zur Finanzierung groß angelegter Arbeitsbeschaffungsprogramme. Die «Motorisierung» der deutschen Wirtschaft, der Bau von Autobahnen und Automobilen, trug dabei wesentlich zum Wiederaufschwung der Wirtschaft und zur Eingliederung der Arbeitslosen in den Produktionsprozess bei. Gleichzeitig wurden aber auch die Investitionslenkung des Staates verstärkt und die Eingriffe des Staates in den Wirtschaftsprozess institutionalisiert. Maßnahmen wie die Devisenbewirtschaftung und die Güterbewirtschaftung (Preisstopp) dienten dazu, die Inflation zu begrenzen und die deutsche Wirtschaft auf Wiederaufrüstung und Kriegswirtschaft einzustellen.

Welche Lehren konnten aus der Weltwirtschaftskrise gezogen werden? Internationale Schulden, Reparationen, unrealistische Wechselkurse, Überproduktion und rückläufiger Konsum hatten das Gebäude der Weltwirtschaft in einem solchen Maße ausgehöhlt, dass es bei der geringsten Erschütterung zusammenbrach. Der Pfeiler, den Großbritannien bis 1914 für die Weltwirtschaft dargestellt hatte, war eingestürzt, und die USA, die versuchten, «eine kapitalistische Wirtschaft mit den Finanzinstituten einer agrarischen Grenzergesellschaft zu leiten» (Maddison 1976), waren nicht bereit, als *lender of last resort* den Goldstandard, geschweige denn mit einer antizyklischen Kreditpolitik die Weltwirtschaft zu stützen. Entsprechend behalfen sich die Nationen nach der Devise des «Rette sich, wer kann» mit protektionistischen Maßnahmen und nationalen Konjunkturprogrammen, wo doch eine internationale Zusammenarbeit erforderlich gewesen wäre.

Bretton Woods und europäische Währungsreformen

Der Zweite Weltkrieg führte der internationalen Staatenwelt deutlich vor Augen, wie mörderisch eine egoistische Politik nach dem Motto «Schade deinem Nachbarn» enden konnte. Gleichzeitig eröffnete der Weltkrieg aber auch den künftigen Siegermächten USA und Großbritannien die einmalige Möglichkeit, eine neue Wirtschafts- und Währungsordnung der Welt zu planen. Bereits 1941 entwarf Keynes eine künftige Währungsordnung, in der nicht mehr dem Außenwert der Währung, sondern nationalen, binnenwirtschaftlichen Zielen wie der Vollbeschäftigung Priorität eingeräumt werden sollte. Für die internationale Ebene aber planten H. D. White und seine Mitarbeiter im amerikanischen Finanzministerium einen Fonds, der als übernationale Kontrollinstanz nach dem Kriege das internationale Währungssystem stabilisieren sollte. Heraus kam der Kompromiss von Bretton Woods.

In dem kleinen Ort in New Hampshire einigten sich im Juli 1944 die Vertreter von 44 Staaten auf eine neue Weltwährungsordnung fester Wechselkurse. Sie sollte flexibler sein als der alte Goldstandard, da die Wechselkursparitäten von Zeit zu Zeit durch Auf- und Abwertung der wirtschaftlichen Leistungskraft der beteiligten Staaten angepasst wurden. Damit wollte man verhindern, dass sich Zahlungsbilanzdefizite aufgrund der Diskontsatzerhöhungen der

Zentralbanken wie in der Zwischenkriegszeit deflatorisch auswirkten. Außerdem sollten die Gefahren spekulativer Kapitalströme durch wirksame Kapitalverkehrskontrollen minimiert werden. Als Stabilisierungsinstrument wurde der *Internationale Währungsfonds (IWF)* geschaffen, der seinen Mitgliedsländern Kredite einräumte und so kurzfristige Zahlungsbilanzdefizite zu überwinden half, ohne dass gleich die Währung abgewertet werden musste. Ziel des Abkommens war die Wiederherstellung der uneingeschränkten Konvertibilität der Währungen zugunsten eines ungehinderten Warenverkehrs. Zur Beseitigung der Devisenbewirtschaftung und der Handelsrestriktionen wurde den Ländern eine fünfjährige Übergangszeit eingeräumt. Jedoch war das eine viel zu optimistische Einschätzung. In der Anfangsphase nach dem Zweiten Weltkrieg sah sich keine Regierung in der Lage, die aus der Kriegs- und Vorkriegszeit übernommenen Handels- und Zahlungsbeschränkungen zu lockern. Außerdem waren die Mittel, die der IWF zur Verfügung stellte, viel zu bescheiden, um die riesigen Ungleichgewichte der Handels- und Zahlungsbilanz zu kompensieren. Erst die während der Zuspitzung des Kalten Kriegs 1947/48 lancierte Marshallplanhilfe im Wert von über 20 Mrd. $ belebte den Wiederaufbau der europäischen Wirtschaft und bereitete den Weg für die endgültige Verwirklichung des Bretton-Woods-Abkommens im Jahre 1959.

Bis zu diesem Zeitpunkt mussten die europäischen Staaten aber noch eine längere Durststrecke überstehen. Großbritannien beispielsweise war mit einer Schuldenlast von £ 3,4 Mrd. aus dem Krieg herausgekommen und hatte sich damit vom internationalen Gläubiger zum Schuldner gewandelt. Die Handelsbilanz war negativ, und die für die Wiederbelebung der Industrieproduktion benötigten Importe sollten sie weiter verschlechtern, zumal im Krieg die britischen Absatzmärkte großenteils weggebrochen waren. Die 1945 an die Macht gekommene Labour-Regierung reagierte darauf mit einer Politik billigen Geldes. Durch die Senkung der Kreditzinsen sollte die Vollbeschäftigung wieder erreicht werden. Die Gefahr einer Inflation nahm die Regierung in Kauf, wollte sie doch unbedingt eine Depression wie nach dem Ersten Weltkrieg verhindern.

Dennoch war man für die Ankurbelung der Produktion und des Konsums auf amerikanische Finanzhilfe angewiesen. Noch im Jahre 1945 handelte Keynes in Washington einen sagenhaft günstigen Kredit über £ 3,75 Mrd. zu 2% Zinsen mit einer Laufzeit von 50 Jahren aus, dessen Gewährung aber an eine wirtschaftspolitische Konzession gebunden war: Im Gegenzug sollte Großbritannien sämtliche Handels- und Zahlungsdiskriminierungen abbauen und am 15. Juli 1947, ein Jahr nach Vergabe des Kredits, die volle Konvertibilität des Pfundes wiederherstellen. Letzteres erwies sich als Desaster. Die Pfundbesitzer im In- und Ausland bekamen plötzlich die Möglichkeit, damit Dollars zu erwerben, und machten davon regen Gebrauch. Der Pfundumtausch wuchs sich zu einer regelrechten Flucht aus der britischen Währung aus, und am 20. August, fünf Wochen nach ihrer Einführung, hob die Regierung die Konvertibilität des Pfundes wieder auf. Endgültig wurde Großbritannien der Spekulation gegen das Pfund Herr, als es dieses im September 1949 um 30% abwertete. Im Zuge der britischen Abwertung werteten auch die meisten anderen Staaten ihre Währung ab und passten sie dem Kurs des Dollars an. Die lange Unterbewertung des Dollars in der unmittelbaren Nachkriegszeit – sie verbilligte die Importe aus Amerika – hörte auf. Man war dem Gleichgewicht der Währungen ein Stück näher gekommen; 1955 wurde das Pfund Sterling *de facto* konvertibel, obgleich die Konvertibilität *de jure* erst 1958 verkündet wurde.

Frankreichs Geldgeschichte in der Nachkriegzeit wurde durch regelmäßige inflationäre Schübe und zahlreiche Abwertungen des Franc gegenüber dem Dollar geprägt. Ursache hierfür war die große Diskrepanz zwischen der Geld- und Gütermenge, die durch die Zentralbankkredite an den Staat einerseits und die Lohnerhöhungen andererseits kontinuierlich vergrößert wurde. So bewirkten die als Ausgleich des Reallohnrückgangs im Krieg gedachten Lohnerhöhungen eine Zunahme des privaten Konsums und Preissteigerungen und damit letztlich eine neue Lohnrunde. Da ein grundlegender Währungsschnitt, der wie in Deutschland das Missverhältnis zwischen Warennachfrage und Warenangebot beseitigt hätte, in Frankreich politisch nicht durchsetzbar war, verpufften sämtliche geldpolitischen Maßnahmen der Banque de France. Erst die Reform des

Jahres 1948 verringerte durch Kreditverteuerung und Steuererhöhungen die Liquidität und gab durch die weitgehende Aufhebung der Güterrationierung und Preisbindung Anreize zur Produktionssteigerung. So gelang es, die Inflationsrate von jährlich 33% (1939–1948) auf 12% (1948–1951) herunterzudrücken. Aber die weltweite Hausse der Rohstoffpreise zu Beginn des Koreakrieges bereitete den Stabilisierungsbemühungen wieder ein schnelles Ende.

Die Kehrseite der Inflation im Innern war der überbewertete Außenwert des Franc. Er verbilligte zwar die Importe, verteuerte aber die französischen Exporte, auf die Frankreich angesichts seiner sich immer weiter verschlechternden Handelsbilanz dringend angewiesen war. Mehrfach wurde der Franc deshalb abgewertet und im Januar 1948 ein gespaltener Franc-Kurs eingeführt, bei dem der Marktkurs (*cours libre*: 1 $ = 308 fr.) um rund ein Drittel über dem offiziellen (*cours officiel*: 1 $ = 214,4 fr.) lag. Bereits im Oktober desselben Jahres waren die nächste Abwertung und im September 1949 eine weitere fällig. Danach kam es erst wieder in den Krisenjahren der Vierten Republik 1957 und 1958 zu Abwertungen, als der Wert des Franc verfiel und die Gold- und Devisenbestände der Banque de France schrumpften. Die neue Regierung de Gaulle leitete eine Wirtschafts- und Währungsreform ein. Aus 100 (alten) Francs wurde eine neue Währungseinheit, der *Nouveau Franc*, kreiert, im Verhältnis 4,9:1 zum Dollar. Diese erneute Abwertung sicherte die Konkurrenzfähigkeit der französischen Währung und der Exportwirtschaft längerfristig. Bereits 1959 wurde eine positive Handelsbilanz erreicht, und der Konvertibilität des Franc stand nichts mehr im Wege.

Währungs- und Wirtschaftsprobleme ganz anderer Dimensionen erlebte das besiegte und besetzte Deutschland. Hier hatte die «geräuschlose Kriegsfinanzierung», wie sie euphemistisch genannt wurde, durch die Ausweitung der Staatsverschuldung nicht nur einen Schuldenberg von rund 400 Mrd. RM, sondern auch einen riesigen Geldüberhang hinterlassen. Die vom Deutschen Reich zur Kreditaufnahme ausgestellten Schatzwechsel waren nämlich wie schon im Ersten Weltkrieg von der Reichsbank in die Notendeckung einbezogen worden, sodass die Geldmenge an die Staatsverschuldung angekoppelt wurde. Zwar trugen die Preis- und Lohnstoppmaßnahmen bis in die Nachkriegszeit dazu bei, die Inflation zurückzustauen, aber das Missverhältnis von Geldmenge und Güterangebot war allgemein spürbar: Die Schwarzmärkte (Zigarettenwährung) blühten, Waren aller Art wurden gehortet, die Arbeitsmoral sank. Ein drastischer Währungsschnitt war unvermeidbar.

Nach langen Diskussionen deutscher Experten mit den Besatzungsmächten kam schließlich der Colm-Dodge-Goldsmith-Plan zur Ausführung, den die emigrierten deutschen Ökonomen Gerhard Colm und Raymond W. Goldsmith zusammen mit dem amerikanischen Bankier Joseph Dodge bereits im Mai 1946 ausgearbeitet hatten. In vier Militärgesetzen wurde zwischen dem 20. und 27. Juni 1948 die Ausführung der Währungsreform für die drei Westzonen geregelt. Die Erstausstattung mit neuem Geld, das sog. *Kopfgeld*, gab es am 20. Juni bei den Lebensmittelkartenstellen, vor denen sich lange Schlangen bildeten. Dabei konnten 40 Reichsmark und später noch einmal 20 Reichsmark im Verhältnis 1:1 in *Deutsche Mark* umgetauscht werden. Die gleiche Relation galt für die Umstellung von Löhnen, Gehältern, Renten, Pensionen und Mieten; wogegen Bankeinlagen und Sparguthaben zunächst im Verhältnis 1:10, letztlich aber nur im Verhältnis 1:6,5 umgetauscht wurden. Hinzu kamen Erstausstattungen für Arbeitgeber, öffentliche Kassen, Bahn und Post. Insgesamt wurden so im Laufe der ersten Woche nach dem Stichtag 4–5 Mrd. DM in Umlauf gebracht.

Die Wirkung auf das Warenangebot war verblüffend. Überall kamen aus gehorteten Beständen lange vermisste Verbrauchsgüter wie Kochtöpfe, Bestecke, Zahnbürsten oder Ledertaschen hervor, die die Schaufenster füllten. Die Packung amerikanischer Zigaretten kostete jetzt nominal so viel (6 DM) wie eine einzelne Zigarette vor der Währungsreform. Ein VW-Käfer war für den sagenhaft hohen Preis von 5 300 DM zu haben. Gleichzeitig mit der Währungsreform forcierte Ludwig Erhard als Direktor der Wirtschaftsverwaltung des Vereinigten Wirtschaftsgebietes die Aufhebung der Preisbindung für Konsumgüter, wogegen für andere Güter die Bewirtschaftung weiter in Kraft blieb. «Die Liberalisierung spaltete den Markt derart, dass einerseits über freie Preise für Verbrauchsgüter der auf die Währungsreform folgende Konsumstoß aufgefangen werden konnte, andererseits aber die volkswirtschaftlich bedeutenden Grundstoffindustrien und die Mieten mit ihren gebundenen Preisen zur Stabilisierung des Niveaus beitrugen.»(Abelshauser 2004)

Dennoch war die ökonomische Lage weiter instabil. Bedingt durch die Expansion der Bargeldmenge und der Bankkredite lebten die inflationären Tendenzen wieder auf. Die Bank deutscher Länder, die 1948 gegründete neue Zentralbank, trat auf die Kreditbremse und wertete im Herbst 1949 auch die DM um 20% im Vergleich zum Dollar ab. Der mit der Währungsreform eingeleitete kurzfristige Aufschwung mündete in eine längere Rezession. Die Arbeitslosenzahlen stiegen, da die durch die Währungsreform ohnehin verteuerten Produktionskosten viele Unternehmen in der Rezession zu Entlassungen zwangen. Die Wiedereingliederung von Heimkehrern und Flüchtlingen in den Produktionsprozess schien in weite Ferne gerückt. Ein Arbeitsbeschaffungsprogramm wurde gefordert und der Bundesregierung gegen ihren Willen von den Alliierten aufgezwungen. Die deutsche Handelsbilanz verschlechterte sich dramatisch, aber der Boom der Weltwirtschaft während des Koreakrieges verhalf in kurzer Zeit der bundesdeutschen Wirtschaft zum Ausbruch aus der Rezession und langfristig zu Vollbeschäftigung und zu einer dauerhaft positiven Handelsbilanz.

Die geschilderte Entwicklung betraf jedoch nur die drei Westzonen bzw. die spätere Bundesrepublik. Was die sowjetisch besetzte Zone angeht, hatten die Westalliierten im September 1947 beschlossen, nicht länger auf die UdSSR Rücksicht zu nehmen und allein in den drei Westzonen die Währungsreform durchzuführen. So wurde die Sowjetunion von der Währungsreform überrascht. Sie ordnete aber schon drei Tage später eine eigene Währungsumstellung für die Ostzone an. Hier gab es ein Kopfgeld von 70 DM (Ost), ansonsten galten für Bargeld und Kassenbestände das Verhältnis 1:10, für die Sparkonten gestaffelte Umtauschrelationen. Da am Umtauschtag noch keine neuen Banknoten zur Verfügung standen, versah man die Reichsbanknoten mit kleinen Wertaufklebern oder Kupons von 1 bis 100 «Deutsche Mark» (Ostmark), die der neuen Währung die Bezeichnung *Kuponmark* oder *Tapetenmark* einbrachten. Insgesamt wurde der Geldüberhang mit dieser Reform nicht so stark abgebaut wie in den Westzonen. Dies hatte aber keine gesamtwirtschaftliche Bedeutung, da die Güterbewirtschaftung mit Lohn- und Preisstopp weiter bestehen blieb und im ersten Zweijahresplan der DDR sogar noch ausgeweitet wurde. An eine Konvertibilität der Ostmark war nicht zu denken. Bereits im Oktober bildete sich auf dem freien Markt das Verhältnis von 1:4 zwischen DM (West) und DM (Ost) heraus, das sich mit der wachsenden Stabilität der Westmark weiter zuungunsten der Ostmark verschlechterte.

In den meisten Ländern Westeuropas hatten sich Mitte der 1950er Jahre Handels- und Zahlungsbilanz so verbessert, dass am 27. Dezember 1958 Belgien, Luxemburg, Frankreich, die Bundesrepublik Deutschland, Italien, die Niederlande, Großbritannien und Irland die Konvertibilität ihrer Währungen verkünden konnten. Die seit der Weltwirtschaftkrise gehandhabten Restriktionen des internationalen Zahlungsverkehrs wurden endgültig beseitigt. Erst jetzt trat das Bretton-Woods-System fester Wechselkurse *de facto* in Kraft. Mit der Wiederherstellung der Konvertibilität kehrten die meisten europäischen Länder aber auch zum Goldstandard zurück, der jetzt ein Gold-Dollar-Standard war. Der Dollar hatte in den 1950er Jahren das Pfund als Leit- und Reservewährung weltweit abgelöst und bildete die Ankerwährung des neuen Goldstandards. Die Wechselkurse orientierten sich am Dollar, der in Gold einlösbar war, wobei die Relation von Dollar zu Gold mit 35 $ je Unze Gold seit 1934 unverändert festlag. Jedoch barg dieses System des Gold-Dollar-Standards in sich ein Risiko. Es war an die Voraussetzungen geknüpft, dass einerseits die USA aufgrund ihrer Führungsposition in der Welt das Währungssystem stabil hielten und andererseits die europäischen Staaten ihre Geldpolitik nach der der Vereinigten Staaten ausrichteten und den Wechselkurs des Dollars verteidigten.

Dies war aber in den 1960er Jahren immer weniger der Fall, als der Wirtschaftsaufschwung in den EWG-Ländern und in Japan und die geringeren Wachstumsraten der amerikanischen Wirtschaft zu weltweiten Ungleichgewichten führten. Zwar wuchs der amerikanische Handelsüberschuss auch in der ersten Hälfte der 1960er Jahre, aber die Zahlungsbilanz verschlechterte sich dramatisch. Ursachen waren die amerikanischen Militärausgaben im Ausland, die sich zwischen 1960 und 1964 auf jährlich 3 Mrd. $ beliefen, sowie die privaten Kapitalexporte. Diese hatten sich zwischen 1960 (2,1 Mrd. $) und 1964 (4,5 Mrd. $) mehr als verdoppelt. Ein Teil des Kapitals floss auf den entstehenden Eurodollar-Markt. So akzeptierten Londoner Banken Dollarkonten ausländischer Anleger, die sie höher als die amerikanischen Banken verzinsten. Darüber hinaus konnten die Eurodollarbesitzer, wenn sie einen Wertverlust des Dollar fürchteten, ihre Währung in Mark umtauschen. Kapitalkontrollen an den Grenzen der USA blieben wirkungslos, zumal ein Teil der Eurodollars in Europa selbst «gemacht» worden war. Der wachsende Eurodollarmarkt war ein Zeichen dafür, dass sich ein international kontrolliertes Geldangebot, wie es sich die Väter des Bretton-Woods-Systems vorgestellt hatten, nicht mehr aufrechterhalten ließ, nachdem die Währungen einmal konvertibel geworden waren. Gleichzeitig stieß der feste Wechselkurs des Dollars an seine Grenzen. In Relation zu dem wachsenden Zahlungsbilanzdefizit war der Dollar überbewertet, die Währungen der Niederlande und der Bundesrepublik dagegen unterbewertet, weil Letztere große Außenhandelsüberschüsse akkumulierten.

Um den Geldzustrom und die damit verbundene Inflationsgefahr zu begrenzen, werteten daher im Jahre 1961 die Bundesrepublik und die Niederlande Mark und Gulden um 5 % auf, was den Vertrauensverlust der amerikanischen Währung aber nur noch mehr verstärkte. Dollarbesitzer tauschten entweder ihre Dollars in härtere Währungen oder kauften damit Gold. Die lebhafte Nachfrage auf dem Londoner Goldmarkt ließ den Goldpreis rasant auf eine Höhe von 41 $ pro Unze ansteigen. Daraufhin gründeten die Notenbanken Westeuropas und der USA einen sog. *Goldpool*, der den Goldpreis durch den Goldverkauf bzw. den Ankauf von Gold international stabilisieren sollte. Dies gelang jedoch nur bis zur Krise des Pfundes 1967/68, als die Flucht aus dem Pfund und später auch aus dem Franc eine Goldspekulationswelle sondergleichen auslöste. Mehrfach wurden das Pfund und im August 1969 auch der Franc abgewertet, während man sich in der Bundesrepublik nach langem koalitionspolitisch bedingten Hickhack im Oktober 1969 zu einer erneuten Aufwertung der Mark entschloss. Jedoch hatte auch diese Maßnahme nicht den gewünschten Erfolg.

Bedingt durch das amerikanische Engagement in Vietnam verschlechterte sich die amerikanische Zahlungsbilanz 1970/71 so dramatisch, dass die USA von Sonderziehungen beim IWF Gebrauch machen mussten. Da die neue Nixon-Administration sich ihren außenpolitischen Handlungsspielraum nicht von der Stärke des Dollars einschränken lassen wollte, unternahm sie keine Anstrengungen zu dessen Stabilisierung. Die Folge war eine Springflut spekulativer Gelder, die aus Furcht vor einer erwarteten Abwertung aus den USA nach Westeuropa schwappte. Im Mai 1971 waren die Zentralbanken der Bundesrepublik, Belgiens, der Niederlande, Österreichs und der Schweiz nicht länger bereit, mit Stützungskäufen den Kurs des Dollars zu halten. Die Bundesrepublik und die Niederlande gaben ihre Währungen frei und ließen sie floaten, während Belgien mit zwei Wechselkursen, einem festen für Handelstransaktionen und einem gleitenden für Finanzgeschäfte, arbeitete. Der Kurs der Mark stieg weiter, obwohl die Gelder jetzt vor allem in die Länder mit festen Wechselkursen flossen. Mitte August reagierte auch die amerikanische Regierung: Sie suspendierte die Goldkonvertibilität des Dollars, verkündete einen 90-tägigen Lohn- und Preisstopp und verhängte eine Importsteuer von 10% zur Drosselung des Handelsdefizits. Auf einer Konferenz in Washington gelang es im Dezember noch einmal, durch eine Abwertung des Dollars um 8% sowie durch Aufwertungen von *Yen, Franken,* Mark und der Beneluxwährungen die Wechselkurse neu zu ordnen. Gleichzeitig wurden die Schwankungsbreiten von 1% auf 2,25% vergrößert. Da die USA die Goldkonvertibilität aber nicht wiederherstellten, fiel mit der nächsten großen Kapitalflucht aus dem Dollar das brüchige Übereinkommen endgültig in sich zusammen. Aus dem Gold-Dollar-Standard war ein Papierstandard geworden.

Die Ursachen für den Zusammenbruch des Bretton-Woods-Systems lagen auf der Hand: Die wachsende Kapitalmobilität seit den 1960er Jahren und die zunehmende nationale Wachstumsorientierung der Politik waren mit festen Wechselkursen nicht kompatibel. Dies hatte Milton Friedman bereits in den 1950er Jahren festgestellt und für flexible Wechselkurse plädiert. Dabei stellt sich die Frage, warum das Bretton-Woods-System so lange funktioniert hat. Hier ist wie unter dem internationalen Goldstandard am Ende des 19. Jahrhunderts die Kooperation der Zentralbanken und Regierungen zu nennen. Sie fand diesmal im Schatten des Kalten Krieges statt, in dem Amerika, Japan und die Bundesrepublik Alliierte waren. Andere Staaten stützten das Bretton-Woods-System im Austausch für den überproportional großen Anteil, den die Amerikaner an der gemeinsamen Verteidigungslast trugen. Aber diese Unterstützung fand ihre Grenzen in dem – nicht als NATO-Aufgabe begriffenen – amerikanischen Engagement in Südostasien. Als die Verteidigung des Dollar-Wechselkurses die Geldwertstabilität in der Bundesrepublik und anderen europäischen Staaten bedrohte, war man hier wie dort nicht länger bereit, seine innenpolitischen Ziele einer zahlungsbilanzkonformen Geldpolitik unterzuordnen bzw. die Geldpolitik nach der amerikanischen auszurichten. Entsprechend eröffnete der Zusammenbruch des Bretton-Woods-Systems, d. h. die Befreiung von Interventionspflichten zur Verteidigung der Dollarparität, den Zentralbanken neue geldpolitische Handlungsspielräume, die sie im Falle der Deutschen Bundesbank zur Inflationsbekämpfung nutzten.

Vom Wechselkursverbund der EWG zur Europäischen Währungsunion

In der Endphase des Bretton-Woods-Systems konstituierte sich im April 1972 durch das Baseler Abkommen der Zentralbanken der Wechselkursverbund der EWG, die sog. *Schlange im Tunnel.* Dabei bezeichnete der Tunnel die Schwankungsbandbreite der Wechselkurse zum Dollar, in dem sich die Schlange der europäischen Währungen (Belgien, Bundesrepublik, Frankreich, Italien, Luxemburg, Niederlande) bewegte, deren Kurse untereinander um nicht mehr als 2,25 % schwanken durften. Im Frühjahr 1973 zog der europäische Ministerrat die Konsequenzen aus der Erosion des Bretton-Woods-Systems. Nach einer Aufwertung der DM um 3 % gab er die

Wechselkurse zum Dollar frei (sog. *Blockfloating*). Der Tunnel war am Ende, die Schlange (ohne Großbritannien, Italien und Irland) wurde beibehalten. Die Ölkrise im Herbst 1973 und die daraus erwachsende Krise der Weltwirtschaft erlaubten eine grundlegende Reform des Währungssystems ebenso wenig wie die Realisierung der in Angriff genommenen Europäischen Währungsunion. Die Verteuerung der Ölpreise auf das Vierfache verringerte die Gesamtnachfrage der Industriestaaten drastisch, vertiefte die weltweite Rezession und zerstörte den Optimismus der Nachkriegszeit, dass es wirtschaftlich kontinuierlich aufwärtsgehe, nachhaltig. Die europäischen Länder versuchten mit nationalen Konjunkturprogrammen die Krise zu überwinden.

An eine engere Bindung der europäischen Währungen aneinander war angesichts der unterschiedlichen wirtschaftlichen Entwicklungen und Interessen nicht zu denken. Wie in der Endphase des Bretton-Woods-Systems zeigten sich die europäischen Länder nicht bereit, ihre Wirtschaftspolitik einer gemeinsamen Geldpolitik unterzuordnen und die notwendigen Paritätsänderungen ihrer Währungen vorzunehmen. Bei Abwertungen fürchtete man politische Prestigeverluste und Inflationsschübe, bei Aufwertungen eine Benachteiligung der exportabhängigen Industrien. So waren Hartwährungsländer, wie die Bundesrepublik, zwischen der Europapolitik und der Stabilitätspolitik im eigenen Land hin- und hergerissen. Da sich die Bundesbank zu einer expansiven Politik aber nicht bereit fand, blieb der Bundesrepublik meist nur die Rolle des Mahners ihrer europäischen Nachbarn. Entsprechend wurde die Schlange nach dem endgültigen Rückzug Frankreichs 1976 zu einem an der DM verankerten Miniverbund. Erst die inflationistische Politik der Carter-Administration, die Europa mit Dollars und billigen Exporten überschwemmte, förderte die Bereitschaft der EG-Staaten, auf währungspolitischem Gebiet wieder enger miteinander zu kooperieren.

Im März 1979 verabschiedeten acht EWG-Staaten (Belgien, Bundesrepublik Deutschland, Dänemark, Frankreich, Irland, Italien, Luxemburg und die Niederlande) das *Europäische Währungssystem (EWS)*, das das bisherige System der Währungsschlange ersetzte.

Ziel des EWS war es, eine «stabile Währungszone in Europa» zu errichten, die «durch eine auf größere innere und äußere Stabilität gerichtete Politik sowohl für Defizit- als auch für Überschussländer» (Entschließung des Europäischen Rates) gesichert werden sollte. Man schuf dazu drei Instrumente:

- eine europäische Währungseinheit, den *ECU (European Currency Unit)*,
- einen Mechanismus zur Anpassung der Wechselkurse,
- einen europäischen Währungsfonds.

Der ECU, dessen Gewichtung sich aus den Währungen der EG-Länder nach deren jeweiliger wirtschaftlicher Bedeutung zusammensetzte, sollte u. a. als Bezugsgröße der Wechselkurse sowie als Zahlungsmittel und Reserveeinheit der Zentralbanken dienen. Die Kursparitäten waren festgesetzt, jedoch wurden Schwankungen in einer Bandbreite von je 2,25% nach oben und nach unten gestattet. Falls diese Margen überschritten wurden, mussten die Notenbanken auf den Devisenmärkten intervenieren, wobei anders als in der Währungsschlange die Länder mit starker Währung die schwächeren Länder unterstützten. Die Finanzierung solcher Interventionen lief über Konten bei dem Europäischen Fonds für Währungspolitische Zusammenarbeit, dem die am EWS teilnehmenden Länder 20% ihrer Gold- und Dollarreserven zur Verfügung stellten.

Wie entwickelte sich das EWS in der Praxis? Aus heutiger Sicht ist die Bilanz durchaus positiv zu beurteilen, obgleich der ECU selbst über die Rolle einer internationalen Recheneinheit nicht hinauskam. Das EWS entwickelte sich bis 1992 zu einer Zone relativer Wechselkursstabilität und rückläufiger Inflationsraten. So hatten Dänemark, Belgien, die Niederlande und Österreich, die dauerhaft zu Schlange und EWS gehörten, ebenso wie die Bundesrepublik die niedrigsten Inflationsraten. Die Länder mit den höchsten Raten nahmen nie (wie Griechenland) oder nur kurze Zeit am EWS teil: Spanien und Portugal ab 1989 bzw. 1992, Großbritannien 1990 bis 1992. In diesem Jahr verließ Italien das EWS.

Insgesamt kann man drei Phasen des EWS unterscheiden. Die erste Phase von 1979 bis 1983 verlief aufgrund der expansiven Geldpolitik verschiedener Länder und außenwirtschaftlicher Ereignisse (zweiter Ölpreisschock) noch recht turbulent. Insgesamt sieben Kursanpassungen (mit einem Aufwertungseffekt der DM um insgesamt 27%) waren notwendig.

In der zweiten Phase bis 1990 konvergierten Inflationsraten und Zinssätze im EWS. So reichten vom Frühjahr 1983 bis Anfang 1987 nur vier Anpassungen (*realignments*) mit einem geringen Aufwertungseffekt der DM von 8% aus. Seit dieser Zeit blieben die Kurse beispiellos stabil. Gleichzeitig gingen die Inflationsraten, die nach der Heraufsetzung des Ölpreises 1980/81 ihren Höchststand erreichten, deutlich zurück. Gefördert wurde dies einerseits durch die vom Monetarismus beeinflusste allgemeine Abkehr von der inflationistischen Politik der 1970er Jahre und die verstärkte Konsolidierungspolitik der öffentlichen Haushalte in den 1980er Jahren. Andererseits ermöglichte aber erst der weltweite Rückgang der Öl- und Rohstoffpreise seit der Mitte der 1980er Jahre die Rückkehr zu niedrigeren Inflationsraten. Diese Stabilität war vermutlich die Ursache für den Beitritt Spaniens 1989 und Großbritanniens 1990 zum EWS. Norwegen (1990), Schweden (1991) und Finnland (1991) koppelten ihre Währungen an den ECU.

Die letzte Phase des EWS war seit 1990 durch die deutsche Wiedervereinigung, die Vorbereitung der Europäischen Währungsunion sowie die Krise des EWS 1992/93 gekennzeichnet. Die Einbeziehung Ostdeutschlands in den Geltungsbereich der DM erschien als Schocktherapie, mit der ein sozialistisches Wirtschaftssystem durch die Übernahme des westdeutschen institutionellen Rahmens transformiert werden sollte. Dabei gab es aufgrund fehlender überzeugender ökonomischer Anhaltspunkte große Unsicherheiten über den anzulegenden richtigen Umtauschkurs zwischen der Mark der DDR und der DM. Während der offizielle Wechselkurs zugunsten der politischen Optik und des Zwangsumtausches auf 1:1 hochgehalten worden war, lag der reale Außenwert der DDR-Mark gegenüber der DM bei weniger als 1:4. Eine Währungsreform hatte daher die berechtigten Interessen der DDR-Bevölkerung für ihre Sparguthaben, die Wettbewerbsfähigkeit der ostdeutschen Industrie und die Belastungen des Bundeshaushaltes zu berücksichtigen. Gegen den

Widerstand der Bundesbank räumte die Bundesregierung in einer politischen Entscheidung der sozialen Akzeptanz den Vorrang ein und legte den Umtauschkurs für einen Pro-Kopf-Sockel bis 2000 DM auf 1:1 und darüber hinaus auf 1:2 fest. Gleichzeitig wurden die laufenden Zahlungen (Löhne und Gehälter) im Verhältnis 1:1 und die Altschulden im Verhältnis von 1:2 umgestellt. Dies schränkte aufgrund der geringen Produktivität der ostdeutschen Betriebe (ca. ein Drittel der westdeutschen) und der hohen Altschulden (Ergebnis planwirtschaftlicher Willkür) die Wettbewerbsfähigkeit der Unternehmen erheblich ein.

Aufgrund der erheblichen Transferleistungen von West nach Ost belastete die Währungsunion auch das EWS, da durch die hohen Zinsen in Deutschland eine Flucht in die DM einsetzte. Entsprechend gerieten von April bis September 1992 Dollar, Lira und Pfund unter Druck. Die Anleger begannen auf Abwertung zu spekulieren, und die Bundesbank riet, die Paritäten von Lira und Pfund anzupassen. Die Abwertung der Lira um 3,5% und die Aufwertung der übrigen EWS-Währungen um denselben Prozentsatz im September verpufften. Am 17. September traten daher Großbritannien nach Reserveverlusten von über 10 Mrd. $ am Tag sowie Italien aus dem EWS aus. Nach Abwertungen von Peseta, Escudo und *irischem Pfund* schwächten sich im Juni 1993 der französische Franc, der belgische Franc, die dänische Krone sowie erneut Peseta und Escudo ab. Ab August 1993 galten neue Schwankungsbandbreiten von 15%.

Hatte damit das EWS aufgehört zu bestehen? Diese Frage wird unterschiedlich beantwortet. Jedoch sprechen die De-facto-Rückkehr zu den alten Bandbreiten (Deutschland und die Niederlande hatten die 2,25-Bandbreite ohnehin beibehalten) sowie die Teilnahme Finnlands (1996) und erneut Italiens (1997) am Wechselkursmechanismus des EWS für seinen Fortbestand. Stabilisierend wirkte natürlich die im Maastrichter Vertrag von 1992 vereinbarte *Europäische Wirtschafts- und Währungsunion*, deren Konvergenzkriterien die meisten Staaten erfüllen wollten. Die Idee einer Währungsunion stammte aus der Zeit beispielhafter Stabilität des EWS. Auftrieb erhielten die Pläne, als nach der deutschen Wiedervereinigung die westeuropäischen Länder an einer stärkeren Einbindung Deutschlands interessiert waren und gleichzeitig die Regierung Kohl durch extremes europäisches Engagement die Bedenken Westeuropas vor einem wiedererstarkenden Deutschland zu zerstreuen suchte.

Auf dem Wege zur Europäischen Währungsunion waren mehrere Etappen vorgesehen. Die erste Etappe (Phase A) begann am 1. Juli 1990 mit der Abschaffung der letzten, allein noch von Frankreich und Italien vollzogenen Kapitalkontrollen, sodass zwischen den Mitgliedsstaaten ein gemeinsamer Kapitalmarkt entstand. In der zweiten Etappe (Phase B), die am 1. Januar 1994 begann, nahm das Europäische Währungsinstitut seine Arbeit auf, das zusammen mit den Zentralbanken die Geldpolitik auf der letzten Etappe bis zur Währungsunion koordinieren sowie diese technisch vorbereiten sollte. Grundlage für die Teilnahme an der Europäischen Währungsunion war die Erfüllung der Kriterien des Maastrichter Vertrages vom Dezember 1991. Hierzu gehören

- die Konvergenz der Inflationsraten, die um nicht mehr als 1,5 % über der Inflationsrate der drei preisstabilsten Länder liegen dürfen,
- die Konvergenz der Geldmarktzinsen (für langfristige Anleihen), die gegenüber den drei preisstabilsten Ländern nicht über 2 % hinausgehen dürfen,
- die Konvergenz der Staatsverschuldungsraten, die 60 % des Bruttoinlandproduktes nicht übersteigen dürfen, während die jährliche Neuverschuldung unter 3 % einzuhalten ist.

Das Erreichen dieser Ziele wurde durch die am 1. Januar 1993 in Kraft getretene Liberalisierung der Güter-, Dienstleistungs- und Kapitalmärkte gefördert, die außenwirtschaftliche Ungleichgewichte abbaute und einen Anpassungsdruck auf die Geld- und Finanzpolitik der EG-Mitgliedsländer erzeugte. Die Konvergenz der Inflations- und Zinsraten machte ebensolche Fortschritte wie die Konsolidierungsbemühungen im Bereich der Haushalte.

Daher startete die dritte und letzte Phase der Vollendung der Europäischen Währungsunion pünktlich am 1. Januar 1999 mit den elf Teilnehmerländern Belgien, Deutschland, Finnland, Frankreich, Irland, Italien, Luxemburg, Niederlande, Österreich, Portugal und

Spanien, zu denen Griechenland (2001), Slowenien (2007), Malta und Zypern (2008) sowie die Slowakei (2009) hinzutraten. Mit dem Beginn der Europäischen Währungsunion übernahm die Europäische Zentralbank die bisherigen geldpolitischen Aufgaben der nationalen Notenbanken und bereitete für den 1. Januar 2002 die reibungslos vollzogene Einführung der Euro-Noten und -Münzen vor. Die Reaktionen der Bevölkerung schwankten zwischen Euphorie, Skepsis und Ablehnung, je nach den historischen Erfahrungen und emotionalen Beziehungen zur eigenen Währung. Trotz seiner Rolle als unsicherer Kantonist im Europäischen Währungssystem erhob z. B. Italien Anspruch auf die Mitgliedschaft in der Europäischen Währungsunion. Dieser Erfolg, der lange nicht feststand, versüßte den pragmatischen Italienern den Abschied von der Lira, wogegen in Frankreich die Ambition, mit einer neuen Einheitswährung dem Dollar und der DM Paroli zu bieten, den Euro in einem positiveren Licht erscheinen ließ. Auch Drachme und Escudo – Letzterer ohne lange Tradition – mit ihrer kontinuierlichen Entwertung sowie der Stolz, beim Euro dabei zu sein, machten Griechen und Portugiesen den Abschied leicht, während Belgien und die Niederlande mit ihrer durch die europäischen Institutionen geprägten Identität zu den am besten auf den Euro vorbereiteten Ländern gehörten.

In Deutschland strahlte der Mythos DM am hellsten in der politischen Umbruchzeit um 1989. «Gibt's die DM nicht bald hier, dann kommen wir zu ihr», war eine der Devisen. So wollten also jene, die die DM zuletzt erhielten, am wenigsten auf sie verzichten. Darüber hinaus entfalteten in Deutschland verschiedene Presseorgane eine Kampagne, nannten die neue Währung «Teuro» und schürten den Eindruck einer starken Teuerung als Folge der Einführung des Euros. Preissteigerungen wurden von den Bürgern beim Nahrungsmitteleinkauf oder bei Gaststättenbesuchen wahrgenommen. Mit dieser «gefühlten» Inflation kontrastiert jedoch die vom Statistischen Bundesamt errechnete durchschnittliche Preissteigerungsrate (Verbraucherpreisindex) von 1,9% und 1,5% für die Jahre 2001 und 2002. Gerade in der Zeit kurz vor und nach der Ersetzung der DM durch den Euro im Geldumlauf war die Inflation daher niedriger als in vielen DM-Jahren.

Diagramm 6: Preisindex in der Eurozone Januar 1991 bis November 2008

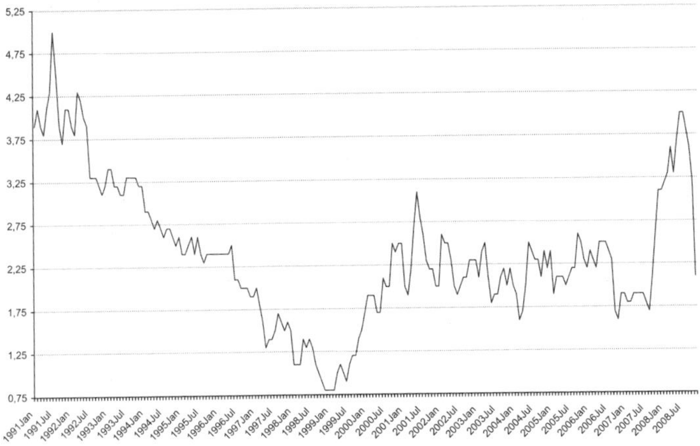

Quelle: EZB, Statistical Data Warehouse, Euro area – HICP – Overall Index, Annual rate of change, Eurostat.

Entsprechend fällt die Bilanz nach fast zehn Jahren mit der neuen europäischen Gemeinschaftswährung weitgehend positiv aus. Trotz aller Bedenken erwies sich der Binnenwert des Euro als erstaunlich stabil. Dabei waren die Voraussetzungen 1999 dank eines länger anhaltenden Rückgangs der europäischen Verbraucherpreise einschließlich der Ölpreise sehr günstig gewesen (s. Diagramm 6). Zwar erhöhte sich zwischen 1999 und 2001 das Preisniveau wieder aufgrund des erneuten Ölpreisanstiegs und der Verteuerung mancher Nahrungsmittel (z. B. infolge der Seuche BSE), aber in der Folgezeit bewegte sich die jährliche Inflationsrate im Euroraum um 2% und lag damit deutlich niedriger als z. B. in den DM-Zeiten der 1970er und 1980er Jahre.

Erst der starke Anstieg der Energiepreise und in geringerem Maße auch der Nahrungsmittelpreise seit 2007 hat die Bemühungen der EZB um Währungsstabilität konterkariert. Hierbei handelt es sich um exogene Schocks und nicht eine klassische durch die Ausweitung der Geldmenge verursachte Inflation. Aufgrund des Energiepreisverfalls infolge der internationalen Finanzkrise scheint sich das Inflationsniveau aber schon wieder im Bereich von 2 % einzupendeln.

Mit dem stabilen Binnenwert des Euro kontrastierte zunächst sein schwacher Außenwert. Seit seiner Einführung verlor der Euro gegenüber dem Dollar kontinuierlich an Wert, bis sich der Trend im November 2000 aufgrund einer Intervention der EZB am Devisenmarkt umkehrte (vgl. Diagramm 7). So fehlte lange Zeit eine Initialzündung, die die allgemein konstatierte Unterbewertung des Euro beseitigte und ihn in der Einschätzung der Anleger wieder auf oder über die Parität zum Dollar trieb. Entgegen allen Erwartungen kühlte sich das seit der Mitte der 1990er Jahre vorherrschende starke Wachstum in Amerika nicht ab, sondern nahm sogar zu und zog viel internationales Kapital an die Wall Street. Erst die Firmenzusammenbrüche und die Wachstumsschwäche der amerikanischen Wirtschaft im Jahre 2002 kehrten die Kapitalströme um, sodass der Euro wiederum die Parität des Dollars erreichte. Die steigende Staatsverschuldung und das sich ständig vergrößernde Außenhandelsdefizit der USA trugen zusammen mit der anziehenden europäischen Konjunktur zum Aufschwung des Euro gegenüber dem Dollar bei.

Glücklicherweise hat die EZB bisher jegliches Ansinnen der Politik abgewehrt, die vielfach behauptete Überbewertung des Euro zugunsten einer verbesserten Konkurrenzsituation europäischer Exportindustrien zu bekämpfen. Die Auswirkungen der EZB-Geldpolitik auf die nationalstaatliche Finanzpolitik sind – trotz anderslautender Statements nationaler Politiker – nicht zu unterschätzen. Obwohl die Regierungschefs Deutschlands und Frankreichs zunächst glaubten, die Warnungen der EU-Kommission vor dem Überschreiten der 3-%-Grenze der Staatsverschuldung (Maastricht-Kriterium) ignorieren und die Einleitung eines Defizitverfahrens verhindern zu können, hat sich mittlerweile die Erkenntnis durchgesetzt, dass derartige Warnungen der EZB einen erheblichen Prestigeverlust auslösen. Entsprechend schien die Konsolidierung der Haushalte voranzuschreiten, bis die internationale Finanzkrise zu erheblicher Neuverschuldung zwang.

Diagramm 7: Wechselkurse US-Dollar in Euro Januar 1999 bis November 2008

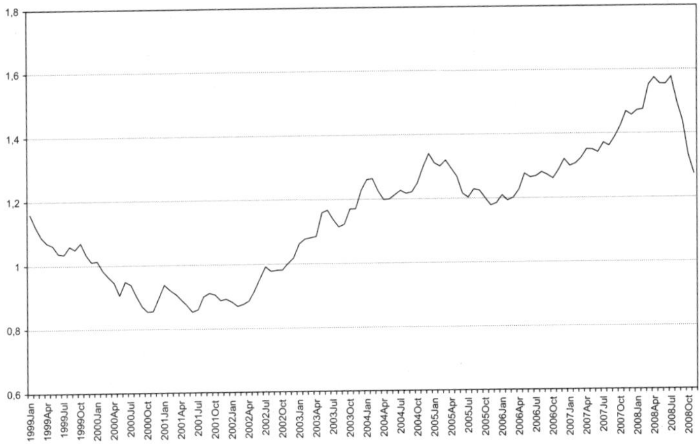

Quelle: EZB, Statistical Data Warehouse, Exchange Rates US-Dollar in Euro, Eurostat.

Mit dem Euro entstand ein effektiver Wettbewerbsraum, der von Währungsturbulenzen frei ist. So gehen rund 40% der deutschen Exporte in den Euroraum und sind daher weniger wechselkursabhängig als Exporte in die USA. Die nicht der Eurozone angehörenden EU-Länder nehmen ebenfalls einen Großteil der deutschen Ausfuhren auf. Hierbei kommt ihnen die Verankerung ihrer Währungen am Euro zugute. Insbesondere die neuen EU-Mitglieder im Osten Europas nutzen den Euro als Leitwährung, indem sie entweder am Wechselkursmechanismus des Euro teilnehmen, feste Wechselkursverbindungen eingehen oder den Euro als Referenzwährung gebrauchen.

In Bezug auf die internationale Rolle bzw. die internationale Verwendung genießt der Euro bereits heute das Vertrauen, das seinen Vorgänger, die DM, aufgrund ihrer Reputation für Geldwertstabilität zur zweitwichtigsten Reserve- und Anlagewährung der Welt neben dem Dollar gemacht hat. Dabei übertrifft z. B. der Anteil des

Euro an den weltweiten Devisenreserven mit 26,5 % (2007) bereits jetzt deutlich den der DM, der 1990 mit 19 % seinen höchsten Stand erreicht hatte. Ein künftiger Anteil des Euro von 30–40 % an den Devisenreserven der Welt dürfte keine Utopie sein.

Fazit: Krisen und Globalisierung

Die gegenwärtige internationale Finanzkrise mag den Anschein erwecken, dass die Vernetzung der Finanzmärkte im Zeitalter der Globalisierung in einem solchen Maße vorangeschritten ist, dass sie weltweit Ansteckungsgefahren und Kettenreaktionen hervorruft. Diese Darstellung suggerieren auch einschlägige Zeitungen, wie z. B. *Financial Times* und *Wall Street Journal*.

Die Geschichte des Geldes aber widerlegt eine solche Ansicht. Geld- und Kapitalmärkte waren bereits im Mittelalter eng miteinander verbunden, zumal Geld und Kredit die längste Zeit auf den weltweit vorhandenen Edelmetallvorräten basierten. Dabei erfolgten Edelmetallproduktion und -distribution unabhängig voneinander. Denn die Mehrheit der europäischen Münzherren musste Gold und Prägesilber auf dem Wege des Handels akquirieren, während gleichzeitig im Handel Geld und Kredit benötigt wurden. Bedingt durch die großen Entfernungen zwischen Edelmetallförderung und Nachfrageort kam es immer wieder zu Engpässen in der Versorgung, die sich auch auf dem Kreditsektor niederschlugen. Entsprechend kann man zwischen Geld- und Währungskrisen einerseits und Banken- und Finanzkrisen andererseits unterscheiden. Zwillingskrisen betrafen gleichermaßen Geld- und Finanzsektor. Neben der Unterversorgung mit Geld und Kredit nahmen aber auch Überproduktion (Inflation) und Spekulation krisenhafte Ausmaße an. In ihrer Wirkung unterschieden sich strukturelle (längerfristige) Phänomene wie Edelmetallknappheit oder chronische Verschuldung von kurzfristigen Hyperinflationen. Auch die Wahrnehmung in der Bevölkerung differierte. So hing die Betroffenheit einzelner Gesellschaftsschichten in starkem Maße von ihrem Monetarisierungsgrad ab. Entsprechend waren Kleingeldmangel oder schlechtes Kupfergeld unter Konsumenten und Produzenten stärker spürbar als Kreditkrisen oder Bankenzusammenbrüche. Als besonders ausgeprägt erwiesen sich monetäre Krisen, wenn sie – wie so oft – mit Krieg zusammenfielen.

Lassen wir zum Abschluss einige Geld- und Bankenkrisen Revue passieren:

Wie wir gesehen haben, löste vom Spätmittelalter bis ins 20. Jahrhundert Geldvermehrung (in Gestalt von Münzen oder Papier) zur Kriegsfinanzierung Hyperinflationen aus. Aber Krieg unterbrach gleichermaßen Handelsverbindungen und Edelmetallversorgung.

Die Störanfälligkeit eines Finanzplatzes zeigt keine Stadt besser als Venedig im 15. Jahrhundert. Die Stadtrepublik Venedig war auf stetige Silber- und Goldlieferungen aus dem Alpen- und Karpatenraum angewiesen, um seinen Handel mit der Levante und Ägypten finanzieren zu können. Gleichzeitig überbrückten Kaufleute die Zeit zwischen Edelmetallerwerb und -verschiffung auf Galeonen und deren Rückkehr mit Pfeffer, Ingwer und Seide durch Kredite bei den lokalen Banken, die wiederum von den Einlagen ihrer Kunden lebten. Die Bankiers konkurrierten hierbei mit der Stadtrepublik, die sich durch freiwillige und Zwangsanleihen finanzierte. Obwohl die Wiederbelebung der mitteleuropäischen Silberproduktion die Edelmetallversorgung nach den Jahrzehnten der Knappheit im ausgehenden 15. Jahrhundert erneut auf eine sichere Grundlage stellte, führten die kriegerischen Auseinandersetzungen Venedigs mit den Türken sowie die Kriege gegen Frankreich und Florenz zu einer übermäßigen Beanspruchung des Kreditangebots durch die Republik. Privates Kapital floss so von den Banken in staatliche Anleihen. Obwohl die Bankiers diesen Geldabfluss zu stoppen suchten, indem sie ihren Kunden erstmals 3 % Zinsen für ihre Guthaben anboten, konnten sie das Vertrauen nicht dauerhaft wiederherstellen. Im Januar 1499 zogen viele Kunden, darunter vor allem Florentiner, in Sorge um ihre Guthaben die Einlagen in großem Stil ab und lösten einen Bankenzusammenbruch aus. Die Stützungsversuche der Republik kamen zu spät, und auch deutsche Silberhändler machten Bankrott, da ihnen niemand in Venedig ihr auf Kredit erworbenes Silber abnahm. Trotzdem tauchten einzelne Bankbetreiber nach einigen Jahren wieder mit neuen Banken, jedoch oft nur für wenige Jahre, auf dem Finanzplatz Venedig auf.

Eine größere Stabilität erlangte der Bankplatz Venedig erst im ausgehenden 16. Jahrhundert mit der Gründung des Banco della Piazza di Rialto, einer ersten öffentlichen Bank. Diese bot zwar dieselben Dienstleistungen wie viele der in Konkurs gegangenen Wechselstuben oder Banken, die Aufsicht der Republik Venedig sorgte aber im monetären Chaos dieser Zeit für ein gewisses Maß an Vertrauen und wurde so zum Vorbild für die Errichtung weiterer öffentlicher Wechselbanken in Italien, aber auch in Amsterdam sowie in Nürnberg und Hamburg. Insbesondere die Amsterdamer Wisselbank, die keine Kredite an Privatleute gewährte, stellte neben der Erleichterung des bargeldlosen Zahlungsverkehrs verlässliche Münzstandards und die regelmäßige Versorgung mit Edelmetall sicher. Obwohl sich finanzielle Innovationen wie der Aktienhandel der Handelskompanien, übertragbare Leibrenten und auch die Warenspekulation entwickelten, ging das Vertrauen in das öffentliche Finanzwesen aufgrund der Regulierung und der öffentlichen Aufsicht durch Stadtregierungen und Generalstaaten nie verloren.

Selbst die Tulpenspekulation des Jahres 1636/37, die sog. *Tulipmania*, die immer wieder mit anderen zeitgenössischen oder auch aktuellen Spekulationswellen verglichen wird, vernichtete zwar Kapital, konnte aber das Wirtschafts- und Finanzsystem der niederländischen Republik nicht gefährden. Da diese zudem darauf verzichtete, ihre Schulden in Aktien umzuwandeln, kam es hier auch nach dem Spanischen Erbfolgekrieg nicht zu solchen Spekulationsblasen wie um die Compagnie des Indes in Frankreich oder die englische South Sea Company. Die *South Sea Bubble* platzte 1720, als in Paris Aktionäre und Banknotenbesitzer die Einlösung in Münzgeld verlangten bzw. in London die Bank of England dem kreditfinanzierten Kauf von Aktien den Boden entzog. In Frankreich waren in der Folge Banknoten und Staatsschuldscheine ebenso diskreditiert wie die erste französische Zentralnotenbank, und das Experiment der Assignaten während der Französischen Revolution sollte das Vertrauen in das Papiergeld in Frankreich nicht fördern. In England dagegen wurden die Weichen für ein vertrauenswürdiges Finanzsystem gestellt.

Dies hieß aber nicht, dass die Spekulation aufhörte. Auch der Siebenjährige Krieg (1756–1763) war mit verbreiteten Spekulationen und einer anschließenden internationalen Finanzkrise verbunden. Viele Anleger investierten in die Aktien der East India Company, die im Zuge der britischen Expansion in Indien ungeheure Gewinne versprachen. Daneben ermöglichten die englischen Subsidien für Preußen im Siebenjährigen Krieg, die über Amsterdam und Hamburg abgewickelt wurden, im Wechselgeschäft davon zu profitieren. Als nach dem Frieden von Hubertusburg 1763 die Subsidienzahlungen aufhörten, fand die «Wechselreiterei» ein Ende, und Amsterdamer und Hamburger Bankhäuser brachen zusammen.

Die Koalitionskriege des ausgehenden 18. und beginnenden 19. Jahrhunderts lösten ebenfalls vielerorts Finanz- und Währungskrisen aus. So musste Österreich den Staatsbankrott erklären, und auch Preußen trug noch lange Zeit an den in der napoleonischen Zeit aufgehäuften Schulden. England suspendierte 1797 die Einlösepflicht für Banknoten und erachtete während der Napoleonischen Kriege eine Ausweitung des Notenumlaufs als notwendig. Hieraus folgte im Jahre 1816/17 der Ruin vieler privater Notenbanken. Dennoch stellte die Bank of England 1821 die Einlösepflicht für Banknoten in Gold wieder her und akzeptierte während der Handels- und Bankenkrise 1825/26 unter großen Verlusten für die eigenen Goldbestände sogar die fälligen Noten der insolvent gewordenen privaten Notenbanken. Die Banknote hatte ihre erste große Bewährungsprobe bestanden. Zur künftigen Stabilität sollten die Restriktion der Notenemission im Peel's Act sowie die allmähliche Entwicklung eines Notenausgabemonopols der Bank of England beitragen.

In der zweiten Hälfte des 19. Jahrhunderts ließ der Aufschwung der außereuropäischen Goldförderung (zunächst in Kalifornien und später in Australien, Alaska und Südafrika) zusammen mit der Expansion des Welthandels die Stimmen nach einer globalen Währungsharmonisierung lauter werden. Als entscheidende Neuerung zugunsten eines ungestörten – von Währungsturbulenzen freien – Welthandels gilt die Einführung des Goldstandards. Da die führende Wirtschaftmacht Großbritannien bereits über eine Goldwährung verfügte, versprach die Etablierung einer eigenen goldbasierten Währung in anderen Ländern den Zugang zu den britischen Waren- und Kapitalmärkten. Dieser monetären Standardisierung konnten sich auch die der Doppelwährung huldigenden Länder der Lateinischen Münzunion nicht dauerhaft entziehen.

Der Goldstandard sollte das internationale Währungssystem bis zum Ausbruch des Ersten Weltkriegs stützen. Dabei erwiesen sich auch die entstehenden Zentralnotenbanken als ein stabilisierendes Element. Dies zeigte sich erstmals in der Baring-Krise des Jahres 1890. Das Bankhaus Baring hatte in großem Umfang südamerikanische, insbesondere argentinische Anleihen zur Emission übernommen, dafür aber keine Anleger gefunden und war so in eine Liquiditätskrise geraten. Der Zusammenbruch wurde durch ein Darlehen der Bank of England verhindert, die hier die Funktion eines *lender of last resort* (Bank der Banken) übernahm. Andere National- bzw. öffentliche Banken suchten mittels informeller Kreditrationierung die Zinssätze langfristig stabil zu halten.

Die Wiederbelebung des Goldstandards sollte den internationalen Handel und die ökonomische Erholung kurzfristig zwischen 1924 und 1928 befördern, wobei die Kooperation zwischen der Bank of England und der Federal Reserve die Konvertibilität von Pfund und Dollar in Gold garantierte. Als aber eine Liquiditätskrise eintrat, weil die Agrarproduzenten weltweit aufgrund sinkender Preise ihre Schulden nicht mehr zurückzahlen konnten, stand kein *lender of last resort* zur Stabilisierung des Währungssystems bereit. Die Ressourcen der Bank of England reichten nicht aus, und die Federal Reserve war nicht willens, sich zu engagieren. Die Panik an der Wall Street 1929 und der Bankrott der Wiener Creditanstalt setzten eine Abwärtsspirale in Gang, die über Zahlungseinstellung, Bankenzusammenbrüche, die Abkehr vom Goldstandard und die Abwertung von Pfund und Dollar zum Zusammenbruch des Welthandels führte. Ein Prozess der «Deglobalisierung» (Neal, Weidenmier 2003) setzte ein, der die Welt in Wirtschaftsblöcke teilte und in den Zweiten Weltkrieg mündete.

Dass mit dem Bretton-Woods-Abkommen der festen Wechselkurse 1944 eine langfristige Stabilisierung gelang, lag in dem amerikanischen Bemühen begründet, für die Wiederherstellung eines freien Welthandels (einschließlich amerikanischer Exporte) zu sorgen und dafür auch die monetäre Verantwortung zu übernehmen. Gelegentliche nationale Währungskrisen wie der Verfall des britischen Pfundes weiteten sich daher nie international aus. Erst als die USA infolge ihres militärischen Engagements in Südostasien nicht länger in der Lage (und ihre europäischen Alliierten nicht mehr bereit) waren, den Dollar zu stützen, brach das Bretton-Woods-System 1971 zusammen. Eine weltweite Inflation setzte ein, begleitet von flexiblen Wechselkursen und einem Aufschwung des internationalen Kapitalverkehrs. In der Folge kam es zu Währungs- und Finanzkrisen wie der lateinamerikanischen Schuldenkrise 1982, dem Kurssturz an der Wall Street 1987, dem Zusammenbruch des EWS 1993, dem Kollaps des mexikanischen Peso 1994 und schließlich der Asienkrise 1997.

Bei Letzterer wirkten verschiedene Faktoren zusammen. In den 1990er Jahren befand sich die Wirtschaft der asiatischen Schwellenländer Korea, Thailand, Singapur und Indonesien (sog. Tigerstaaten) in einem beispiellosen Aufschwung. Die Liberalisierung der Kapitalmärkte stimulierte eine ungebremste Ausweitung der Verschuldung über Kreditaufnahmen, die die einheimischen Eliten in erster Linie zum Kauf von Aktien und Immobilien nutzten. Aufgrund der im Vergleich mit Europa niedrigeren asiatischen Sparquote war man auf ausländisches Kapital angewiesen, das wegen der Dollarschwemme reichlich floss. Als sich der Dollar verteuerte, konnten die meisten asiatischen Banken nicht mehr die aufgenommenen Kredite mit Devisen bedienen. Die Spekulationsblase platzte, und die – aufgrund unzureichender Bankenaufsicht – leichtfertig gewährten Kredite rissen viele Banken in die Krise. Gleichzeitig nahm der spekulative Druck auf die Währungen zu. Die Hilfe des Internationalen Währungsfonds 1997/98 für Thailand, Südkorea und Indonesien trug jedoch dazu bei, dass sich die Währungen der betreffenden Länder im Laufe des Jahres 1998 wieder stabilisierten.

Eine lasche Bankenaufsicht (in den USA) gepaart mit viel zu günstigen Krediten (gemessen am Risiko) und der Gier von Bankern und Anlegern sind auch die Ursachen der gegenwärtigen weltweiten Bankenkrise. Hinzu kommt eine mangelnde Transparenz. Wie die asiatischen Banken ihre Bilanzen frisierten, so verpackten amerikanische Banker ihre faulen Hypothekenkredite scheibchenweise in neue Finanzprodukte und boten sie Banken und ihren Kunden weltweit an. Diese griffen gerne zu und realisierten erst nach den einsetzenden Schieflagen amerikanischer Hypothekenbanken, wie es tatsächlich um ihre Anlagen bestellt war. Das Misstrauen gegenüber den Banken und innerhalb des Banksektors beeinträchtigt nachhaltig die Kreditversorgung der Wirtschaft. Auch wenn die langfristigen Folgen für die Weltwirtschaft noch nicht abzusehen sind, wird aufgrund der hohen finanziellen Integration die globale Anfälligkeit jeden Tag schmerzlich erfahrbar.

Die stärkere Kontrolle nationaler Finanzmärkte ist daher eine unabdingbare Voraussetzung für die Wiederherstellung von Vertrauen und internationaler Stabilität. Ein weiterer Schritt wäre die Internationalisierung der Finanzaufsicht, die über eine EU-Behörde hin zur globalen Kontrolle der wichtigsten Finanzinstitute der Welt führen müsste.

Nachwort

Die gegenwärtige Finanzkrise fordert geradezu eine Rückbesinnung auf die europäische Geld- und Finanzgeschichte. Entsprechend bietet die Neuauflage meines Buches «Das Geld und seine Geschichte» die Gelegenheit, das letzte Jahrzehnt monetärer Entwicklung nachzuzeichnen. Die internationale Vernetzung von Geld- und Finanzmärkten wird hierbei einmal mehr deutlich, sie ist aber – entgegen der Ansicht vieler Zeitgenossen – keine Erscheinung jüngeren Datums. Wenn diese Erkenntnis sich allgemein durchsetzen würde, hätte der vorliegende Band sein Anliegen erfüllt.

Die Last der Neubearbeitung des Buches trugen vor allem meine Mitarbeiter Doreen Wollbrecht, Matthias Müller und Robert Riemer, in deren Händen auch die Endproduktion des Bandes lag. Wertvolle Kommentare und Korrekturen steuerten die Kollegen Torsten Fried und Harm G. Schröter bei. Hierfür sei allen herzlich gedankt.

Ich widme auch diese «Kleine Geschichte des Geldes» meiner Frau Regina, die bereits seit 20 Jahren meine geld- und wirtschaftshistorischen Forschungen erträgt.

Greifswald im Januar 2009 *Michael North*

Literatur

Einleitung

Bleiber, W., Naturalwirtschaft und Ware-Geld-Beziehungen zwischen Somme und Loire während des 7. Jahrhunderts, Berlin 1981.

Doehaerd, R., Le haut moyen âge occidental: économies et sociétés, Paris 1971.

Dopsch, A., Wirtschaft und Gesellschaft im frühen Mittelalter, in: Tijdschrift voor Rechtsgeschiedenis 11 (1932), S. 359–434.

Ehrlicher, W., Geldtheorie und Geldpolitik, III: Geldtheorie, in: Handwörterbuch der Wirtschaftswissenschaft, III, Stuttgart 1981, S. 374–391.

Gerloff, W., Die Entstehung des Geldes und die Anfänge des Geldwesens, Frankfurt [2]1943.

Grierson, P., Money and Coinage under Charlemagne, in: W. Braunfels, H. Schnitzler (Hgg.), Karl der Große, I, Düsseldorf 1965, S. 501–536.

Hatz, G., Der Handel in der späten Wikingerzeit zwischen Nordeuropa (insbesondere Schweden) und dem Deutschen Reich nach numismatischen Quellen, in: K. Düwel et al. (Hgg.), Untersuchungen zu Handel und Verkehr der vor- und frühgeschichtlichen Zeit in Mittel- und Nordeuropa, IV, Göttingen 1987, S. 86–112.

Hatz, G., Die Münzen von Alt-Lübeck, in: Offa 21/23 (1964/65), S. 261–267.

Hatz, G., Handel und Verkehr zwischen dem Deutschen Reich und Schweden in der späten Wikingerzeit, Lund 1974.

Hävernick, W., Der Kölner Pfennig im 12. und 13. Jh., Stuttgart 1930.

Hävernick, W., Münzverrufungen in Westdeutschland im 12. und 13. Jh., in: VSWG 24 (1931), S. 129–141.

Heß, W., Münzstätten, Geldverkehr und Märkte am Rhein in ottonischer und salischer Zeit, in: B. Diestelkamp (Hg.), Beiträge zum mittelalterlichen Städtewesen, Köln 1982, S. 111–133.

Ilisch, P., German Viking-Age Coinage and the North, in: M. A. S. Blackburn, D. M. Metcalf (Hgg.), Viking-Age Coinage in the Northern Lands, I, Oxford 1981, S. 129–146.

Joranson, E., The Danegeld in France, Rock Island 1923.

Kaiser, R., Münzprivilegien und bischöfliche Münzprägung in Frankreich, Deutschland und Burgund im 9.-12. Jh., in: VSWG 63 (1976), S. 289–338.

Kamp, N., Moneta regis: Königliche Münzstätten und königliche Münzpolitik in der Stauferzeit, Hannover 2006.

Luschin von Ebengreuth, A., Allgemeine Münzkunde und Geldgeschichte des Mittelalters und der Neueren Zeit, München [2]1926.

Menger, C., Geld, in: Handwörterbuch der Staatswissenschaften, IV, Jena [3]1909. Zitat: S. 556.

Metz, R., Geld, Währung und Preisentwicklung. Der Niederrheinraum im europäischen Vergleich, Frankfurt/M. 1990.

North, M., Das Geld und seine Geschichte vom Mittelalter bis zur Gegenwart, München 1994.

North, M. (Hg.), Von Aktie bis Zoll. Ein historisches Lexikon des Geldes, München 1995.

Petry, K., Die Geldzinse im Prümer Urbar von 893. Bemerkungen zum spätkarolingischen Geldumlauf des Rhein-Maas- und Moselraums im 9. Jh., in: Rheinische Vierteljahrsblätter 52 (1988).

Petry, K., Monetäre Entwicklung, Handelsintensität und wirtschaftliche Beziehungen des oberlothringischen Raums vom Anfang des 6. bis zur Mitte des 12. Jhs., Trier 1992.

Pirenne, H., Les villes du moyen âge, Bruxelles 1929.

Rösener, W., Bauern im Mittelalter, München [4]1993.

Schilcher, R., Geldfunktionen und Buchgeldschöpfung, Berlin 1958.

Schrötter, F. von (Hg.), Wörterbuch der Münzkunde, Berlin 1930.

Spufford, P., Money and its Use in Medieval Europe, Cambridge 1988.

Spufford, P., Münzverschlechterung und Inflation im spätmittelalterlichen und frühneuzeitlichen Europa, in: M. North (Hg.), Geldumlauf, Währungssysteme und Zahlungsverkehr in Nordwesteuropa 1300–1800, Köln 1989, S. 109–126.

Witthöft, H., Münzfuß, Kleingewichte, pondus Caroli und die Grundlegung des nordeuropäischen Maß- und Gewichtswesens in fränkischer Zeit, Ostfildern 1984.

1. Kommerzielle Revolution und Ausbreitung der Geldwirtschaft

Agricola, Georgius, De veteribus et novis metallis libri II 1546, in: ders., Vermischte Schriften, übersetzt von G. Fraustadt, I, Berlin 1946. Zitat: S. 85 f.

Ashtor, E., A Social and Economic History of the Near East in the Middle Ages, London 1976.

Attman, A., The Bullion Flow between Europe and the East, 1000–1750, Göteborg 1981.

Baumgartner, E., Die Blütezeit der Friesacher Pfennige, in: Numismatische Zeitschrift 73 (1949), S. 75–106.

Bautier, R.-H., Les foires de Champagne, in: La Foire, Bruxelles 1953, S. 97–147.

Berghaus, P., Die Perioden des Sterlings in Westfalen, dem Rheinland und den Niederlanden, in: HBN 1 (1947), S. 34–53.

Berghaus, P., Phänomene der deutschen Münzgeschichte des 14./15. Jhs. im Ostseeraum und im Norden 1350–1450, Visby 1973.

Bernocchi, M., Le monete della repubblica fiorentina, III, Firenze 1976.

Bovill, E. W., The Golden Trade of the Moors, New York [2]1969.

Castelin, K., Grossus Pragensis, Brauschweig [2]1967.

Denzel, M., Kurialer Zahlungsverkehr im 13. und 14. Jh. Servitien- und Annatenzahlungen aus dem Bistum Bamberg, Stuttgart 1991.

Diepenbach, W., Der Rheinische Münzverein, in: Kultur und Wirtschaft im rheinischen Raum (Festschrift Eckert), Mainz 1949, S. 89–120.

Dieudonné, A., Essai de classification de gros tournois de Louis IX à Philippe VI., in: Revue Numismatique (1907), S. 248–271.

Dittmer, H. C., Geschichte der ersten Gold-Ausmünzungen zu Lübeck im 14. Jh., in: Zeitschrift für Lübeckische Geschichte und Altertumskunde 1 (1855), S. 22–78.

Dollinger, P., Der bayerische Bauernstand vom 9. bis zum 13. Jh., München 1982.

Fossier, R., La terre et les hommes en Picardie jusqu'à la fin du XIIIe siècle, 2 Bde., Paris 1968.

Ganshof, F., Verhulst, A., Medieval Agrarian Society in its Prime: France, The Low Countries and Western Germany, in: M. M. Postan (Hg.), The Cambridge Economic History of Europe, I: The Agrarian Life of the Middle Ages, Cambridge [2]1966, S. 291–339.

Grierson, P., The Coins of Medieval Europe, London 1991.

Hävernick, W., Epochen der deutschen Geldgeschichte im frühen Mittelalter, in: HBN 9/10 (1955/56), S. 5–10.

Henn, V., Über die Anfänge des Brügger Hansekontors, in: Hansische Geschichtsblätter 107 (1989), S. 43–66.

Heß, W., Das rheinische Münzwesen im 14. Jh. und die Entstehung des Kurrheinischen Münzvereins, in: H. Patze (Hg.), Der deutsche Territorialstaat im 14. Jh., I, Sigmaringen 1986, S. 257–323.

Huszár, L., Der ungarische Goldgulden im mittelalterlichen Münzverkehr, in: HBN 24/26 (1970/72), S. 71–88.

Jensen, J. S., Montfundet fra Kirial pa Djursland. 81.422 monter deponeret o. 1365, in: NNÅ 1970, S. 37–168.

Jesse, W., Der Wendische Münzverein, Braunschweig [2]1968.

Jones, P., Medieval Agrarian Society in its Prime: Italy, in: M. M. Postan (Hg.), The Cambridge Economic History of Europe, I: The Agrarian Life of the Middle Ages, Cambridge [2]1966, S. 340–431.

Kowalski, H., Die Augustalen Kaiser Friedrichs II., in: Schweizerische Numismatische Rundschau 55 (1976), S. 77–150.

Lane, F. C., Mueller, R. C., Money and Banking in Medieval and Renaissance Venice, I: Coins and Money of Account, Baltimore 1985.

Le Goff, J., Wucherzins und Höllenqualen: Ökonomie und Religion im Mittelalter, Stuttgart 2008.

Lopez, R. S., Back to Gold, 1252, in: EHR, 2. Ser. 2 (1956), S. 219–240.

Lopez, R. S., Prima del ritorno all'oro nell'occidente duecentesco: I primi denari grossi d'argento, in: Rivista storica italiana 79 (1967), S. 174–181.

Mayhew, N. J. (Hg.), Coinage in the Low Countries (880–1500), Oxford 1979.

Mueller, R. C., Chome l'uciello di passagio': la demande saisonnière des espèces et le marché des changes à Venise au moyen âge, in: J. Day (Hg.), Etudes d'histoire monétaire, Lille 1984, S. 195–219.

Nicklis, H.-W., Frankreich und das Rheinland bis zum Beginn des 14. Jhs. Wirtschafts-, währungs- und kulturgeographische Studien zum Bonner Münzfund (1302), Habil.-Schrift, Braunschweig 1990.
North, M., Das Geld und seine Geschichte vom Mittelalter bis zur Gegenwart, München 1994.
Peters, I.-M., Hansekaufleute als Gläubiger der englischen Krone (1294–1350), Köln 1978.
Rizzolli, H., Münzgeschichte des alttirolischen Raumes im Mittelalter, I: Die Münzstätten Brixen/Innsbruck, Trient, Lienz und Meran vor 1363, Bozen 1991.
Roover, R. de, L'évolution de la lettre de change, XIVe-XVIIIe siècles, Paris 1953.
Roover, R. de, Money, Banking and Credit in Mediaeval Bruges, Cambridge, Mass., 1948.
Roover, R. de, New Perspectives on the History of Accounting, in: Accounting Review 30 (1955), S. 405–420.
Roover, R. de, The Commercial Revolution of the 13th Century, in: Bulletin of the Business Historical Society 16 (1942), S. 34–39; Ndr. in: F. C. Lane, J. C. Riemersma (Hgg.), Enterprise and Secular Change, London 1953, S. 80–85.
Rösener, W., Bauern im Mittelalter, München [4]1993.
Schlesinger, W. (Hg.), Die deutsche Ostsiedlung des Mittelalters als Problem der europäischen Geschichte, Sigmaringen 1975.
Sprandel, R., Das mittelalterliche Zahlungssystem nach hansisch-nordischen Quellen des 13.–15. Jhs., Stuttgart 1975.
Spufford, P., Money and its Use in Medieval Europe, Cambridge 1988.
Stromer, W. von, Funktionen und Rechtsnatur der Wechselstuben als Banken im internationalen Vergleich, in: A. Vannini Marx (Hg.), Credito, banque e investimenti, Firenze 1985, S. 229–254.
Suhle, A., Deutsche Münz- und Geldgeschichte von den Anfängen bis zum 15. Jh., München 1964.
Thomas, H., Die Champagnemessen, in: H. Pohl (Hg.), Frankfurt im Messenetz Europas, Frankfurt/M. 1991, S. 13–36.
Thomas, H., Beiträge zur Geschichte der Champagne-Messen im 14. Jh., in: VSWG 65 (1977), S. 433–467.
Watson, A. M., Back to Gold and Silver, in: EHR, 2. Ser. 20 (1967), S. 1–34.
Yamey, B. S., Bookkeeping and Accounts, 1200–1800, in: S. Cavaciocchi (Hg.), L'impresa industria commercio banca secoli XIII-XVIII, Firenze 1991, S. 163–187.

2. Edelmetallknappheit und monetäre Kontraktion

Abel, W., Agrarkrisen und Agrarkonjunktur, Hamburg/Berlin [3]1978.
Aerts, E., The European Monetary Famine of the Late Middle Ages and the Bank of San Giorgio in Genova, in: G. Felloni (Hg.), La Casa di San Giorgio: il potere del credito, Genova 2006, S. 27–62.

Ashtor, E., A Social and Economic History of the Near East in the Middle Ages, London 1976.
Ashtor, E., Les métaux précieux et la balance de payements du Proche- Orient à la basse époque, Paris 1971.
Attman, A., The Bullion Flow between Europe and the East, 1000–1750, Göteborg 1981.
Bacharach, J. L., Monetary Movements in Medieval Egypt, 1171–1517, in: J. F. Richards (Hg.), Precious Metals in the Later Medieval and Early Modern Worlds, Durham, N. C. 1983, S. 159–181.
Boccaccio, G., Das Dekameron, München/Zürich [20]1991. Zitat: S. 37.
Castelin, K., Grossus Pragensis, Braunschweig [2]1967.
Cipolla, C. M., Il governo della moneta a Firenze e a Milano nei secoli XIV–XVI, Bologna 1990.
Cipolla, C. M., The Monetary Policy of 14th-Century Florence, Berkeley 1982.
Day, J., The Great Bullion Famine of the 15th Century, in: Past and Present 79 (1978), S. 3–54.
Day, J., The Question of Monetary Contraction in Late Medieval Europe, in: NNÅ 1981, S. 12–29.
Derville, A., Les pieces d'or dans la vie quotidienne (Flandres-Artois, XIVe siècle), in: L'or au moyen âge, Marseille 1983, S. 123–134.
Dubois, Commerce international, métaux précieux et flux monétaires aux confins orientaux du Royaume de France (XVIIIe-XVe siècles), in: V. Barbagli Bagnoli (Hg.), La moneta nell'economia europea secoli XIII–XVII, Prato 1981, S. 681–697.
Eichhorn, H., Der Strukturwandel im Geldumlauf Frankens zwischen 1437 und 1610, Wiesbaden 1973.
Endemann, W., Studien in der romanisch-kanonistischen Rechtslehre bis Ende des 17. Jhs., Berlin 1874.
Felloni, G., Kredit und Banken in Italien, 15.–17. Jh., in: M. North (Hg.), Kredit im spätmittelalterlichen und frühneuzeitlichen Europa, Köln 1991, S. 9–23.
Fryde, N., Die Kaufleute aus Cahors im England des 13. Jhs., in: M. North (Hg.), Kredit im spätmittelalterlichen und frühneuzeitlichen Europa, Köln 1991, S. 25–37.
Gilomen, H.-J., Die städtische Schuld Berns und der Basler Rentenmarkt im 15. Jahrhundert, in: Basler Zeitschrift für Geschichte und Altertumskunde 82 (1982), S. 5–64.
Gissel, S., Payments in Money and in Kind in Late Medieval Scandinavia. Studies in Agrarian Rents, in: NNÅ 1981, S. 48–57.
Jenks, S., Hartgeld und Wechsel im hansisch-englischen Handel des 15. Jhs., in: M. North (Hg.), Geldumlauf, Währungssysteme und Zahlungsverkehr in Nordwesteuropa 1300–1800, Köln 1989, S. 125–166.
Jenks, S., Judenverschuldung und Verfolgung von Juden im 14. Jh.: Franken bis 1349, in: VSWG 65 (1968), S. 309–356.

Jenks, S., Von den archaischen Grundlagen bis zur Schwelle der Moderne (ca. 1000–1450), in: M. North (Hg.), Deutsche Wirtschaftsgeschichte. Ein Jahrtausend im Überblick, München [2]2005, S. 15–111.
Jesse, W., Der Wendische Münzverein, Braunschweig [2]1968.
Johnson, C. (Hg.), De Moneta of Nicholas Oresme and English Mint Documents, London 1956. Zitat: S. 33.
Lane, C. F., Venetian Bankers 1496–1533, in: Journal of Political Economy 45 (1937), S. 187–206.
Le Goff, J., Wucherzins und Höllenqualen. Ökonomie und Religion im Mittelalter, Stuttgart 1988.
Lewis, P. S., Later Medieval France, London 1968. Zitat: S. 56.
Lopez, R. S., Une histoire à trois niveaux: la circulation monétaire, in: Mélanges en l'honneur de Fernand Braudel, II, Toulouse 1973, S. 335–341.
Lorenzen-Schmidt, K.-J., Kaufmannskredite in nordwestdeutschen Städten im 15. und 16. Jh., in: M. North (Hg.), Kredit im spätmittelalterlichen und frühneuzeitlichen Europa, Köln 1991, S. 121–131.
MacKay, A., Money, Prices and Policies in 15th-Century Castille, London 1981.
Mayhew, N. J. (Hg.), Numismatic Evidence and Falling Prices in the 14th Century, in: EHR, 2. Ser. 27 (1974), S. 1–15.
Mollat, M., Der königliche Kaufmann Jacques Cœur oder der Geist des Unternehmertums, München 1991.
Mueller, R. C., Bank Money in Venice, to the Mid-15th Century, in: V. Barbagli Bagnoli (Hg.), La moneta nell'economia europea secoli XIII-XVIII, Prato 1981, S. 77–104.
Mueller, R. C., Il baratto in una terra soggetta a Venezia: l'esempio di Corfù nel Quattrocento, in: P. Delogu, S. Sorda (Hgg.), La moneta in ambiente rurale nell' Italia tardo medievale, Atti dell'Incontro di Studio, Roma 2002, S. 27–36.
Mueller, R. C., La crisi economico-monetaria veneziana di metà quattrocento nel contesto generale, in: Aspetti della vita economica medievale, Firenze 1985, S. 541–556.
Mueller, R. C., Les prêteurs juifs de Venise au moyen âge, in: Annales, ESC 30 (1975), S. 1277–1302.
Mueller, R. C., Monete coniate e monete di conto nel Trevigiano, in: D. Gasparini (Hg.), Due villaggi della collina trevigiano: Vidor e Colbertaldo, Vidor 1989, S. 325–335.
Mueller, R. C., The Venetian Money Market: Banks, Panics, and the Public Debt, 1200–1500, Baltimore 1997.
Munro, J., Bullion Flows and Monetary Contraction in Late-Medieval England and the Low Countries, in: J. F. Richards (Hg.), Precious Metals in the Later Medieval and Early Modern Worlds, Durham, N. C. 1983, S. 97–158.
Munro, J., Bullionism and the Bill of Exchange in England 1272–1663, in: The Dawn of Modern Banking, New Haven 1974, S. 169–239.
Munro, J., Deflation and the Petty Coinage Problem in the Late-Medieval Economy: The Case of Flanders, 1334–1484, in: Explorations in Economic History 25 (1988), S. 387–423.

Munro, J., Die Anfänge der Übertragbarkeit: einige Kreditinnovationen im englisch-flämischen Handel des Spätmittelalters (1350–1540), in: M. North (Hg.), Kredit im spätmittelalterlichen und frühneuzeitlichen Europa, Köln 1991, 39–69.

Munro, J., Mint Policies, Ratios, and Outputs in England and the Low Countries, 1335–1420, in: Numismatic Chronicle 141 (1981), S. 71–116.

Munro, J., Wage Stickiness, Monetary Changes, and Real Incomes in Late-Medieval England and the Low Countries, 1300–1500: Did Money Matter?, in: Research in Economic History 21 (2003), S. 185–297.

Munro, J., Wool, Cloth, and Gold: The Struggle for Bullion in Anglo-Burgundian Trade, 1340–1478, Bruxelles 1973.

North, M., Banking and Credit in Northern Germany in the 15th and 16th Centuries, in: Banchi pubblici, banchi privati e monti di pietà nell'Europa preindustriale, II, Genova 1991, S. 810–826.

North, M., Das Geld und seine Geschichte vom Mittelalter bis zur Gegenwart, München 1994.

North, M., Europa expandiert. 1250–1500 (Handbuch der Geschichte Europas, 4), Stuttgart 2007.

North, M., Geldumlauf und Wirtschaftskonjunktur im südlichen Ostseeraum an der Wende zur Neuzeit (1440–1570), Sigmaringen 1990.

Paulinyi, O., The Crown Monopoly of the Refining Metallurgy of Precious Metals and the Technology of the Cameral Refineries in Hungary and Transsylvania in the Period of Advanced and Late Feudalism (1325–1700) with Data and Output, in: H. Kellenbenz (Hg.), Precious Metals in the Age of Expansion, Stuttgart 1981, S. 27–39.

Reichert, K., Wucher und Wucherklischees am Übergang zur Neuzeit, in: B. Schefold (Hg.), Studien zur Entwicklung der ökonomischen Theorie, XI, Berlin 1992, S. 91–107.

Reichert, W., Lombarden in der Germania-Romania. Atlas und Dokumentation, Trier 2003.

Reichert, W., Lombarden zwischen Rhein und Maas, in: Rheinische Vierteljahrsblätter 51 (1987), S. 188–223.

Roover, R., Money, Banking and Credit in Mediaeval Bruges, Cambridge, Mass. 1948.

Roover, R., The Rise and Decline of the Medici Bank, 1397–1494, Cambridge, Mass., 1963.

Rosen, J., Relation Gold : Silber und Gulden : Pfund in Basel 1360 bis 1535, in: H. Kellenbenz (Hg.), Weltwirtschaftliche und währungspolitische Probleme seit dem Ausgang des Mittelalters, Stuttgart 1981, S. 1–14.

Russell, J. C., Population in Europe, 500–1500, in: C. M. Cipolla (Hg.), The Fontana Economic History of Europe, I: The Middle Ages, London 1974, S. 25–70.

Schalk, C., Der Münzfuß des Wiener Pfennig in den Jahren 1424 bis 1480, in: Numismatische Zeitschrift 12 (1880), S. 186–282.

Schrötter, F. von (Hg.), Wörterbuch der Münzkunde, Berlin 1930. Zitat: S. 603.

Schüttenhelm, J., Der Geldumlauf im südwestdeutschen Raum vom Riedlinger Münzvertrag 1423 bis zur ersten Kipperzeit 1618, Stuttgart 1987.
Schüttenhelm, J., Geldversorgung und Edelmetallknappheit: Zur landesherrlichen Münzpolitik in Württemberg und Baden im Frühmerkantilismus, in: H. P. Becht (Hg.), Pforzheim im Mittelalter, Sigmaringen 1983, S. 187–220.
Spufford, P., Money and its Use in Medieval Europe, Cambridge 1988.
Spufford, P., Münzverschlechterung und Inflation im spätmittelalterlichen und frühneuzeitlichen Europa, in: M. North (Hg.), Geldumlauf, Währungssysteme und Zahlungsverkehr in Nordwesteuropa 1300–1800, Köln 1989, S. 109–126. Zitate: S. 111 f., 121.
Stromer, W. von, Oberdeutsche Hochfinanz 1350–1450, 3 Bde., Wiesbaden 1970.
Sussman, N., Debasement, Royal Revenues, and Inflation in France during the Hundred Years' War, 1415–1422, in: Journal of Economic History 53 (1993), S. 44–70.
Thielemans, M. R., Bourgogne et Angleterre, Bruxelles 1966.
Toch, M., Geld und Kredit in einer spätmittelalterlichen Landschaft. Zu einem unbeachteten hebräischen Schuldenregister aus Niederbayern (1329–1332), in: Deutsches Archiv 38 (1982), S. 499–550.
Van der Wee, H., Kurgan-Van Hentenryk, G. (Hgg.), A History of European Banking, Antwerpen 2000.
Van der Wee, H., The Growth of the Antwerp Market and the European Economy (14th-16th Centuries), I, The Hague 1963.
Vornefeld, C., Einheimische und lombardische Wucherer im Frankreich von Charles VI. Eine neue Quelle zur Sozialgeschichte des Wuchers, in: Journal of Medieval History 15 (1989), S. 269–287.
Weschke, J., Die Reichsgoldprägung Deutschlands im Spätmittelalter bis 1450, Diss. phil. Berlin 1955.
Wolff, P., Le problème des Cahorsins, in: Annales du Midi 62 (1950), S. 229–238.

3. Amerikanisches Silber und Preisrevolution

Attman, A., American Bullion in the European World Trade, 1600–1800, Göteborg 1986.
Bakewell, P. J., Registered Silver Production in the Potosí District, 1550–1753, in: Jahrbuch für die Geschichte von Staat, Wirtschaft und Gesellschaft Lateinamerikas 12 (1975), S. 65–103.
Blaich, F., Die Wirtschaftspolitik des Reichstags im Heiligen Römischen Reich, Stuttgart 1970.
Boelcke, W. A., Bäuerlicher Wohlstand in Württemberg Ende des 16. Jhs., in: Jahrbücher für Nationalökonomie und Statistik 176 (1964), S. 241–280.
Boyer-Xambieu, M.-T., Deleplace, G., Gillard, L., Monnaie privée et pouvoir des princes, Paris 1986.
Braudel, F., Spooner, F., Prices in Europe from 1450 to 1750, in: E. E. Rich, C. Wilson (Hgg.), The Cambridge Economic History of Europe, IV: The Economy of

Expanding Europe in the 16th and 17th Centuries, Cambridge 1967, S. 378–486.
Challis, C., Spanish Bullion and Monetary Inflation in England in the Later 16th Century, in: The Journal of European Economic History 4 (1975), S. 381–392.
Challis, C., The Tudor Coinage, London 1978.
Cipolla, C. M., American Treasure and the Florentine Coinage in the 16th Century, in: E. Van Cauwenberghe (Hg.), Precious Metals, Coinage and the Changes of Monetary Structures in Latin-America, Europe and Asia, Leuven 1991, S. 69–75.
Cipolla, C. M., Money in 16th-Century Florence, Berkeley 1989.
Cross, H. E., South American Bullion Production and Export 1550–1750, in: J. F. Richards (Hg.), Precious Metals in the Later Medieval and Early Modern Worlds, Durham, N. C. 1983, S. 397–423.
Da Silva, J. G., Banque et crédit en Italie au XVIIe siècle, 2 Bde., Paris 1969.
Dietz, A., Frankfurter Handelsgeschichte, 3 Bde., Frankfurt 1921.
Ehrenberg, R., Das Zeitalter der Fugger. Geldkapital und Kreditverkehr im 16. Jh., 2 Bde., Jena [3]1922.
Felloni, G., Kredit und Banken in Italien, 15.–17. Jh., in: M. North (Hg.), Kredit im spätmittelalterlichen und frühneuzeitlichen Europa, Köln 1991, S. 9–23.
Franz, G. (Hg.), Quellen zur Geschichte des Deutschen Bauernstandes in der Neuzeit, Darmstadt 1963. Zitat: S. 9–14.
Geiger, H.-U., Der Beginn der Gold- und Dickmünzenprägung in Bern, Bern 1968.
Gerhard, H.-J., Ursachen und Folgen der Wandlungen im Währungssystem des Deutschen Reiches 1500–1625. Eine Studie zu den Hintergründen der sogenannten Preisrevolution, in: E. Schremmer (Hg.), Geld und Währung vom 16. Jh. bis zur Gegenwart, Stuttgart 1993, S. 69–84. Zitate: S. 75.
Gilomen, H.-J., Das Motiv der bäuerlichen Verschuldung in den Bauernunruhen an der Wende zur Neuzeit, in: S. Burghartz (Hg.), Spannungen und Widersprüche: Gedenkschrift für František Graus, Sigmaringen 1992, S. 173–190.
Goetzmann, W. N., Rouwenhorst, K. G. (Hgg.), Of Value. The Financial Innovations that Created Modern Capital Markets, Oxford 2005.
Gould, J. D., The Great Debasement, Oxford 1970.
Grierson, P., The Coins of Medieval Europe, London 1991.
Häberlein, M., Die Fugger: Geschichte einer Augsburger Familie (1367–1650), Stuttgart 2006.
Hamilton, E. J., American Treasure and the Price Revolution in Spain, 1501–1650, Cambridge, Mass. 1934.
Kellenbenz, H., Das römisch-deutsche Reich im Rahmen der wirtschafts- und finanzpolitischen Erwägungen Karls V. im Spannungsfeld imperialer und dynastischer Interessen, in: H. Lutz (Hg.), Das römisch-deutsche Reich im politischen System Karls V., München 1982, S. 35–54.
Kellenbenz, H., Die Fugger in Spanien und Portugal bis 1560, 3 Bde., München 1990.

Luzzatto, G., Les banques publiques de Venise (siècles XVI-XVIII), in: J. G. van Dillen (Hg.), History of the Principal Public Banks, The Hague 1934, S. 39–64.
Mandich, G., Le Pacte de Ricorsa et le marché italien des changes au XVIIe siècle, Paris 1953.
Moeser, K., Dworschak, F., Die große Münzreform unter Erzherzog Sigmund von Tirol, Wien 1936.
Morineau, M., Incroyables gazettes et fabuleux métaux. Les retours des trésors américains d'après les gazettes hollandaises (XVIe-XVIIIe siècles), Cambridge 1985.
Munro, J. H., Die Anfänge der Übertragbarkeit: einige Kreditinnovationen im englisch-flämischen Handel des Spätmittelalters (1350–1540), in: M. North (Hg.), Kredit im spätmittelalterlichen und frühneuzeitlichen Europa, Köln 1991, S. 39–69.
Munro, J., The Central European Silver Mining Boom, Mint Outputs, and Prices in the Low Countries and England, 1450–1550, in: E. Van Cauwenberghe (Hg.), Money, Coins, and Commerce, Leuven 1991, S. 119–183.
Nemeškal, L., Jáchymovská mincovna v prvni polovine století (1519/20–1561), Praha 1964.
North, D. C., Institutionen, institutioneller Wandel und Wirtschaftsleistungen, Tübingen 1992.
North, M. (Hg.), Geldumlauf, Währungssysteme und Zahlungsverkehr in Nordwesteuropa 1300–1800, Köln 1989.
North, M., The Great German Banking Houses and International Merchants, Sixteenth to Nineteenth Century, in: A. Teichova et al. (Hgg.), Banking, Trade and Industry. Europe, America and Asia from the Thirteenth to the Twentieth Century, Cambridge 1997, S. 35–49.
North, M., Von den Warenmessen zu den Wechselmessen. Grundlagen des europäischen Zahlungsverkehrs in Spätmittelalter und Früher Neuzeit, in: P. Johanek, H. Stoob (Hgg.), Europäische Messen und Märktesysteme in Mittelalter und Neuzeit, Köln/Weimar/Wien 1996, S. 223–238.
North, M., Von der atlantischen Handelsexpansion bis zu den Agrarreformen (1450–1815), in: ders. (Hg.), Deutsche Wirtschaftsgeschichte. Ein Jahrtausend im Überblick, München [2]2005, S. 112–196.
Pieper, R., American Silver Production and West European Money Supply in the 16th and 17th Century, in: J. Casas Pardo (Hg.), Economic Effects of the European Expansion, 1492–1824, Stuttgart 1992, S. 77–98.
Pieper, R., Amerikanische Edelmetalle in Europa (1492–1621). Ihr Einfluß auf die Verwendung von Gold und Silber, in: Jahrbuch für Geschichte von Staat, Wirtschaft und Gesellschaft Lateinamerikas 32 (1995), S. 163–191.
Pieper, R., Die Preisrevolution in Spanien (1500–1640), Wiesbaden 1985.
Pieper, R., Die Vermittlung einer neuen Welt. Amerika im Nachrichtennetz des habsburgischen Imperiums 1493–1598, Mainz 2000.
Pieper, R., The Volume of African and American Exports of Precious Metals and its Effects in Europe, 1500–1800, in: H. Pohl (Hg.), The European Discovery

and its Economic Effects on Pre-Industrial Society, 1500–1800, Stuttgart 1990, S. 97–117.
Reinhard, W., Geschichte der europäischen Expansion, 4 Bde., Stuttgart 1983–1990.
Schnapper, B., Les rentes aux XVIe siècle. Histoire d'un instrument de crédit, Paris 1957.
Schrötter, F. von, Das Münzwesen des Deutschen Reiches von 1500–1566, in: Schmollers Jahrbuch 35 (1911), S. 129–172; 36 (1912), S. 99–128.
Schüttenhelm, J., Der Geldumlauf im südwestdeutschen Raum vom Riedlinger Münzvertrag 1423 bis zur ersten Kipperzeit 1618, Stuttgart 1987.
Simone, E. de, Storia della banca dalle origini ai nostri giorni, Napoli 1987.
Spooner, F. C., The International Economy and Monetary Movements in France, 1493–1725, Cambridge, Mass. 1972.
Sprenger, B., Münzverschlechterung, Geldmengenwachstum und Bevölkerungsvermehrung als Einflußgrößen der sogenannten Preisrevolution im 16. und beginnenden 17. Jh. in Deutschland, in: K. H. Kaufhold, F. Riemann (Hgg.), Theorie und Empirie in Wirtschaftspolitik und Wirtschaftsgeschichte (Festschrift Abel), Göttingen 1984, S. 127–144.
Spufford, P., Money and its Use in Medieval Europe, Cambridge 1988.
Spufford, P., Münzverschlechterung und Inflation im spätmittelalterlichen und frühneuzeitlichen Europa, in: M. North (Hg.), Geldumlauf, Währungssysteme und Zahlungsverkehr in Nordwesteuropa 1300–1800, Köln 1989, S. 109–126. Zitat: S. 117 (englisch).
Stromer, W. von, Die oberdeutschen Geld- und Wechselmärkte, ihre Entwicklung vom Spätmittelalter bis zum Dreißigjährigen Krieg, in: Scripta Mercaturae 10 (1976), I, S. 23–51.
Suhling, L., Der Seigerhüttenprozeß. Die Technologie des Kupferseigerns nach dem frühen metallurgischen Schrifttum, Stuttgart 1976.
Tracy, J. D., A Financial Revolution in the Habsburg Netherlands. Renten and Rentiers in the County of Holland, 1515–1565, Berkeley 1985.
Ulloa, M., Castilian Seignorage and Coinage in the Reign of Philip II, in: The Journal of European Economic History 4 (1975), S. 459–480.
Unger, E., Die Fugger in Hall in Tirol, Tübingen 1967.
Valentinitsch, H., Das landesfürstliche Quecksilberbergwerk Idria 1575–1659, Graz 1981.
Van Cauwenberghe, E. (Hg.), Precious Metals, Coinage and the Changes of Monetary Structures in Latin-America, Europe and Asia, Leuven 1989.
Van der Wee, H., Antwerp and the New Financial Methods of the 16th and 17th Centuries, in: ders., The Low Countries in the Early Modern World, Aldershot 1993, S. 145–166.
Van der Wee, H., Monetary, Credit, and Banking Systems, in: E. E. Rich, C. Wilson (Hgg.), The Cambridge Economic History of Europe, V: The Economic Organization of Early Modern Europe, Cambridge 1977, S. 290–393.
Van der Wee, H., The Growth of the Antwerp Market and the European Economy (14th–16th Centuries), 3 Bde., The Hague 1963.

Van der Wee, H., World Production and Trade in Gold, Silver, and Copper in the Low Countries, 1450–1700, in: H. Kellenbenz (Hg.), Precious Metals in the Age of Expansion, Stuttgart 1981, S. 79–83.
Van Gelder, H. Enno, Hoc, M., Les monnaies des Pays-Bas Bourguignons et Espagnols, Amsterdam 1960.
Van Uytven, R., What Is New Socially and Economically in the 16th-Century Netherlands, in: Acta Historiae Nederlandicae 7 (1974), S. 18–53.
Vorel, P., Monetary Circulation in Central Europe at the Beginning of the Early Modern Age. Attemps to Establish a Shared Currency as an Aspect of the Political Culture of the 16th Century (1524–1573), Pardubice 2006.
Walter, R., Geld- und Wechselbörsen vom Spätmittelalter bis zur Mitte des 17. Jhs., in: H. Pohl (Hg.), Deutsche Börsengeschichte, Frankfurt/M. 1992, S. 13–76.
Westermann, E., Das Eislebener Garkupfer und seine Bedeutung für den europäischen Kupfermarkt 1460–1560, Köln 1971.
Westermann, E., Zur Silber- und Kupferproduktion Mitteleuropas vom 15. bis zum frühen 17. Jh. Über Bedeutung und Rangfolge der Reviere von Schwaz, Mansfeld und Neusohl, in: Der Anschnitt 5/6 (1986), S. 187–211.

4. Kipperkrise und Kreditpapiere

Altmann, H. C., Die Kipper- und Wipperinflation in Bayern, München 1976.
Attman, A., Dutch Enterprise in the World Bullion Trade, 1550–1800, Göteborg 1983.
Attman, A., American Bullion in the European World Trade, 1600–1800, Göteborg 1986.
Boelcke, W. A., Der Agrarkredit in deutschen Territorialstaaten vom Mittelalter bis Anfang des 18. Jhs., in: M. North (Hg.), Kredit im spätmittelalterlichen und frühneuzeitlichen Europa, Köln 1991, S. 193–213.
Born, K. E., Die Entwicklung der Banknote vom «Zettel» zum gesetzlichen Zahlungsmittel, in: Akademie der Wissenschaften und der Literatur Mainz: Abhandlungen der Geistes- und Sozialwissenschaftlichen Klasse (1972), 1, S. 3–21.
Brübach, N., Die Messen von Frankfurt am Main, Leipzig und Braunschweig (14.–18. Jahrhundert), Stuttgart 1994.
Christmann, T., Das Bemühen von Kaiser und Reich um die Vereinheitlichung des Münzwesens, Berlin 1988.
Clapham, J., The Bank of England, 1694–1914, 2 Bde., Cambridge 1944.
Cross, H. E., South American Bullion Production and Export 1550–1750, in: J. F. Richards (Hg.), Precious Metals in the Later Medieval and Early Modern Worlds, Durham, N. C. 1983, S. 397–423.
Dickson, P. G. M., The Financial Revolution in England: A Study in the Development of Public Credit, 1688–1756, London 1967.
Van Dillen, J. G. (Hg.), History of the Principal Public Banks, The Hague 1934.
Ernstberger, A., Hans de Witte, Finanzmann Wallensteins, Wiesbaden 1954.
Feavearyear, A., The Pound Sterling, Oxford [2]1963.

Freytag, G., Der Dreißigjährige Krieg. Die Kipper und Wipper und die öffentliche Meinung, in: ders., Bilder aus der deutschen Vergangenheit, III, Leipzig 1898, S. 145–187.
Glaman, C., Dutch-Asiatic Trade, 1620–1740, Copenhagen 1958.
Gould, J. D., The Trade Crisis of the Early 1620's and English Economic Thought, in: Journal of Economic History 15 (1955), S. 121–133.
Gould, J. D., The Date of ‹England's Treasure by Forraign Trade›, in: Journal of Economic History 15 (1955), S. 160–161.
Hamilton, E. J., American Treasure and the Price Revolution in Spain, 1501–1650, Cambridge, Mass. 1934.
Haupt, W., Sächsische Münzkunde, Leipzig 1974.
Heß, W., Münzfunde aus Hessen als Spiegel des Geldumlaufs, in: Hessisches Jahrbuch für Landesgeschichte 25 (1975), S. 148–222.
Hohenemser, P., Flugschriftensammlung Gustav Freytag, Frankfurt/M. 1925, Ndr. Hildesheim 1966.
Israel, J. I., Dutch Primacy in World Trade, 1585–1740, Oxford 1989.
Jonker, J., Kassierspapier, in: J. Lucassen, Gids van de papiergeld-verzameling van het Nederlandsch Economisch-Historisch Archief, Amsterdam 1992, S. 107–113.
Klein, E., Von den Anfängen bis zum Ende des alten Reiches (1806), in: Deutsche Bankengeschichte, I, Frankfurt/M. 1982.
Klüßendorf, N., Der Münzschatz von Herborn zur Kipperzeit in der Grafschaft Nassau-Dillenburg, Marburg 1989.
Krüger, J., Zwischen dem Reich und Schweden – die landesherrliche Münzprägung im Herzogtum Pommern und in Schwedisch-Pommern in der Frühen Neuzeit (ca. 1580–1715), Berlin 2006.
Kunisch, J., Wallenstein als Kriegsunternehmer. Auf dem Weg zum absolutistischen Steuerstaat, in: U. Schultz (Hg.), Mit dem Zehnten fing es an. Eine Kulturgeschichte der Steuer, München 1986, S. 153–161.
Luschin von Ebengreuth, A., Das lange Geld oder die Kipperzeit in Steiermark, in: Mitteilungen des historischen Vereins für Steiermark 38 (1880), S. 26–53.
Macaulay, T. B., The History of England from the Accession of James II, 5 Bde., Boston 1856–61. Zitat nach: Lane, F. C., Mueller, R. C., Money and Banking in Medieval and Renaissance Venice, I: Coins and Money of Account, Baltimore 1985, S. 27 f.
Melton, F. T., Sir Robert Clayton and the Origins of English Deposit Banking, 1658–1685, Cambridge 1986.
Morineau, M., Incroyables gazettes et fabuleux métaux. Les retours des trésors américains d'après les gazettes hollandaises (XVIe–XVIIIe siècles), Cambridge 1985.
Mueller, R. C., Bank Money in Venice, to the Mid-15th Century, in: V. Barbagli Bagnoli (Hg.), La moneta nell'economia europea secoli XIII–XVIII, Prato 1981, S. 77–104.
Newald, J., Die lange Münze in Österreich, in: Numismatische Zeitschrift 13 (1881), S. 88–132.

North, M., Bullion Transfer from Western Europe to the Baltic and to Asia, 1550–1750: A Comparison, in: E. Van Cauwenberghe (Hg.), Money, Coins and Commerce, Leuven 1991, S. 185–195.
North, M., Kommunikation, Handel, Geld und Banken in der Frühen Neuzeit, München 2000.
North, M., «Unrath in der müntz»: Das Geld im Alten Reich, in: S. Wendehorst, S. Westphal (Hgg.), Lesebuch Altes Reich, 1, München 2006, S. 183–188.
Parker, G., The Emergence of Modern Finance in Europe 1500–1730, in: C. M. Cipolla (Hg.), The Fontana Economic History of Europe, II: The 16th and 17th Centuries, London 1974, S. 527–594.
Peters, L., Der Handel Nürnbergs am Anfang des Dreißigjährigen Krieges, Stuttgart 1994.
Pieper, R., The Volume of African and American Exports of Precious Metals and its Effects in Europe, 1500–1800, in: H. Pohl (Hg.), The European Discovery and its Economic Effects on Pre-Industrial Society, 1500–1800, Stuttgart 1990, S. 97–117.
Quinn, St., Balances and Goldsmith-Bankers: the Co-ordination and Control of Inter-Banker Debt Clearing in Seventeenth-Century London, in: D. Mitchell (Hg.), Goldsmiths, Silversmiths and Bankers: Innovation and the Transfer of Skills, 1550 to 1750, London 1995, S. 53–76.
Redlich, F., Die deutsche Inflation des frühen 17. Jhs. in der zeitgenössischen Literatur: Die Kipper und Wipper, Köln 1972. Zitat: S. 35.
Redlich, F., The German Military Enterpriser and his Work Force, 2 Bde., Wiesbaden 1964.
Richards, R. D., The First Fifty Years of the Bank of England (1694–1744), in: J. G. van Dillen (Hg.), History of the Principle Public Banks, The Hague 1934, S. 201–272.
Roth, P. W., Die Kipper- und Wipper-Zeit in den Habsburgischen Ländern 1620 bis 1623, in: E. Schremmer (Hg.), Geld und Währung vom 16. Jh. bis zur Gegenwart, Stuttgart 1993, S. 85–103.
Schlögl, R., Bauern, Krieg und Staat. Oberbayerische Bauernwirtschaft und frühmoderner Staat im 17. Jh., Göttingen 1988.
Schneider, J., Hat das Indossament zum Niedergang der Wechselmessen im 17. und 18. Jh. beigetragen?, in: M. North (Hg.), Geldumlauf, Währungssysteme und Zahlungsverkehr in Nordwesteuropa 1300–1800, Köln 1989, S. 183–193.
Schneider, J., Messen, Banken und Börsen (15.–18. Jh.), in: Banchi pubblici, banchi privati e monti di pietà nell'Europa preindustriale, I, Genova 1991, S. 134–169.
Schneider, K., ‹Banco, Species und Courant›. Untersuchungen zur Hamburgischen Währung im 17. und 18. Jh., Koblenz 1986.
Schneider, K., Frankfurt und die Kipper- und Wipperinflation der Jahre 1619–1623, Frankfurt/M. 1990.
Schneider, K., Hamburg während der Kipper- und Wipperzeit, in: Zeitschrift des Vereins für Hamburgische Geschichte 67 (1981), S. 47–74.

Schrötter, F. von, Das preußische Münzwesen im 18. Jh. Münzgeschichtlicher Teil, I, Berlin 1904.
Schwinkowski, W., Die Reichsmünzreformbestrebungen in den Jahren 1665–1670, in: VSWG 14 (1918), S. 77–83.
Sieveking, H., Die Hamburger Bank, in: J. G. van Dillen (Hg.), History of the Principal Public Banks, The Hague 1934, S. 125–163.
Spooner, F. C., The International Economy and Monetary Movements in France, 1493–1725, Cambridge, Mass. 1972.
Sprenger, B., Das Geld der Deutschen, Paderborn 1991.
Spufford, P., Credit in Rural England before the Advent of the Country Banks, in: Banchi pubblici, banchi privati e monti di pietà nell'Europa preindustriale, II, Genova 1991, S. 894–911.
Tepaske, J. J., New World Silver and the Philippines, 1590–1800, in: J. F. Richards (Hg.), Precious Metals in the Later Medieval and Early Modern Worlds, Durham, N. C., 1983, S. 425–445.
Van der Wee, H., Monetary, Credit, and Banking Systems, in: E. E. Rich, C. Wilson (Hgg.), The Cambridge Economic History of Europe, V: The Economic Organization of Early Modern Europe, Cambridge 1977, S. 290–393.
Van der Wee, H., Die Niederlande 1350–1650, in: W. Fischer et al. (Hgg.), Handbuch der europäischen Wirtschafts- und Sozialgeschichte, III, Stuttgart 1986, S. 564–607.
Van der Wee, H., Money and Economic Interdependence between the Northern and Southern Netherlands and the Baltic (15th–17th Centuries), in: The Interactions of Amsterdam and Antwerp with the Baltic Region, 1400–1800, Leiden 1983, S. 11–18.
Van Dillen, J. G. (Hg.), Bronnen tot de geschiedenis der wisselbanken, I, s'Gravenhage 1925.
Vilar, P., Gold und Geld in der Geschichte, München 1984.
De Vries, J., Economy of Europe in an Age of Crisis, Cambridge 1976.
De Vries, J., The Dutch Rural Economy in the Golden Age, 1500–1700, New Haven 1974.
De Vries, J., Van der Woude, A., The First Modern Economy. Success, Failure, and Perseverance of the Dutch Economy, 1500–1815, Cambridge 1997.
Weisenstein, K., Die Kipper- und Wipperzeit im Kurfürstentum Trier, Koblenz 1991. Zitat: S. 28.

5. Münzreformen und Papiergeld

Aftalion, R., L'économie de la Révolution française, Paris 1987.
Bachmayer, O., Die Geschichte der österreichischen Währungspolitik, Wien 1960.
Born, K. E., Die Entwicklung der Banknote vom «Zettel» zum gesetzlichen Zahlungsmittel, in: Akademie der Wissenschaften und der Literatur Mainz: Abhandlungen der Geistes- und Sozialwissenschaftlichen Klasse (1972), 1, S. 3–21.
Born, K. E., Geld und Banken im 19. und 20. Jh., Stuttgart 1976.

Bowen, H. V., Cottrell, P. L., Banking and the Evolution of the British Economy, 1694–1878, in: A. Teichova et al. (Hgg.), Banking, Trade and Industry. Europe, America and Asia from the Thirteenth to the Twentieth Century, Cambridge 1997, S. 95–112.

Clapham, J., The Bank of England, 1694–1914, 2 Bde., Cambridge 1944.

Dickson, P. G. M., The Financial Revolution in England: A Study in the Development of Public Credit, 1688–1756, London 1967.

Faure, E., La Banqueroute de Law, Paris 1977.

Feavearyear, A., The Pound Sterling, Oxford [2]1963.

Ferguson, N., The House of the Rothschild, 2 Bde., London 2000.

Furet, F., Richet, D., Die Französische Revolution, Frankfurt/M. 1987. Zitat: S. 167.

Hamilton, E. J., El Banco Nacional de San Carlos (1782–1829), in: F. R. Martin et al. (Hgg.), El Banco de España. Una Historia ecónomica, Madrid 1970, S. 197–231.

Hamilton, E. J., The Political Economy of France at the Time of John Law, in: History of Political Economy, I (1969), S. 123–149.

Hamilton, E. J., War and Prices in Spain, 1651–1800, Cambridge, Mass., 1947.

Hume, D., Writings on Economics, bearbeitet von E. Rotwein, Nelson 1955.

Klein, E., Von den Anfängen bis zum Ende des alten Reiches (1806), in: Deutsche Bankengeschichte, I, Frankfurt/M. 1982.

Kopf. P., David Hume. Philosoph und Wirtschaftstheoretiker (1711–1776), Wiesbaden 1987.

Law, J., Mémoire sur les banques, Paris 1715. Zitiert nach Staudte, R., John Law (1671–1729), Winterthur 1953, S. 41.

Law, J., Money and Trade Considered with a Proposal for Supplying the Nation with Money, Edinburgh 1705, Ndr. New York 1966.

MacKay, C., Zeichen und Wunder. Aus den Annalen des Wahns, Frankfurt/M. 1992.

Murphy, A. E., Richard Cantillon: Entrepreneur and Economist, Oxford 1986.

Neal, L., Quinn, S., Markets and Institutions in the Rise of London as a Financial Center in the Seventeenth Century, in: S. L. Engerman, P. T. Hoffman, J.-L. Rosenthal, K. L. Sokoloff (Hgg.), Finance, Intermediaries, and Economic Development, Cambridge 2003, S. 11–33.

Neal, L., The Rise of Financial Capitalism: International Capital Markets in the Age of Reason, Cambridge 1990.

Patinkin, D., Steiger, O., In Search of the «Veil of Money» and the «Neutrality of Money»: A Note on the Origin of the Terms, in: Scandinavian Journal of Economics 91 (1989), S. 138–140.

Pieper, R., Die spanischen Kronfinanzen in der zweiten Hälfte des 18. Jhs. (1753–1788), Stuttgart 1988.

Presnell, L. S., Country Banking in the Industrial Revolution, Oxford 1956.

Probszt, G., Österreichische Münz- und Geldgeschichte, Wien 1973.

Riley, J. C., International Government Finance and the Amsterdam Capital Market, 1740–1815, New York/Cambridge 1980.

Rist, C., Geschichte der Geld- und Kredittheorien von John Law bis heute, Bern 1947.
Schubert, E. S., Innovations, Debts and Bubbles: International Integration of Financial Markets in Western Europe, 1688–1720, in: Journal of Economic History 48 (1988), S. 299–306.
Smith, A., Eine Untersuchung über das Wesen und die Ursachen des Reichtums der Nationen, übersetzt von P. Thal, II, Berlin 1975. Zitat: S. 61 f.
Spooner, F. C., The International Economy and Monetary Movements in France, 1493–1725, Cambridge, Mass., 1972.
Vornefeld, R. M., Spanische Geldpolitik in Hispanoamerika 1750–1808, Stuttgart 1992.
Wysocki, J., Untersuchungen zur Wirtschafts- und Sozialgeschichte der deutschen Sparkassen im 19. Jh., Stuttgart 1980. Zitat: S. 198.

6. Internationaler Goldstandard und Entstehung des modernen Bankwesens

Baas, N. W. J., Die Doppelwährungspolitik Frankreichs 1850–1885, Diss. Florenz 1984.
Bachmayer, O., Die Geschichte der österreichischen Währungspolitik, Wien 1960.
Bloomfield, A., Rules of the Game of International Adjustment, in: C. R. Whittlesey, J. S. G. Wilson (Hgg.), Essays in Money and Banking (Festschrift Sayers), Oxford 1968, S. 26–46.
Borchardt, K., Währung und Wirtschaft, in: Deutsche Bundesbank (Hg.), Währung und Wirtschaft in Deutschland 1876–1975, Frankfurt/M. 1976, S. 3–55.
Born, K. E., Geld und Banken im 19. und 20. Jh., Stuttgart 1976. Zitat. S. 493.
Born, K. E., Die Entwicklung der Banknote vom «Zettel» zum gesetzlichen Zahlungsmittel, in: Akademie der Wissenschaften und der Literatur Mainz: Abhandlungen der Geistes- und Sozialwissenschaftlichen Klasse (1972), 1, S. 3–21.
Cameron, R., et al., Banking in the Early Stages of Industrialization, Oxford 1967.
Checkland, S. G., Scottish Banking, A History 1695–1973, Glasgow 1975.
Clapham, J., The Bank of England, 1694–1914, II, Cambridge 1944.
Collins, M., Money and Banking in the UK, London 1988.
De Cecco, M., The International Gold Standard, New York 1984.
Dutton, J., The Bank of England and the Rules of the Game under the International Gold Standard, in: M. D. Bordo, A. J. Schwartz (Hgg.), A Retrospective on the Classical Gold Standard, 1821–1931, Chicago 1984, S. 173–195.
Eichengreen, B. (Hg.), The Gold Standard in Theory and History, New York 1985.
Eichengreen, B., Globalizing Capital. A History of the International Monetary System, Princeton 1996.
Einaudi, L., Money and Politics – European Monetary Unification and the International Gold Standard (1865–1873), Oxford 2001.

Feavearyear, A., The Pound Sterling, Oxford [2]1963.
Fetter, F. W., The Development of British Monetary Orthodoxy, 1797–1875, Cambridge, Mass. 1965.
Flandreau, M., The Glitter of Gold: France, Bimetallism, and the Emergence of the International Gold Standard, 1848–1873, Oxford 2004.
Ford, G. A., The Gold Standard, 1880–1914: Britain and Argentina, Oxford 1962.
Fratianni, M., Spinelli, F., Italy in the Gold Standard Period, 1861–1914; in: M. A. Bordo, A. J. Schwartz (Hgg.), A Retrospective on the Classical Gold Standard 1821–1931, Chicago 1981, S. 405–441.
Friedman, M., Bimetallism revisited, in: Journal of Economic Perspectives, 4 (1990), S. 85–104.
Gallarotti, G. M., The Scramble for Gold: Monetary Regime Transformation in the 1870s, in: M. D. Bordo, F. Capie (Hgg.), Monetary Regimes in Transition, Cambridge 1994, S. 15–67.
Hardach, G., Der lange Abschied vom Gold: Geldtheorie und Geldpolitik in Deutschland 1905–1933, in: B. Schefold (Hg.), Studien zur Entwicklung der ökonomischen Theorie, VII, Berlin 1989, S. 141–170.
Keynes, J. M., The Economic Consequences of Mr. Churchill, London 1925, Ndr. in: ders., Essays in Persuasion, London 1932.
Kindleberger, C. P., A Financial History of Western Europe, Boston 1984.
Koch-Mehrin, S., Historische Währungsunion zwischen Wirtschaft und Politik – Die Lateinische Münzunion 1865–1927, Baden-Baden 2001.
Kopf, P., David Hume. Philosoph und Wirtschaftstheoretiker (1711–1776), Wiesbaden 1987.
Lotz, W., Geschichte und Kritik des deutschen Bankgesetzes vom 14. März 1875, Leipzig 1888.
Machlup, F., Die Goldkernwährung, Halberstadt 1925.
März, E., Socher, K., Währung und Banken in Cisleithanien, in: A. Wandruszka, P. Urbanitsch (Hgg.), Die Habsburgermonarchie 1848–1918, I, Wien 1973, S. 323–368.
Michie, R. C., The London Stock Exchange. A History, Oxford 1999.
Munn, C. W., The Scottish Provincial Banking Companies, 1747–1864, Edinburgh 1981.
Neal, L., The Evolution of the Rules and Regulations of the First Emerging Markets. The London, New York and Paris Stock Exchanges, 1792–1914, in: The Quarterly Review of Economics and Finance, 45 (2005), 2/3, S. 296–311.
North, M., Die Umsetzung monetärer Grundkonzeptionen in der Notenbankpolitik Preußens/Deutschlands im 19. Jh., in: E. W. Streissler (Hg.), Studien zur Entwicklung der ökonomischen Theorie, XVII, Berlin 1998, S. 49–65.
Otruba, G., Die Einführung des Goldstandards in Österreich-Ungarn und seine Auswirkungen auf die Preis- und Lohnentwicklung, in: H. Kellenbenz (Hg.), Weltwirtschaftliche und währungspolitische Probleme seit dem Ausgang des Mittelalters, Stuttgart 1981, S. 123–162.
Pierenkemper, T., Tilly, R., The German Economy during the Nineteenth Century, New York 2004.

Pohl, H., Das deutsche Bankwesen (1806–1858), in: Deutsche Bankengeschichte, II, Frankfurt/M. 1982.
Poschinger, H. von, Bankwesen und Bankpolitik in Preußen, I, Berlin 1878.
Rieter, H., Die gegenwärtige Inflationstheorie und ihre Ansätze im Werk von Thomas Tooke, Berlin 1971.
Saville, R., Bank of Scotland: a History, 1695–1995, Edinburgh 1996.
Schmitz, C. J., World Non-Ferrous Metal Production and Prices, London 1979.
Schwarzer, O., Goldwährungssysteme und internationaler Zahlungsverkehr zwischen 1870 und 1914, in: E. Schremmer (Hg.), Geld und Währung vom 16. Jh. bis zur Gegenwart, Stuttgart 1993, S. 191–221.
Sprenger, B., Geldmengenänderungen in Deutschland im Zeitalter der Industrialisierung (1835–1913), Köln 1982. Zitat: S. 34.
Theuerl, T., Eine gemeinsame Währung für Europa, Innsbruck 1992.
Tilly, R. H. (Hg.), Bankenkrisen in Mitteleuropa im 19. und 20. Jahrhundert, Stuttgart 2000.
Tilly, R. H., Zeitreihen zum Geldumlauf in Deutschland 1870–1913, in: Jahrbücher für Nationalökonomie und Statistik 187 (1973), S. 330–363.
Tilly, R. H., Financial Institutions and Industrialization of the Rhineland, 1815–1870, Madison 1966.
Tilly, R. H., Vom Zollverein zum Industriestaat. Die wirtschaftlich-soziale Entwicklung Deutschlands 1834 bis 1914, München 1990. Zitat: S. 94.
Tilly, R. H., Zur Entwicklung der deutschen Universalbanken im 19. und 20. Jh., Wachstumsmotor oder Machtkartell?, in: S. Pollard, D. Ziegler (Hgg.), Markt, Staat, Planung, St. Katharinen 1992, S. 128–156.
Van der Wee, H., Kurgan-Van Hentenryk, G. (Hgg.), A History of European Banking, Antwerp 2000.
Van der Wee, H., Verbreyt, M., Die Generale Bank 1822–1997. Eine ständige Herausforderung, Tielt 1997.
Van Klaveren, J., Die Goldwährung des 19. Jhs., II: Die Zeit der Bedrängnis, ca. 1875–ca. 1900, in: Bankhistorisches Archiv 3 (1977), I, S. 1–30.
Viner, J., Studies in the Theory of International Trade, New York 1937, Ndr. New York 1965.
Wysocki, J., Die österreichisch-ungarische Krone im Goldwährungsmechanismus, in: E. Schremmer (Hg.), Geld und Währung vom 16. Jh. bis zur Gegenwart, Stuttgart 1993, S. 143–156.
Ziegler, D., Das Korsett der «Alten Dame. Die Geschäftspolitik der Bank of England 1844–1913, Frankfurt/M. 1990.
Ziegler, D., Zentralbankpolitische «Steinzeit», Preußische Bank und Bank of England im Vergleich, in: Geschichte und Gesellschaft 19 (1993), S. 457–487.

7. Krisen und Stabilisierung des Weltwährungssystems

Abelshauser, W., Wirtschaftsgeschichte der Bundesrepublik Deutschland (1945–1980), Frankfurt/M. 1983. Zitat: S. 53.

Ambrosius, G., Hubbard, W. H., Sozial- und Wirtschaftsgeschichte Europas im 20. Jh., München 1986.
Bellers, J., Außenwirtschaftspolitik der Bundesrepublik Deutschland, 1949–1989, Münster 1990.
Bierman, H., The Great Myths of 1929 and the Lessons to the Learned, New York/Westport (Connecticut)/London 1991.
Boelcke, W. A., Die Kosten von Hitlers Krieg. Kriegfinanzierung und finanzielles Kriegserbe in Deutschland 1933–1948, Paderborn 1985.
Borchardt, K., Zwangslagen und Handlungsspielräume in der großen Wirtschaftskrise der frühen dreißiger Jahre. Zur Revision des überlieferten Geschichtsbildes, in: Jahrbuch der Bayerischen Akademie der Wissenschaften (1979), S. 85–132.
Borchardt, K., Zur Frage der währungspolitischen Optionen Deutschlands in der Weltwirtschaftskrise, in: ders., F. Holzheu (Hgg.), Theorie und Politik der internationalen Wirtschaftsbeziehungen (Festschrift Möller), Stuttgart 1980, S. 165–181.
Borchardt, K., Noch einmal: Alternativen zu Brünings Wirtschaftspolitik, in: Historische Zeitschrift 237 (1983), S. 67–83.
Bordo, M. D., James, H., A Long Term Perspective on the Euro (Working Paper Series, 13 815), Cambridge, Mass. 2008.
Bordo, M. D., Capie, F. (Hgg.), Monetary Regimes in Transition, Cambridge, Mass. 1994.
Bordo, M. D., The Bretton Woods International Monetary System: A Historical Overview, in: ders., B. Eichengreen (Hgg.), A Retrospective on the Bretton Woods System. Lessons for International Monetary Reform, Chicago 1993.
Bordo, M., Financial Crises, Banking Crises 1870–1933, in: F. Capie, G. E. Wood (Hgg.), Financial Crises and the World Banking System, London 1986.
Born, K. E., Bankenkrisen der Zwischenkriegszeit, in: H. Pohl (Hg.), Ursachen, Anlässe und Überwindung von Bankenkrisen, Frankfurt/M. 1990.
Born, K. E., Die deutsche Bankenkrise 1931, München 1967.
Born, K. E., Die Weltwirtschaftskrise, in: Deutsche Bankengeschichte, III, Frankfurt/M. 1983.
Born, K. E., Geld und Banken im 19. und 20. Jh., Stuttgart 1976.
Bracher, K. D., Die Auflösung der Weimarer Republik, Villingen [5]1971.
Brunner, K. (Hg.), The Great Depression Revisited, Boston 1981.
Buchheim, C., Die Geschichte der Deutschen Bundesbank in der geldpolitischen Verantwortung, in: Zeitschrift für das gesamte Kreditwesen 60 (2007), 19, S. 1020–1024.
Buchheim, C., Die Währungsreform 1948 in Westdeutschland, in: Vierteljahrsheft für Zeitgeschichte 36 (1988), S. 189–231.
Cairncross, A., Eichengreen, B., Sterling in Decline. The Devaluations of 1931, 1949 and 1967, Oxford 1983.
Carlberg, M., Inflation and Unemployment in a Monetary Union, Berlin 2008.
Caron, F., Histoire économique de la France, XIXe–XXe siècles, Paris 1981.

Chinn, M., Frankel, J. A., Will the Euro Eventually Surpass the Dollar as Leading International Currency?, in: R. H. Clarida (Hg.), Sustainability and Adjustment, G7 Current Account Imbalances, Chicago 2007, S. 238–332.
Collins, M., Money and Banking in the UK, London 1988.
Deutsche Bundesbank (Hg.), Fünfzig Jahre Deutsche Mark: Notenbank und Währung in Deutschland seit 1948, München 1998.
Deutsche Bundesbank (Hg.), Monatsberichte, November 1989. Zitat: Entschließung des Europäischen Rates, S. 30.
Dimsdale, D. H., Employment and Real Wages in the Inter-War Period, in: National Institute Economic Review 110 (Nov. 1984), S. 91–403.
Eichengreen, B., Flandreau, M., The Rise and Fall of the Dollar, or When Did the Dollar Replace Sterling as the Leading Currency? (Discussion Paper Series, 6869), London 2008.
Eichengreen, B., Frieden, J., The Political Economy of European Monetary Integration, Boulder 1994.
Eichengreen, B., Capital Flows and Crises, Cambridge/London 2003.
Eichengreen, B., Globalizing Capital. A History of the International Monetary System, Princeton 1996.
Eichengreen, B., Sachs, J., Exchange Rates and Economic Recovery in the 1930s, in: Journal of Economic History 45 (1985), S. 925–946.
Eichengreen, B., The Bretton Woods System: Paradise Lost?, Berkeley 1994.
Eichengreen, B., Global Imbalances and the Lessons of Bretton Woods, Cambridge, Mass. 2007.
Van der Wee, H. (Hg.), The Great Depression Revisited, The Hague 1972.
Feldman, G. D., Die Deutsche Bank vom Ersten Weltkrieg bis zur Wirtschaftskrise, 1914–1933, in: L. Gall u. a., Die Deutsche Bank 1870–1995, München 1995, S. 138–314, hier S. 271–314.
Feldman, G. D., The Great Disorder. Politics, Economics, and Society in the German Inflation, 1914–1924, New York 1993.
Fischer, A., Die Landesbank der Rheinprovinz. Aufstieg und Fall zwischen Wirtschaft und Politik, Köln/Weimar/Wien 1997.
Frankel, J. A., Goldstein, M., Die internationale Rolle der Deutschen Mark, in: Deutsche Bundesbank (Hg.), Fünfzig Jahre Deutsche Mark. Notenbank und Währung in Deutschland seit 1948, München 1998, S. 723–771.
Friedman, M., The Case for Flexible Exchange Rates, in: Essays in Positive Economics, Chicago 1953, S. 157–203.
Friedman, M., Schwartz, A. J., A Monetary History of the United States, 1867–1960, Princeton 1963.
Galbraith, J. K., Der große Crash 1929, Ursachen, Verlauf, Folgen, München 1989. Zitat: S. 106.
Gardner, R., Sterling-Dollar Diplomacy, New York [2]1969.
Gimbel, J., The Origins of the Marshall Plan, Stanford 1976.
Grotkopp, B., Die große Krise. Lehren aus der Überwindung der Wirtschaftskrise 1929–32, Düsseldorf 1954.

Hansmeyer, K.-H., Caesar, R., Kriegswirtschaft und Inflation (1936–1948), in: Deutsche Bundesbank (Hg.), Währung und Wirtschaft in Deutschland 1876–1975, Frankfurt/M. 1976, S. 367–429.
Henning, F.-W., Die Liquidität der Banken in der Weimarer Republik, in: H. Winkel (Hg.), Finanz- und Wirtschaftspolitische Fragen der Zwischenkriegszeit, Berlin 1973, S. 45–92.
Henning, H., Kraftfahrzeugindustrie und Autobahnbau in der Wirtschaftspolitik des Nationalsozialismus 1933–36, in: VSWG 65 (1978), S. 217–242.
Hetzel, R. L., The Monetary Policy of the Federal Reserve: a History, Cambridge 2008.
Hogan, M. J., The Marshall Plan: America, Britain and the Reconstruction of Western Europe, 1947–1952, Cambridge 1987.
Holtfrerich, C.-L., Alternativen zu Brünings Wirtschaftspolitik in der Weltwirtschaftskrise?, in: Historische Zeitschrift 235 (1982), S. 605–631.
Holtfrerich, C.-L., Die deutsche Inflation 1914–1923, Berlin 1980. Zitat: S. 329 f.
Holtfrerich, C.-L., US Capital Exports to Germany, 1919–1923, Compared to 1924–1929, in: Explorations in Economic History 23 (1986), S. 1–32.
Holtfrerich, C.-L., Geldpolitik bei festen Wechselkursen (1948–1970), in: Deutsche Bundesbank (Hg.), Fünfzig Jahre Deutsche Mark. Notenbank und Währung in Deutschland seit 1948, München 1998, S. 347–437.
Irmler, H., Bankenkrise und Vollbeschäftigungspolitik (1931–1936), in: Deutsche Bundesbank (Hg.), Währung und Wirtschaft 1876–1975, Frankfurt/M. 1976, S. 283–329. Zitat: S. 285.
Issing, Otmar, Der Euro: Geburt, Erfolg, Zukunft, München 2008.
James, H., The Causes of the German Banking Crisis of 1931, in: EHR, 2. Ser. 37 (1984), S. 69–81.
James, H., The Reichsbank and Public Finance in Germany, 1924–1933, Frankfurt/M. 1985.
James, H., International Monetary Cooperation since Bretton Woods, Washington 1996.
James, H., The Interwar Depression in an International Context, Oldenburg 2002.
James, H., Capital Flows and Capital Controls, in: M. Uzan (Hg.), The Future of the International Monetary System, Cheltenham 2005, S. 199–206.
Jochmann, W., Brünings Deflationspolitik und der Untergang der Weimarer Republik, in: D. Stegmann et al. (Hgg.), Industrielle Gesellschaft und politisches System (Festschrift Fischer), Bonn 1978, S. 97–112.
Keesing, F. A. G., De conjuncturele ontwikkeling van Nederland en de evolutie van de economische overheidspolitiek, Utrecht/Antwerpen 1947.
Kindleberger, C. P., The World in Depression, 1929–1939, Berkeley 1973.
Kindleberger, C. P., A Financial History of Western Europe, London 1984.
Klein, P. W., Depressie en beleid tijdens de jaren dertig, in: P. A. M. Geurts, F. A. M. Messing (Hgg.), Economische ontwikkeling en sociale emancipatie, Den Haag 1977, S. 144–186.

Klingaman, W. K., Der Crash. Chronik und Psychogramm einer Epoche, die im Börsenkrach von 1929 zusammenbrach, Bern/München 1990.
Maddison, A., Economic Policy and Performance in Europe, 1913–1970, in: C. M. Cipolla (Hg.), The Fontana Economic History of Europe, V, 1: The 20th Century, London 1976, S. 442–508. Zitat: S. 459 f.
Milward, A. S., The Reconstruction of Western Europe, 1945–51, Berkeley 1984.
Mittelstädt, A., Frankreichs Währungspolitik von Poincaré zu Rueff, Frankfurt/M. 1967.
Möller, H., Die westdeutsche Währungsreform von 1948, in: Deutsche Bundesbank (Hg.), Währung und Wirtschaft in Deutschland 1876–1975, Frankfurt/M. 1976, S. 433–483.
Moggridge, D. (Hg.), The Collected Writings of John Maynard Keynes, XXII: Activities 1939–1945, Cambridge 1978, S. 41–51. Der genannte Artikel wurde in zwei Teilen am 14. u. 15. Nov. 1939 veröffentlicht.
Moggridge, D. (Hg.), The Collected Writings of John Maynard Keynes, XXVI: Activities 1941–1946, London 1980.
Nevin, E., The Mechanism of Cheap Money, Cardiff 1955.
Overy, R. J., Cars, Roads and Economic Recovery in Germany, 1932–1938, in: EHR, 2. Ser. 28 (1975), S. 466–483.
Pressburger, F. G., Die Krise der Österreichischen Creditanstalt, in: Revue Internationale d'Histoire de la Banque 2 (1969), S. 83–118.
Richardson, H. W., Economic Recovery in Britain, 1932–39, London 1967.
Richter, R., Europäische Währungsunion – institutionenökonomisch gesehen, in: Kredit und Kapital 2 (1999), S. 159–191.
Roeper, H., Die D-Mark, Frankfurt/M. ²1978.
Roth, G., Geldpolitik im Zeitalter der Globalisierung, in: C. Lange, A. Rohde, H. M. Westphal (Hgg.), Monetäre Aspekte der europäischen Integration, Berlin 1998, S. 63–81.
Saint-Etienne, C., The Great Depression, 1929–38, Stanford 1984.
Sayers, R. S., The Bank of England 1891–1944, Cambridge/London/New York 1986.
Scammel, W. M., The International Economy since 1945, London 1980.
Schiemann, J., Die deutsche Währung in der Weltwirtschaftskrise 1929–1933, Bern 1980.
Schröter, H. G., Von der Teilung zur Wiedervereinigung 1945–2004, in: M. North (Hg.), Deutsche Wirtschaftsgeschichte. Ein Jahrtausend im Überblick, München ²2005, S. 356–426.
Schulz, G., et al., Politik und Wirtschaft in der Krise 1930–32. Quellen zur Ära Brüning, Düsseldorf 1980.
Spahn, H.-P., From Gold to Euro. On Monetary Theory and the History of Currency Systems, Heidelberg 2001.
Stiefel, D., Finanzdiplomatie und Weltwirtschaftskrise. Die Krise der Credit-Anstalt für Handel und Gewerbe 1931, Frankfurt/M. 1989.
Triffin, R., Europe and the Money Muddle: From Bilateralism to Near-Convertibility, 1947–1956, New Haven 1957.

Van der Wee, H., Das 20. Jahrhundert: eine wirtschaftliche Retrospektive, Berlin 2005.
Van der Wee, H., Der gebremste Wohlstand. Wiederaufbau, Wachstum und Strukturwandel der Weltwirtschaft seit 1945, München 1984.
Van der Wee, H., Buyst, E., Europe and the World Economy during the Inter-War Period, in: C. L. Holtfrerich (Hg.), Interactions in the World Economy, New York 1989, S. 239–259.
Van Zanden, J. L., De dans om de gouden standaard, Amsterdam 1988.
De Vries, J., De Nederlandse economie tijdens de 20 e eeuw, Bussum 1977.
Walter, R., Geschichte der Weltwirtschaft – Eine Einführung, Köln 2005.
Wandel, E., Die Entstehung der Bank deutscher Länder und die deutsche Währungsreform 1948, Frankfurt/M. 1980.
Williams, D., London and the 1931 Financial Crisis, in: EHR, 2. Ser. 15 (1963), S. 513–528.
Winkel, H., Die Wirtschaft im geteilten Deutschland 1945–1970, Wiesbaden 1974.
Winkler, H.-A. (Hg.), Die deutsche Bankenkrise 1930–33. Handlungsspielräume und Alternativen, München 1992.
Witt, P.-C., Die Auswirkungen der Inflation auf die Finanzpolitik des Deutschen Reiches 1924–1935, in: G. D. Feldmann (Hg.), Die Nachwirkungen der Inflation auf die deutsche Geschichte, München 1985, S. 43–95. Zitat: S. 43.
Worswick, G. D. N., The Sources of Recovery in the UK in the 1930s, in: National Institute Economic Review 110 (Nov. 1984), S. 85–93.
Zschaler, F., Die vergessene Währungsreform. Vorgeschichte, Durchführung und Ergebnisse der Geldumstellung in der SBZ 1948, in: Vierteljahrsheft für Zeitgeschichte 45 (1997), S. 191–223.

Fazit

Eichengreen, B., Die Parallelen zur Asien-Krise, in: Frankfurter Allgemeine Zeitung (227), 27. 9. 2008.
Eichengreen, B., Financial Crises: And What to Do About Them, Oxford 2002.
Eichengreen, B., James, H., Monetary and Financial Reform in Two Eras of Globalisation, in: M. D. Bordo, A. M. Taylor, J. G. Williamson (Hgg.), Globalization in Historical Perspective, Chicago/London 2003.
Goldgar, A., Tulipmania: Money, Honor, and Knowledge in the Dutch Golden Age, Chicago 2007.
Kindelberger, C. P., Manias, Panics and Crashes, New York 1978.
Mueller, R. C., The Venetian Money Market: Banks, Panics, and the Public Debt, 1200–1500, Baltimore 1997.
Neal, L., Weidenmier, M., Crises in the Global Economy from Tulips to Today, Contagion and Consequences, in: M. D. Bordo, A. M. Taylor, J. G. Williamson (Hgg.), Globalization in Historical Perspective, Chicago/London 2003, S. 473–514.

Abkürzungsverzeichnis

Annales, ESC	Annales: Economies-Sociétés-Civilisations
d	Pfennig
DM	Deutsche Mark
EHR	Economic History Review
EU	Europäische Union
fl.	Floren bzw. Gulden
fr.	Franc
HBN	Hamburger Beiträge zur Numismatik
Kr.	Kreuzer
Kro.	Krone
lt.	Livre tournois
M	Mark
Ml.	Mark lübisch
NNÅ	Nordisk Numismatisk Årsskrift
p	Penny
RM	Reichsmark
Rtl.	Reichstaler
s	Schilling
Tlr.	Taler
VSWG	Vierteljahrschrift für Sozial- und Wirtschaftsgeschichte